Große Meister Indiens

Große Meister Indiens

Ramakrishna
Vivekananda
Sri Aurobindo
Ramana Maharshi
Sri Chinmoy

Jyotishman Dam

Kösel

ISBN 3-466-36615-1

Druck und Bindung: Kösel, Kempten
Umschlag: Kaselow-Design, München
Umschlagmotiv: Indische Miniatur (Ausschnitt), Jaipur-Schule, 18. Jhdt., Foto: AKG, Berlin

Gedruckt auf umweltfreundlich hergestelltem Werkdruckpapier (säurefrei und chlorfrei gebleicht)

EIN RELIGIÖS ERLEUCHTETER MENSCH
SCHEINT MIR DER ZU SEIN,
DER SICH NACH BESTEM VERMÖGEN
AUS DEN FESSELN SEINER SELBSTSUCHT
BEFREIT UND SICH VORNEHMLICH AN GEDANKEN,
EMPFINDUNGEN UND BESTREBUNGEN
VON ÜBERPERSÖNLICHEM WERT ERBAUT.

Albert Einstein

INHALT

VORBEMERKUNG

WAS IST EINZIGARTIG AN DER GESCHICHTE INDIENS?
DIE ERSTAUNLICHE, UNGEWÖHNLICHE KONTINUITÄT
IN DER ABFOLGE IHRER
SPIRITUELLEN SUCHER UND MEISTER.

Sri Chinmoy

Ein Buch über spirituelle Meister ist notwendigerweise auch ein Buch über uns selbst. Was den authentischen Meister ganz durchdringt, ist gemäß den Lehren der Spiritualität dasjenige, das auch tief in unserem Inneren wohnt - die Wahrheit unseres Seins. Ein Meister hat dieser Wahrheit in seinem Leben aber schon zum Durchbruch verholfen. Und wir, sofern wir nach ihr trachten, harren noch dieser Revolution des Geistes, die alles in unserem Denken, Fühlen und Handeln verändern kann, was wir bis dahin kannten.

Menschen, die es zu spiritueller Meisterschaft gebracht haben, waren und sind die Träger wahrer Spiritualität, auch der indischen. Über die Meister Indiens kam die reiche Spiritualität dieses Landes in den Westen, in Form von Yogatechniken, spiritueller Philosophie und Meditation. Doch kennen wir die Persönlichkeiten, welche hinter diesen geistigen Inhalten und Einflüssen stehen meist nur ungenügend. Das vorliegende Buch liefert daher oft übersehene oder nicht bekannte Fakten und Hintergründe zum viel diskutierten Thema des Meisters. Dabei wird deutlich, dass es einem authentischen spirituellen Meister - und nur von solchen soll hier die Rede sein - allein um Wahrheit, nicht um Macht, Glorie oder Besitz geht. Er versteht sein inneres und äußeres Leben als Dienst an anderen.

Die folgenden Darstellungen von Leben und Lehre der größten indischen Meister der Spiritualität in den letzten beiden Jahrhunderten sind am besten als moderne Hagiographien zu begreifen. Das heißt, sie sind aus einer Haltung heraus verfasst, die sich jeglichen (kritisch anmerkenden) Kommentars bewusst enthält und diese außergewöhnlichen Menschen mit einem auf dem Boden des Faktischen stehenden Blick der Verehrung würdigt.

Besondere Aufmerksamkeit wurde vor allem den Lebenswegen der Meister gewidmet, bei einigen von ihnen nimmt jedoch auch ihre Lehre einen weiten Raum ein. Über die historisch verlässliche, religionsgeschichtliche Darstellung hinaus, welche den Wissensdurst des an ungewöhnlichen Biografien, an Philosophie und Religion interessierten Lesers stillen soll, ist es dabei das ›hagiographische‹ Ziel des Werkes, wesentliche spirituelle Bedürfnisse des Lesers und Suchers zu befriedigen. Denn die Lebenswege, Erfahrungen und Lehren der Meister fließen wie unerschöpfliche Quellen der Inspiration für den, der nach ihr sucht.

Den Einzeldarstellungen der fünf vielleicht bedeutendsten Meister ist eine Einführung vorangestellt, die der mit indischer Spiritualität und Philosophie gut vertraute Leser auch überblättern mag. Derjenige jedoch, der noch nicht so enge Bekanntschaft mit Indien geschlossen hat, sollte nach der Lektüre dieser Einführung, die sich zunächst vor allem der Frage nach dem Wesen spiritueller Meisterschaft widmet und sich dann mit der indischen religiösen Tradition auseinandersetzt, für die folgenden Kapitel gut gerüstet sein.

Das Buch, so hofft der Verfasser, wird dem Leser nicht nur als Grundlagenwerk über moderne indische Spiritualität dienen, sondern ihm auch Beispiele von spiritueller Aufrichtigkeit aufzeigen und ihm möglicherweise Gewissheit darüber geben, wie viel tatsächlich erreicht werden kann, wenn man der inneren Sehnsucht nach dem Ewigen und Unendlichen entschlossen folgt. Es soll ihm Lebenswege und Lehren nahe bringen, die weit jenseits allen lebensfernen, oft blassen Denkens die Tiefen des Seins erkundet haben und noch immer erkunden.

EINFÜHRUNG

Es ist Abend. Draußen in den Neembäumen sind die Vögel schon verstummt. Dumpf dröhnen Muschelhörner und klingen die Handglocken aus den Tempeln der Stadt herauf. Vor dem ausladenden, hölzernen Stuhl, über den die hell gekleidete Gestalt des Meisters fließt, reglos, lächelnd, liegt der lang gestreckte Körper des ersten Schülers. Einen Augenblick später erhebt er sich. Der nächste tritt heran und verneigt sich. Mit beiden Händen deutet er eine Berührung der nackten, dunklen Füße des Heiligen an, in dessen Zügen nur Stille, nicht Genugtuung noch Stolz zu erkennen ist. Als gelte die Verbeugung jemand anderem. Als handle es sich um einen liebenswürdigen Irrtum. Als sei er nicht anwesend, und eine andere, größere Gegenwart nehme an seiner statt den Platz auf dem Stuhl ein. Rasch streift nun der Blick des Meisters zum Schüler hin, ein weiteres Lächeln fährt langsam über sein Gesicht. Im nächsten Moment ist es wieder unbeweglich und entrückt. Und immer wieder, in einem nicht vorhersagbaren Rhythmus, leuchtet das Lächeln auf, als die Schüler sich verneigen und manche sich zu Boden werfen; hier im kargen Haus, im großen Meditationsraum, der nach Sandelholzrauch duftet.

Inzwischen haben die Schüler lautlos auf dem Boden Platz genommen. Frauen und Männer sitzen in getrennten Blöcken vor dem Meister, der weiter schweigt. Lange schweigt und zusammen mit den Anwesenden meditiert. Wie eine weiße Feder schwebt Stille um den Meister. Sie mag die Millionen Worte sprechen, welche kein menschlicher Mund hervorbringen kann.

Eine Stunde später sieht man den Meister entspannt mit einem Schüler sprechen, der nahe seinem Stuhl auf dem rohen

Boden sitzt, alle können es hören. Es folgt die Rezitation alter Verse, der man aufmerksam lauscht. Dann wird das Essen gebracht. Niemand erhebt sich, auf dem Boden sitzend nimmt man die Mahlzeit ein. Gespräche winden sich durch den Raum. Auch der Meister isst, spricht dabei aber wenig, schweigt wieder lange. Seine Augen scheinen in eine verhüllte, unirdische Ferne gerichtet zu sein, sie blicken nicht die Dinge an wie andere Menschen Dinge anblicken. Sie mögen strahlende Unendlichkeiten vor sich ausgebreitet sehen, und Ewigkeiten, versenkt in den warmen Hauch der Abendluft, die durch die offenen Fenster fällt. Sie erblicken vielleicht DAS, von dem nichts gesagt werden kann. Von dem die Worte abprallen und unverrichteter Dinge zurückkehren müssen.

Derart etwa mögen die Eindrücke von der Abendmeditation bei einem großen indischen Meister sein. Dem westlichen Menschen bleibt dabei vor allem die Verehrung des Meisters durch die Schüler schwer verständlich. Doch für den Schüler ist der authentische spirituelle Meister nicht als körperliches Wesen besonders verehrungswürdig, er ist es aber als ein im Unsagbaren verankerter Geist. Durch den Meister strömt der Fluss eines grenzenlosen Bewusstseins, des Selbst, das wir nach indischen Lehren alle in uns tragen, ohne Hindernisse. Er hat alle Felsen der Unwissenheit, der Wünsche und des kleinen, menschlichen Ichs aus dem Weg geräumt, die uns noch anfüllen. Dem innersten Geist des Meisters gilt also die Verehrung. Niemals verdient der bloße Körper sie, oder die enge, äußere Persönlichkeit des gewöhnlichen Menschen. Es ist in der Tat sonderbar, dass wir in der westlichen Kultur häufig mit Unverständnis auf die Verehrung des Heiligen im Menschen reagieren, indes aber ohne Unterlass dieser äußeren Persönlichkeitsschale huldigen.

Doch nähern wir uns dem Thema Indien, der indischen Spiritualität und dem Begriff des Meisters in einer geordneteren, unserem Verstand gemäßen Weise.

Ost und West

Vom Beginn historischer Zeit an war der Westen von Indien fasziniert. Zahllose Geschichten und Fabeln über Indien kannte man in Europa, bis ins späte Mittelalter hinein. Doch der Geist dieses mythischen, sagenhaft (und früher tatsächlich) reichen Landes, sofern nicht bereits die Griechen von ihm beeinflusst waren, wurde erst viel später erschlossen, etwa ab dem Beginn des 19. Jahrhunderts. Und die allmähliche Entdeckung indischen Gedankengutes, das fast ganz Asien geprägt hat, ist möglicherweise zu einem der tiefgreifendsten geistigen Prozesse im Europa (und Amerika) der Neuzeit geworden. Jedenfalls aber bildet der kulturüberspannende, geistige Austausch zwischen den Polen Indien/Asien und Europa/Amerika zunehmend einen Teil der Kultur unserer Zeit. Von Moden abgesehen, die stets erst den Test der Zeit bestehen müssen, führe man sich nur vor Augen, wie weit unser eigenes Denken und Leben bereits von Ideen durchdrungen ist, die aus Indien bzw. Asien stammen. Deutsche Philosophen des neunzehnten Jahrhunderts (allen voran die Romantiker und Schopenhauer), einige große Indologen dieser Zeit und die amerikanischen Transzendentalisten Emerson und Thoreau begannen, indisches Gedankengut begeistert aufzunehmen und zu verbreiten. Im 20. Jahrhundert sprengte dieser Einfluss dann die Begrenzung auf Universität und Intellektuelle und drang in Form des Vedanta, des Yoga und dann des Buddhismus in viele Bereiche des westlichen Geistes und Lebens ein. Dort breitete er beinahe unmerklich seine Wirkung aus. Reinkarnation, Karma, Yogaübungen, Meditation und die Lehre vom Allselbst, die Identifizierung des Individuums in seiner Essenz mit dem Göttlichen, Upanishaden-Geheimlehren und Bhagavadgita, manche zentrale Gedanken der modernen Physik und Biologie, die alten hinduistischen und buddhistischen Lehren sehr ähnlich sind, und nicht zuletzt unser Streben nach individueller Vervollkommnung machen uns, wie ein bekannter christlicher

Indologe es plakativ formuliert hat, mehr zu Hindus, als wir denken.[1] Aber man müsste vielleicht sagen: ›mehr zu Indern‹, denn auch der Buddhismus stammt aus Indien und hat dort fast alle seine verschiedenen Richtungen ausgebildet.

Hinduismus und Buddhismus, die beiden großen, auf indischem Boden gewachsenen Religionen, könnten sich in der geistigen Landschaft der Zukunft auch deswegen zu weitaus größerer Bedeutung als heute aufschwingen, weil sie eigentlich keine Tradition irrationaler Lehren kennen. Die Behauptungen der Religionsgründer, Yogins und Mystiker sind zusammenhängend, gut begründet, von vielen gleichermaßen bezeugt und mit philosophischen bzw. theologischen Lehren hinterlegt. Sie beanspruchen damit in einer konsistenten, offensichtlich von gebildeten Menschen vorgetragenen Weise Wahrheit, die ihnen auch von Skeptikern nicht von vornherein abgesprochen werden kann.[2]

Die Spiritualität und ihre Meister

EIN MENSCH, DER SICH SELBST ERKANNT HAT,
KANN NICHT ANDERS, ALS DER WELT GUTES BRINGEN.
SEINE BLOßE EXISTENZ IST DAS HÖCHSTE GUT.

Ramana Maharshi

Hinter dem mächtigen und doch so leisen Einfluss Indiens und seiner Spiritualität auf den Westen stehen nicht nur Indologen und Philosophen, nicht nur Gandhi, Rabindranath Tagore oder geistige Gruppierungen, die von indischem Gedankengut geformt sind, sondern vor allem eine Reihe von spirituellen Männern und Frauen, deren Wirkung nicht auf Indien alleine beschränkt blieb. Die Wahrhaftigkeit, die aus ihrem Geist spricht, hat auch im Westen die Menschen beeindruckt. Und sie sind auch wichtige Träger der indischen Religion und Spiritualität. Diese Yogins, Heiligen und spirituellen Meister treten aber häufig aus ihrem religiösen Umfeld heraus und machen die wesentlichen Lehren des spirituellen Erbes der gesamten Menschheit sichtbar. Sie zeigen, dass diese Lehren letztlich nicht abhängig sind von Religion und Kultur.

Die heiligen Frauen und Männer des modernen Indien können ganz grob in jene unterschieden werden, die das Alte bekräftigen und neu leben, und jene, die zwar auf dem Alten aufbauen, aber Neues bringen. Diese Unterscheidung sollte aber nicht zu starr oder gar wertend gehandhabt werden. Da gibt es einmal den größten Heiligen des neunzehnten Jahrhunderts, Sri Ramakrishna, der zwar traditionelle Lehren vertritt, aber schon den Anstoß für das Neue bringt. Abgesehen von seiner großen Bedeutung für ein Sich-Wiederfinden des indischen Geistes. Sein Schüler Swami Vivekananda brachte schon Neues, zumindest dem Geist und dem Willen nach: Seine Lehre ist eine erste Abkehr von der dem Leben gegenüber lange recht gleichgültigen indischen Spiritualität. Aber erst mit Sri Aurobindo begann tatsächlich eine neue Zeit. Sri Aurobindo steht für eine das Leben ganz einschließende, der Welt zugewandte Art des spirituellen Denkens und Strebens, die geradezu revolutionär war und ist. Mit ihm tritt die Spiritualität aus den Klöstern und Mönchsorden heraus. Sri Aurobindos Lehre hat die Spiritualität im zwanzigsten Jahrhundert nachhaltig geprägt. Sri Chinmoy versucht nun, in der gelebten Praxis die Möglichkeit der völligen Durchdringung des äußeren Lebens mit Spiritualität zu beweisen. Und er befreit sie von kultureller Bindung. Mit einer universell akzeptierbaren Spiritualität wagt er den endgültigen Schritt aus Indien heraus in die Welt. Die Wirkung seiner Lehre kann noch nicht abschließend beurteilt werden, da Sri Chinmoy als einziger der hier dargestellten Meister noch lebt. Sie ist aber schon jetzt breit und tiefgreifend. Sri Ramakrishna, Sri Aurobindo und Sri Chinmoy bilden die drei Säulen einer modernen, aus Indien stammenden Spiritualität, die sich immer mehr der Welt öffnet. Sie stehen für die dynamische Bewegung der Spiritualität in der modernen Zeit, die aus traditionellen Schranken heraustritt[3] und beweist, dass auch die Spiritualität einer Entwicklung unterliegt und nicht ewig die alten Lehren wiederholen muss. Die inneren Ziele der Spiritualität bleiben sicherlich die gleichen. Die angesprochene Fortentwicklung scheint daher darin zu bestehen, wie stark das im Inneren Erreichte in den äußeren Menschen und in das äußere persönliche (und soziale) Leben integriert wird. Der fünfte hier beschriebene Meister, Ramana Maharshi, steht wiederum für den Rückgriff auf die lebendige spirituelle Tradition, was ebenso wichtig ist wie die Fortentwicklung des Alten in das Neue hinein. Seine Wirkung auf die Menschen im Westen ist überdies recht bedeutend.

Grundsätzlich muss zur Auswahl der Meister im vorliegenden Buch Folgendes festgehalten werden: Es werden jene Meister näher vorgestellt, die der naturgemäß subjektiven Meinung des Verfassers nach die bedeutendsten der letzten beiden Jahrhunderte sind. Viele andere große Meister und Meisterinnen konnten in ein kleines Buch wie dieses, das keinen Anspruch auf Vollständigkeit erhebt und exemplarisch darstellen möchte, leider nicht aufgenommen werden. Von jenen, die hier nicht beschrieben werden konnten, möchte der Autor vor allem seiner Verehrung für Anandamayi Ma, Swami Shivananda und für die große Kriyayoga-Linie mit Lahiri Mahashaya, Sri Yukteshvar und Paramahamsa Yogananda Ausdruck geben.

Die Lebensbeschreibungen der Meister und Meisterinnen stützen sich auf Selbstzeugnisse und auf die Berichte ihrer engen Schüler, die häufig auch als Biografen auftreten. Grundsätzlich wurde auch versucht, den jeweiligen Meister so zu beschreiben, wie er selber von sich sprach, oder wie ihn seine vertrauten Schüler sahen. Dies jedoch mit Einschränkungen, da hier eine historische und ein wenig persönliche Sichtweise des Verfassers dieses Buches ebenso mit einfließt. Die Darstellung der Lehren stammt aus ähnlichen Quellen (Werke der Meister, vertrauenswürdige Interpretationen).

Manche Leser mögen vielleicht eine Interpretation der Lebensereignisse und Persönlichkeiten der hier behandelten Meister in westlich-psychologischer Weise vermissen. Doch diese von einigen Autoren praktizierte Darstellungsweise erscheint nicht nur inadäquat, sondern kann zu gröbsten Verzerrungen führen. Die westliche Psychologie besitzt nicht das gedankliche und begriffliche Instrumentarium, spirituelle und religiöse Dinge angemessen erklären zu können, auch wenn sie das oft gerne tun möchte.[4]

Ohne sich auf das Experiment Spiritualität einzulassen, die ganz nach dem Geschmack der Wissenschaft eine empirische Disziplin ist, versuchen Wissenschaftler verschiedener Disziplinen häufig, spirituelle oder mystische Erfahrung mit aus anderen Bereichen gewonnenen Begriffen zu erklären und berauben die Spiritualität damit ihres spezifischen Inhalts und ihrer eigentlichen Aussage. Doch der Wissenschaftler ist gewöhnlich nicht gewillt, auf die komplexe, den gesamten Menschen und sein Leben fordernde Experimentanordnung ›spirituelle Disziplin‹ einzugehen und somit zu einer verlässlichen Aussage über die Spiritualität und ihre Ziele zu gelangen. Sri Chinmoy drückt das anschaulich aus: »Wenn ein Wissenschaftler etwas beweisen will, führt er uns in sein Laboratorium. Wenn wir etwas Spirituelles beweisen wollen, müssen wir den Wissenschafter in die innere Welt führen. Um in die innere Welt zu gelangen, benötigen wir einen Berechtigungsschein. Es ist, als ob man von New York nach Indien fliegen wollte. Ohne einen Flugschein können wir nicht fliegen. Genauso wenig können wir ohne Gebet und Meditation, die unser inneres Ticket sind, nicht die innere Welt betreten. Gibt es einen Wissenschaftler, der bereit ist, zu beten und zu meditieren, wie ein wirklicher Sucher und Gottliebender?«[5]

Es bleiben uns nun vor allem noch zwei Fragen zu klären. Die erste, jene nach dem Wesen der Spiritualität, mag hier kurz mithilfe eines Zitates von jemandem beantwortet werden, der bekanntermaßen nicht gerade zu ihren Verehrern zählte - Bertrand Russell: »Es gibt nämlich zwei Betrachtungsmöglichkeiten bezüglich des Unbekannten. Die eine ist, Menschen zuzustimmen, die behaupten, sie seien auf Grund von bestimmten Büchern, Mysterien oder anderen Quellen der Inspiration im Besitz des Wissens. Die andere ist, selbst nachzuforschen. Diesen Weg geht die exakte Wissenschaft und auch die Philosophie.«[6] - Und, so müssen wir hinzufügen, die Spiritualität. Die Spiritualität forscht bloß mit anderen Mitteln als die beiden von Russell genannten Disziplinen. Sie nimmt den Geist und das Wesen des Menschen und dringt durch geistige Prozesse wie Konzentration und Meditation tief in sie ein. Auf diesem Weg erfährt sie Wahrheit und widerlegt oder bekräftigt die jeweiligen religiösen oder philosophischen Lehren, die ihr zuvor als Gerüst und Rahmen gedient haben und mit deren Hilfe (als »Arbeitshypothese«) sie gestartet war.

Die andere Frage betrifft den Menschen, der in umfassender Weise Wahrheit erfahren hat, den spirituellen Meister. Denn was zeichnet einen solchen Menschen, zu dem viele um Führung aufblicken, vor anderen aus? Sind es seine strahlende Persönlichkeit, was gewöhnlich mit dem vagen Begriff ›Charisma‹ beschrieben wird, und die durch innere Erfahrung gewonnene Weisheit? Oder ist es die Authentizität seines Lebens, die seinen Worten und Taten Kraft verleiht? Vielleicht ist es die bloße Anwesenheit im richtigen Augenblick im Leben des Schülers, der perfekte Umstand, der den Meister in die Rolle des Lehrers hebt. - Sicherlich können alle diese Fragen mit einem eindeutigen Ja beantwortet werden, und schon meinen wir, dem Geheimnis auf die Spur gekommen zu sein. Aber bei genauerer Betrachtung, beim Studium der spirituellen Traditionen und der Aussagen glaubwürdiger Meister und ihrer Schüler erkennen wir, dass wahre Meister-schaft in der Spiritualität viel mehr bedeutet. Sie stößt viel mehr Entwicklung an, als außen sichtbar ist, sie bewirkt solch tiefe Veränderungen im Schüler, dass dies mit Charisma, Weisheit oder Aufrichtigkeit nicht erschöpfend erklärt werden kann. »Der Meister«, sagt Karlfried Graf Dürckheim, der große Pionier asiatischer Spiritualität in Deutschland, »ist der Weise, in dem das LEBEN nicht nur lebendig ist als die Kraft, die ihn selbst zu einer höheren Stufe des Menschseins verwandelt, sondern zugleich als die Kraft, die ihn befähigt, diese Verwandlung auch in anderen zu entbinden. Der Meister ist nicht nur der homo divinans, sondern auch der homo faber.«[7]

Meisterschaft bedeutet die völlige, innere Einheit mit dem Schüler. Sie bedeutet eins zu sein mit seinen Schwierigkeiten und Unvollkommenheiten, eins zu sein mit des Schülers Freude und seinem Leid. Es ist diese Identifikation, die den Meister befähigt, den Schüler zu führen und zu seiner Wandlung zu verhelfen. Sie kann den Schüler wahrhaft sein Inneres entdecken lassen und kann ihn durch die Unbilden der eigenen Natur hindurch zum Ziel bringen. Dieses Ziel ist stets das eigene, innerste Selbst des Schülers. Gehen muss der Schüler den Weg aber selber, mithilfe der wandelnden Kraft des Meisters, niemand kann ihm diese letzte Bürde abnehmen.

Doch woher stammt die existenzielle Kraft des Einswerdens mit anderen, die Kraft zur Führung anderer? Woher strömt das andere Menschsein des Meisters oder der Meisterin? Natürlich aus der Meditations- und Lebensdisziplin des Meisters. Es kommt aus der vollständigen Hingabe an die Ideale des Gottwerdens und der Gotterkenntnis, die in Indien oft mit Selbstwerden und Selbsterkenntnis gleichgesetzt sind. Und es kommt aus der Liebe zum Göttlichen. Aber seine meditative Erkenntnis, die Revolution seines Geistes, der gegen Selbstbezogenheit und Halbwahrheit rebelliert, muss den Yogin tiefer führen, als sie den Weisen und den Heiligen gebracht hat. Der Meisteryogin erringt nicht nur bloß die Fähigkeit, tiefer in Dinge und Menschen zu blicken, wie das der Weise kann, sondern er ist in seiner Meditation oft in das Herz der Dinge hinabgestiegen, er ist zu Hause in den Höllen und Himmeln der Welt und spürt den Puls des Kosmos als seinen eigenen. In den höchsten Zuständen des Bewusstseins atmet er den Atem des unendlichen Seins als seinen eigenen. Daher ist er zum rechtmäßigen Sprachrohr und zur wirkenden Kraft einer tiefsten Wahrheit geworden. Dieses Recht aber kann nur von der Wahrheit selbst verliehen werden. Deshalb ist ein Yogin und Meister niemals Meister oder spirituelle Persönlichkeit, weil die Welt etwas Besonderes in ihm zu fühlen glaubt, er ist dies auch unter Spott und Hohn der Menschen, er ist Meister auch auf dem Kreuz.

Die Erkenntnis des Meisters und fortgeschrittenen Yogin, und das scheint gerade für uns ›westliche‹ Menschen ein wesentlicher Punkt zu sein, ist aber niemals mentaler Art. Sie ist nicht Hinblicken und Einordnen, sie ist kein logisches Verbinden und kein Abtasten der Oberflächen der Gegenstände, um daraus Schlüsse auf deren wahres Wesen zu ziehen, wie mentale Erkenntnis dies tut (und zu mehr ist sie nicht befähigt). Spirituelle Erkenntnis geht stets über die Gedanken hinaus. Sie ist ein Werden und Sein. Nur indem der Yogin in der meditativen Erkenntnis zum Gegenstand seiner Betrachtung wird, erkennt er diesen. Er erkennt, indem er sich identifiziert. Er erkennt Gott, indem er sich mit Ihm vereint. Er erkennt den Menschen, indem er in Liebe, die sich zur Identifikation steigert, mit ihm eins wird. Diese Erkenntnis, die ein Werden und Verwirklichen ist, ist das eigentliche Kennzeichen des Meisters. Ohne sie kann er seine Aufgabe nur unvollständig oder gar nicht erfüllen, ohne sie bleibt er bloß äußerer Lehrer. Wie weise er auch immer sein mag, ohne diese wahre Erkenntnis vermittelt er nur Teilwahrheit und gibt bloß begrenzte Liebe.

Für den Schüler ist der Meister daher der Repräsentant eines höheren Seins, er ist ihm persongewordene Unendlichkeit. Er soll dem Meister in Sympathie und Liebe und nicht in ehrfürchtigem Zittern zugetan sein. Denn nur die Liebe öffnet das Herz des Schülers gegenüber der Führung. Ohne Liebe verwehrt er sich der helfenden Hand des Meisters. Der Schüler muss die Bereitwilligkeit des Suchenden, den Mut zur Wandlung und den inneren Anspruch auf das Göttliche mitbringen. Andernfalls ist es dem Meister nicht möglich, in ein zögerndes Gefäß jene Wahrheit zu füllen, die er selbst schon errungen hat.

Die indische Tradition

INDIEN ALLEINE,
INMITTEN WIE AUCH IMMER GEARTETEN VERFALLS
ODER NIEDERGANGS DES LICHTS UND DER KRAFT,
IST DEM HERZEN DES SPIRITUELLEN ANTRIEBS
TREU GEBLIEBEN.

Sri Aurobindo

Einige Grundzüge indischen Denkens

Eine Beobachtung mindestens verwirrt beinahe jeden Indienbesucher und jeden geistig Reisenden durch die Welt indischer, insbesondere hinduistischer Religion und Philosophie: Die ungeheure Vielfalt der religiösen Ausdrucksformen und Zugangswege, die Verschiedenheit der philosophischen Lehren und Anschauungsweisen. Sie zeugt eindrucksvoll von einem Grundzug indischen Charakters durch alle Zeiten - der weitestgehenden Toleranz in geistigen Dingen. Jedem steht es letztlich frei, welcher Strömung des indischen Geistes er sich anschließt, welche Lehre er glaubt und welchen Gott er verehrt. Für den Inder ist jeder Gott und jede Beschreibung der letzten Wahrheit, und heiße sie die Leere, nur Ausdrucksform, Aspekt oder besonderes

Symbol des Einen, Ewigen, Unbeschreiblichen, der oder das in allem existiert.[8] Diese Toleranz ging zumindest in der langen Vergangenheit so weit, dass beinahe von einer Abwesenheit religiöser Verfolgung gesprochen werden konnte, natürlich aber nicht von der Abwesenheit von Rivalität. Die drei großen indischen Religionen Hinduismus, Buddhismus und Jainismus lebten friedlich nebeneinander, beeinflussten sich gegenseitig und spornten sich im philosophischen Wettbewerb zu neuen geistigen Leistungen an. Innerhalb der weiten Kreise des Hinduismus wurden und werden sogar Lehren als rechtgläubig angesehen, wie sie der illusionistische Advaita (Alleinheitslehre) der Schule Shankaras, der Realismus einiger Dualisten und der blanke Atheismus des Samkhya-Systems vertreten. (Leider erleben wir seit etwa hundert Jahren in dem Konflikt zwischen Islam und Hinduismus ein trauriges Gegenbeispiel, da die Lehren dieser beiden Religionen sich äußerst konträr gegenüberstehen und die sozialen Unterschiede zwischen den beiden durch ihre Religionen definierten Bevölkerungsgruppen von den britischen Kolonialherren nicht nur vergrößert, sondern für ihre Zwecke schamlos ausgenützt wurden, gemäß dem britischen imperialen Grundsatz ›divide et impera‹. Diese Politik hat 1947 auch - zur weltpolitisch brisanten und Gefahr tragenden - Teilung Indiens geführt. Vor der Ankunft der Briten hatten Muslime und Hindus übrigens ebenfalls jahrhundertelang erstaunlich friedlich nebeneinander gelebt, wenn die nicht bekehrten Hindus durch die meist muslimischen Herrscher Nordindiens auch unter mancher Ungerechtigkeit zu leiden hatten und fast alle nordindischen Tempel sowie die buddhistischen Mönche, Klöster und Universitäten Schwert und Feuer des Propheten anheim gefallen waren.)

Die indische Philosophie konnte sich im Gegensatz zu Europa innerhalb der Religion hervorragend entwickeln. Das lag zum einen daran, dass sie nicht nach einer Loslösung von den Zielen der Religion strebte. Diese Ziele waren die Befreiung aus dem Kreis der Wiedergeburt, höhere Erkenntnis und erfüllte Gottesliebe. Die Philosophie postulierte selbst in den Schulen, die sich bloß mit Logik und Naturerscheinungen befassten, das Ideal der Befreiung (in das Absolute) als das Endziel des Denksystems. Zum anderen hatte es seinen Grund darin, dass die Religionen der Freiheit des Denkens fast unbegrenzten Spielraum ließen, und dass die Philosophie nicht nur als Disziplin von Universitäten und Philosophen, sondern auch als notwendiger Teil des Lebens betrachtet wurde.

»Die indische Philosophie ist in ihrem höchsten Sinn nichts weniger als die praktische Erkenntnis und Verwirklichung der Wahrheit«, sagt Sri Chinmoy.[9] Den Indern fehlt die unselige Unterscheidung zwischen theoretisch und praktisch weitgehend. Es gab (und gibt - in den nicht durch die westliche Philosophie geprägten modernen Denksystemen) fast keine Philosophie um der reinen Neugier und Wissbegier willen.[10] Jedes Gedankensystem war auf einen ganz praktischen, ›substanziellen‹ Zweck hin gerichtet, zum Beispiel auf jenen der Befreiung aus dem Kreis der Wiedergeburt und der Daseinsursachen. Deshalb war jedes philosophische System, wie Sri Chinmoy im obigen Zitat sagt, zugleich auch als Spiritualität gedacht, nämlich als lebenspraktisch relevante Annäherung an die Wahrheit des Absoluten, an die Glückseligkeit des Nirvana oder der Leere, des persönlichen Gottes oder der unsterblichen Seele. Zusammen mit religiöser Pflichterfüllung *(Dharma)* und geeigneter geistiger Disziplin, sofern diese nicht im Denkakt erfüllt ist, diente die Philosophie der Erlangung existenzieller, lebenswirklicher, spiritueller Wahrheit. Theoretische, rein mental bleibende Erkenntnis selber konnte niemals höchster Zweck einer Philosophie sein.[11] Und im indischen zweckgerichteten Denken dienten Philosophie, Kunst und Literatur gemeinsam mit der Religion der Verwirklichung der diversen Lebensziele des Menschen, die bei der Erfüllung physischen und ästhetischen Genusses beginnen und bis zum höchsten Ziel der Befreiung in das Göttliche reichen.

Alles in Indien ist daher ›praktisch‹ und bezieht seinen Wert letztlich aus der religiösen und ›wahrheitspraktischen‹ Relevanz und Anwendbarkeit, in der Philosophie also aus der Wahrheit, die ein System erarbeitet und den Zugangsmöglichkeiten, die sie zu ihr hin erschließt (z.B. meditativ-denkerische Erkenntnis und Annäherung, spirituell und moralisch relevante Lebensleitlinien). Niemals durfte sie eine rein theoretische Wahrheit bleiben, sondern musste durch ihre Erschließung eine praktische, existenziell erlangbare, den Menschen ganz verwandelnde Wahrheit werden, nur als solche interessiert sie letztlich, ja nur solche Wahrheit gibt es. Denn wirkliche Wahrheit, so scheint man in Indien überall zu denken, verwandelt, wenn sie erlangt wird. (Auch der Hinduismus als Religion des Volkes selber kennt weniger – sowie unsere Religionen – eine Orthodoxie, eine »rechte«, verbindliche Lehre, sondern für ihn ist die Orthopraxie, das geregelte, rechte Verhalten, die wichtigste Dimension.)

Natürlich sind auch wir im Westen ›praktisch‹, aber eben nicht unbedingt in philosophischen und religiösen Belangen. Swami Vivekananda drückte diesen Unterschied zwischen Ost und West in Bezug auf das ›Praktische‹ folgendermaßen aus: »Wir sind praktisch auf unsere und ihr seid praktisch auf eure Weise. Wenn man im Orient einem Menschen sagt, er könne die Wahrheit finden, indem er sein ganzes Leben auf einem Beine steht, dann wird er diese Methode anwenden. Wenn im Westen sich ein Gerücht über die Entdeckung einer Goldmine verbreitet, werden Tausende in ein unzivilisiertes Land gehen und den größten Gefahren Trotz bieten, in der Hoffnung, Gold zu bekommen, obwohl vielleicht nur ein einziger Erfolg haben wird. Die gleichen Leute haben gehört, dass sie Seelen haben, aber sie überlassen es der Kirche, für ihre Seelen zu sorgen. Der Orientale würde es nicht wagen, die Gefahren, unter Wilden zu leben, auf sich zu nehmen, aber wenn man ihm sagt, auf irgendeinem Berggipfel lebe ein wunderbarer Weiser, der ihm die

Kenntnis der Seele vermitteln kann, so wird er versuchen, den Berggipfel zu erklimmen, auch wenn er beim Versuch umkommen würde.«[12]

Die Grundhaltung des indischen Denkens ist in einem allgemeinen Sinne stets idealistisch gewesen. Der indische Denker erforscht zunächst meist seinen Geist, dessen Regungen und Möglichkeiten, dessen Beziehung zur Welt und seine Art und Weise der Wahrnehmung der Welt. Er widmet sich viel weniger der Welt der Objekte selber, deren Erscheinung abhängig ist von der Betrachtung durch den Geist. Der Erkenntnis suchende Inder kehrt sich in natürlicher Weise nach innen. Von dort blickt er auf die Welt um ihn, anstatt stets vom Äußeren absorbiert und des Inneren wenig bewusst zu sein, wie es unsere gewöhnliche Haltung im Westen ist. Wir sind meist noch immer davon überzeugt, es mit einer von unserem Bewusstsein unabhängigen Welt zu tun zu haben. Aber diese auf das griechische Denken zurückgehende, grundlegende Geisteshaltung, das Subjekt stehe einer völlig objektivierten Außenwelt gegenüber, wird immer mehr in Frage gestellt und aufgeweicht. Der Einfluss Indiens tut hier sein Werk ebenso wie die Quantenphysik, welche schon lange mit der Fiktion einer vollkommen objektivierbaren Welt aufgeräumt hat.

Die Orientierung nach innen und die überall sichtbare Ausrichtung auf Ziel und Zweck führen damit zwangsläufig zu einem weiteren Grundzug der indischen Kultur: Indien liegt die geistige Entwicklung des Individuums am Herzen. Der einzelne soll die Wahrheit erkennen und von der Welt und ihren Zwängen in eine spirituelle Existenz- (oder Nichtexistenz-)form befreit werden. Spirituelle Befreiung ist aber nicht ein Ziel, das aufgrund rechter Lebensführung nach dem Tod verdient wird. Sie muss im Leben auf der Erde angestrebt werden. Bis er sich diesem Streben ganz widmen kann und es dann die erwünschten Früchte trägt, muss der Mensch jedoch viele Verkörperungen durchleben, in welchen er sein Wesen durch rechtes Denken und Handeln auf die Verschmelzung mit dem Absoluten oder auf seine Annäherung an Gott vorbereitet.

Verbunden mit diesem Gedanken der spirituellen Entwicklung formuliert Sri Aurobindo den nach ihm wichtigsten Grundsatz indischer Religion: »Die Idee mit den weit reichendsten Konsequenzen an der Basis der indischen Religion ist jene, die für das innere, spirituelle Leben am meisten Dynamik in sich birgt. Es ist Folgende: Während der Allerhöchste oder das Göttliche durch das universelle Bewusstsein erreicht werden kann und indem man durch alle innere und äußere Natur hindurchdringt, kann Das oder Er von jeder einzelnen Seele in sich selbst gefunden werden, in ihrem eigenen spirituellen Teil. Denn es gibt etwas in der Seele, das ganz eins oder zumindest ganz eng verbunden ist mit dem einen göttlichen Sein. Die Essenz der indischen Religion ist die Ausrichtung auf eine Art des Lebens und des Sich-Entwickelns, die es ermöglicht, aus der Unwissenheit heraus, die diese Selbsterkenntnis vor unserem Denken und Leben verhüllt, in das Gewahrsein der Göttlichkeit in uns zu gelangen.«[13]

Ganz allgemein begegnen wir der Idee der Entwicklung und der damit verbundenen Abstufung des Existierenden im indischen (vor allem dem hinduistischen) Geist schier überall. Man könnte fast von einem ›evolutiven Denken‹ sprechen, das sich mit einem starken Gefühl für Hierarchie und einem Denken in Zyklen vermischt. Sei es der Gedanke von der Entwicklung der Völker, die von Barbarei bis zu Erlangung von Gerechtigkeit und Harmonie fortschreiten und danach abgestuft werden, sei es die Lehre von den aufeinander folgenden Zeitaltern, vom Eisernen bis hin zum Goldenen Zeitalter, seien es die Lebensziele des Menschen, die von Sinnesbefriedigung *(Kama)* über Besitz und Macht *(Artha)* und rechte Lebensführung *(Dharma)* bis zur Befreiung der Seele *(Moksha)* reichen, oder sei es die Abstufung des Seins selbst, das von der Materie bis zum Absoluten ansteigt - stets ist der Gedanke einer Stufenfolge zu immer Höherem hin, der Gedanke einer Hierarchie und einer Entwicklung innerhalb dieser allgegenwärtig.[14] Auf welcher Stufe der einzelne sich befindet innerhalb der Hierarchien der Lebensziele, den Formen der religiösen Praxis und auch der Stufenfolge der spirituellen Lehren, hängt von seinem *Adhikara*, seiner »Berechtigung«, d.h. seinem Entwicklungsniveau ab. Dürftig jedoch ist im traditionellen Hinduismus wie ebenso im Buddhismus und im Jainismus die Konsequenz aus diesem Denken: Das Ziel der Entwicklung liegt fast immer außerhalb des Irdischen. Der Entwicklungsgedanke hat so zum bekannten indischen Weltpessimismus beigetragen, anstatt die Vision einer vollkommeneren Welt zu schaffen. Erst die modernen Meister haben diese Vision gebracht.

Die hinduistischen Quellen[15]

Letzte Autorität und geheime Basis der hinduistischen Religion ist der *Veda*, das ›Wissen‹. Nun umfasst der Veda, zu Deutsch meist ›die Veden‹ genannt, eine große Masse ältester Literatur, deren Entstehungszeit ungewiss ist. Außerdem liegt der Sinn ihrer Texte oft im Dunkeln. Der Veda besteht in seinen älteren Teilen aus Sammlungen von Hymnen, Opferformeln, magischen Sprüchen und Liedern und dann aus okkult-magischen Schriften, die sich mit dem Opfer befassen. Diesen schließen sich Vorschriften für diverse Rituale sowie die berühmten *Upanishaden* an, deren es mehr als 150 gibt. Der Veda war jahrtausendelang mündlich weitergegeben worden. In seinem ältesten Teil, dem *Rigveda*, glaubt die orthodoxe Indologie häufig eine recht wirre Sammlung von Hymnen an die als Götter vorgestellten Naturkräfte wie Feuer, Wind oder Donner vor sich zu haben, die um etwa 1500–1200 v. Chr. entstanden ist. Doch mehren sich mittlerweile die weniger dogmatischen Stimmen, die in den Hymnen des Rigveda viel mehr entdecken als primitive Naturverehrung, nämlich historische Dokumente und spirituelle Lehren. Es wäre auch absurd, anzunehmen, dass der Rigveda, der die unerschütterliche Autorität der spirituell reichsten Religion der Welt ist, eine Art primitiver Naturreligion lehren würde. Heute beginnt man zu erkennen, dass die erwähnten indologischen Auffassungen ihre Wurzeln im Eifer der Missionare vergangener Jahrhunderte und dem Eurozentrismus der Eroberer Asiens haben.[16] Diese beabsichtigten ganz offensichtlich, den nicht mit der christlichen Geschichte und mit Europa verbundenen Völkern eine frühe, hohe geistige Kultur abzusprechen.

Wie schon erwähnt, gehören die indischen ›Geheimlehren‹, die Upanishaden, ebenfalls zum vedischen Schrifttum. Viele dieser Upanishaden sind jedoch in viel späterer Zeit - sogar bis ins 20. Jahrhundert hinein - abgefasst worden. Nur einige wichtige[17] sind der eigentlichen ›upanishadischen Zeit‹ zuzuordnen, die etliche Jahrhunderte oder sogar Jahrtausende nach der Entstehung des Rigveda anzusetzen ist.[18] In ihnen tritt uns der indische Geist in bekannter Weise entgegen: Die Lehren der Upanishaden sprechen von den Lebenskräften, von der Natur der Weltdinge, von der Ursilbe OM, sie sprechen von Tod und Askese, vom Absoluten Sein, dem *Brahman*, und vom *Atman*, dem Selbst. »Die höchste und bezeichnendste Errungenschaft des brahmanischen Geistes,« sagt der Indologe Heinrich Zimmer, »entscheidend nicht nur für die Entwicklung der indischen Philosophie, sondern auch für die Geschichte der indischen Kultur, war seine Entdeckung des Selbst (Atman) als ganz und gar unabhängige, unvergängliche Wesenheit, die der bewussten Persönlichkeit und der leiblichen Hülle zugrunde liegt. Alles, was der normale Mensch über sich weiß und äußert, gehört zur Sphäre des Wandels, der Sphäre von Zeit und Raum; aber dieses Selbst (Atman) ist ewig unwandelbar, jenseits von Zeit und Raum und vom verschleiernden Netz der Kausalität, jenseits des Bereiches von allem Messbaren und Sichtbaren. Seit Jahrtausenden ist es das Anliegen der indischen

Philosophie gewesen, dieses demantene Selbst zu erkennen und die Erkenntnis im menschlichen Leben wirksam zu machen.«[19]

Gemeinsam mit den Upanishaden und den älteren Teilen des Veda gehört die *Bhagavadgita*, der ›Gesang des Herrn‹, zu den Grundpfeilern des Hinduismus. In der Bhagavadgita verkündet Krishna, die inkarnierte Gottheit, dem Freund Arjuna vor einer großen Schlacht das Evangelium von der Unsterblichkeit der Seele, der Pflichterfüllung im Kampf gegen das Negative und zeigt dem erschrockenen Arjuna seine universelle Gestalt, die alle Wesen und Erscheinungen des Kosmos umfasst. Die Gita wird oft mit Recht als die ›Bibel Indiens‹ bezeichnet und soll nach der Bibel die meist übersetzte Schrift der Welt sein.

Zum religiösen und spirituellen Schrifttum des hinduistischen Indien sind noch die zahlreichen mythischen und alten historischen Schriften *(Puranas)* zu rechnen, die auch eine bilderreiche, einfache Darstellung der Inhalte indischer Spiritualität sind. Sie dienen oft dazu, die Liebe der Gläubigen zu Vishnu, Shiva, Krishna oder Durga zu vertiefen. Und mit den großen Epen *Mahabharata* und *Ramayana*, die neben legendenhaften und teilweise historischen Erzählungen ebenfalls spirituelle und ethische Inspiration bieten, zählen noch viele kleinere Texte des Yoga, die devotionalen Schriften der Vishnuiten und Shivaiten sowie die zahlreichen tantrischen Werke zu den wesentlichen Teilen des Kanons der hinduistischen Schriften. Dazu kommt noch die umfangreiche Literatur der diversen philosophischen Schulen, die in einem Zeitraum von mehr als 1500 Jahren verfasst worden ist.

Die hinduistischen Traditionen

Nach der vedischen und upanishadischen Zeit wurden in Indien bald mehrere Strömungen der Religiosität erkennbar, die meist nach dem Namen der Gottheit unterschieden werden, die sie als

Repräsentanten des Absoluten verehren. Später wurden sie zu klar unterscheidbaren Formen hinduistischer Religion.

Die Verehrer von Vishnu sind der Gottheit meist in Liebe *(Bhakti)* zugetan. Die Vishnuiten sind die ›Bhaktas‹ (Verehrer, Liebende) par excellence. Sie huldigen Vishnu gerne in Gesängen, Gottesdiensten, unzähligen Geschichten und voll ekstatischer Inbrunst. Viele Vishnuiten verehren Vishnu auch in der Form von Rama oder Krishna. Die im indischen Mittelalter entstandenen, großen Bhakti-Bewegungen (vor allem Vishnu- und Krishna-Bhakti) stellen das letzte große Aufleben des Hinduismus vor der im 19. Jahrhundert einsetzenden Renaissance dar.

Die Anhänger von Shiva besitzen häufig eine Neigung zur Yogadisziplin. Sie stellen Askese und Gotterkenntnis manchmal noch vor Gottesliebe und Hingabe. Einige wichtige Schulen der Shaivas, wie die Shivaiten in Indien genannt werden, sind im Unterschied zu der monotheistischen Tendenz der Vaishnavas, Gott, Welt und Seelen als voneinander subtil unterschieden zu betrachten, strikt monistisch. Das heißt, sie erkennen nur ein Prinzip des Seins an, nämlich das Göttliche Sein. Die Seelen und die Welt seien danach mit diesem Sein identisch.

Die Lehren der Verehrer der Göttlichen Mutter, der *Shakti*, sind in der Mehrzahl der Fälle denen der Shaivas sehr ähnlich. Doch im Unterschied zu den Lehren der Shaivas steht in ihnen der weibliche Aspekt Gottes noch über Shiva. Diesen weiblichen Aspekt nennen sie Shakti, Durga, Parvati oder Kali. Die Verehrung der Göttin nimmt in den *Tantras*, den spezifischen Schriften der Shaktas, für uns (wie für die Inder) zuweilen schwer zu akzeptierende Formen an. Die Shaktas zählen zu den Grenzgängern des Yoga und des Rituals und werden häufig Opfer falsch verstandener, abstruser Disziplinen. Sie neigen manchmal dazu, Religion und Spiritualität als Vorwand zur Befriedigung der Sinne (in außerehelicher, ritueller Sexualität und Rauschmittelgenuss) zu missbrauchen. Der Shaktismus oder

Tantrismus hat seine Hochburgen im äußersten Osten Indiens, in Bengalen und Assam.

Über die Grenzen zwischen den Traditionen des Hinduismus hinweg verehren orthodoxe Inder (die *Smartas*) häufig mehrere Ausdrucksweisen des Göttlichen gleichermaßen (unter anderem die drei oben erwähnten) und vertreten die Alleinheitslehre des Vedanta.

Neben diesen eindeutig religiösen Traditionen stehen die philosophischen Schulen und die eigentlichen Schulen des Yoga. Auf die letzteren werden wir im nächsten Abschnitt zu sprechen kommen. Die wichtigsten philosophischen Schulen sind zunächst das System des *Samkhya*, das als gedankliche Grundlage des klassischen Yoga dient und atheistisch ist. Es kennt nur eine universelle materielle bzw. energetische Seinsgrundlage *(Prakriti)* und eine Vielzahl ewiger, göttlicher Seelen *(Purushas)*, aber keinen Gott.

Die verschiedenen Systeme des *Vedanta* wiederum beschäftigen sich vor allem mit der Kernfrage, ob, und wenn, wie, Gott, Seelen und Welt voneinander getrennt oder miteinander eins sind. Neben diesem Hauptproblem ist den Schulen des Vedanta gemeinsam, dass sie sich bei ihrer Suche nach einer Antwort auf dieses philosophische Problem in der Hauptsache auf die Bhagavadgita, die lange Zeit nach der Gita entstandenen Brahmasutras und auf das ›Ende der Veden‹ (Veda-anta), die Upanishaden nämlich, stützen. Sie zitieren diese Texte sehr gewandt als Beweise für ihre jeweilige Ansicht. Die bei weitem bekannteste Schultradition des Vedanta ist sicherlich jene *Shankaras*, der meist als Indiens bedeutendster Philosoph betrachtet wird. Der Vedanta Shankaras greift die upanishadische Lehre vom Selbst (Atman) und vom Absoluten (Brahman) auf. Diese beiden setzt er letztlich gleich: Atman = Brahman. Dabei ergibt sich aus der Einheit des Seins (dem Monismus), die Shankara lehrt, in für ihn und seine Anhänger zwingender Logik die Folgerung, das Absolute oder das Selbst sei das einzig Wirkliche. Die Welt sei viel weniger wirklich, weil sie ungleich dem unendlichen Absoluten bedingt und endlich ist. Ja eigentlich sei sie unwirklich. Vielen Vedantins erscheint das Universum daher als riesige Illusion, der es durch geeignete spirituelle Disziplin in die Wirklichkeit des Selbst zu entfliehen gelte.

Über viele Jahrhunderte hinweg hat diese Spielart des Vedanta, der meist gemeint ist, wenn man umgangssprachlich von Vedanta spricht, den indischen Geist in Bann gehalten. Das mag im letzten Jahrtausend zum welt- und lebensverneinenden Grundton der indischen Kultur beigetragen haben, der sie in der alten Zeit nicht so sehr beherrscht hatte. Philosophisch überwunden wurde der illusionistische Vedanta im Grunde erst im zwanzigsten Jahrhundert von Sri Aurobindo. Sri Aurobindo vertritt im Gegensatz zu Shankara und seinen Schülern eine realistische Alleinheitslehre, in welcher die Welt als eine reale Selbstmanifestation des Absoluten und nicht als illusionär oder weniger real beschrieben wird. Sri Aurobindos Lehre werden wir aufgrund ihrer Bedeutung im entsprechenden Kapitel auch in ihren philosophischen Inhalten kurz umreißen. Sri Chinmoy wiederum unternimmt es, eine realistische Alleinheitslehre in allen ihren Folgerungen in die Lebenspraxis umzusetzen, mit weit reichenden Auswirkungen auf spirituelle Methode und Haltung.[20]

Der traditionelle Hinduismus, vor allem jener der kulturellen Elite Indiens, erfährt durch die Lehren der modernen Meister (beginnend mit Sri Ramakrishna) nun schon seit mehr als hundert Jahren große Veränderungen. Der Einfluss dieser Meister findet und fand aber häufig erst durch ihre große Akzeptanz im Westen Zutritt in die traditionellen Hallen des *Sanatana Dharma*, der ›Ewigen Religion‹, wie sich der Hinduismus gerne selber nennt.

Die Yogas

Ausgehend von der Philosophie des zuvor erwähnten atheistischen Samkhya-Systems lehrt der klassische Yoga des Patanjali ein System der Bewusstseinsbeherrschung, der Konzentration und Meditation, das aufgrund seiner Bedeutung sogar in den Rang eines der sechs klassischen Systeme der indischen Philosophie erhoben wurde. Patanjali nennt seinen Yoga *Rajayoga*, den ›königlichen Yoga‹, und kennt im Unterschied zum Samkhya einen persönlichen Gott.

Der Rajayoga hat in seinen acht Gliedern oder Disziplinen, die von Verhaltensvorschriften bis zur meditativen Versenkung in das Göttliche reichen, auch Teile des ›Yogas der gewaltsamen Anstrengung‹, des *Hathayoga*, in sich aufgenommen. Dieser erfreut sich großer Beliebtheit, denn seine Übungen sind auch für die Stärkung des Körpers und zur Erzielung einer stabileren Gesundheit anwendbar. Sie stellen auch eine Methode psycho-physischer Läuterung dar, deren sich auch mehrere andere Yogaarten bedienen. Der Hathayoga besteht aus den bekannten Körperhaltungen und Atemübungen. Doch er kennt auch die mehr esoterischen Übungen der Bandhas und Mudras. Der mit ganzer Intensität geübte Hathayoga kann ohne kompetente Führung im Übrigen nicht nur zu Gewinnen, sondern auch zu körperlichen Schäden führen.

Eng verbunden mit den beiden vorgenannten Yogas ist der heute häufig so bezeichnete *Kundaliniyoga*. Er verwendet die Übungen des Hathayoga oft als Basis und Hilfe, um dann mittels verschiedener Konzentrations- und Meditationstechniken voranzuschreiten. Die Besonderheit des Kundaliniyoga ist seine Nutzbarmachung der Kundalini-Energie. Nach den Lehren dieses Yoga schlafe die Kundalini-Energie in einem Energiezentrum oder ›Knoten‹ nahe des Steißbeins. Der Yogin versucht sie durch geeignete Methoden zu ›erwecken‹. Die Kundalini-Energie sei eine spezielle Form der göttlichen Shakti. Ist sie nun ›erweckt‹, steige sie anschließend durch die Wirbelsäule hoch, bis sie über dem Kopf die Vereinigung des Yogins mit Gott bewirke. Auf dem Weg zu diesem Ziel setze sie die im feinstofflichen Energiekörper des Menschen befindlichen Chakras in Aktivität und gebe dem Meditierenden mittels dieser Chakra-Aktivierung bestimmte übernatürliche, okkulte Fähigkeiten in die Hand, die dieser zu spirituellem Gewinn, aber auch zum Gegenteil hin anwenden kann. Der Kundaliniyoga ist meist auch der Yoga der Tantra-Anhänger.[21]

Zu diesen im engeren Sinne als Yoga bezeichneten Disziplinen kommen noch die sehr anders gearteten spirituellen Methoden der Gotterkenntnis, der Gottesliebe und des Dienstes. Der Yoga der Gotterkenntnis, *Jnanayoga*, bildet die praktische Seite des Vedanta und umfasst verschiedene Stufen der Betrachtung und Meditation. Unter *Bhaktiyoga* versteht man die intensive Ausübung verschiedener Formen der liebenden Gottesverehrung (Bhakti). Und der Begriff *Karmayoga* bezeichnet das fortschreitend selbstlosere, dienende Handeln (Karma) für die Menschen und für Gott. Für Bhakti- und Karmayoga ist es aber ausschlaggebend, dass sie als wirkliche spirituelle Disziplinen ausgeübt werden. Sie dürfen nicht bloß im Rahmen allgemeiner religiöser Pflichterfüllung Beachtung finden, wie das in Indien wie bei uns im Westen häufig der Fall ist.

Einige essenzielle Lehren

Über all den hier kurz angesprochenen Lehren Indiens, und allen jenen, die erst bei der Beschreibung der großen modernen Meister deutlich hervortreten werden, müssen wir uns zum besseren Verständnis des Folgenden noch einige wenige Gedanken in Erinnerung rufen, die der Westen nicht besitzt oder die er in anderer Weise kennt. Das Thema Reinkarnation, dessen grundlegendes Konzept von der Wiedergeburt einer innersten, geistigen Wesenheit (und nicht der äußeren Persönlichkeit) allgemein bekannt sein dürfte, soll hier nur in einem für die folgenden Lebensbeschreibungen wichtigen Aspekt skizziert werden. Schon weiter oben auch ist der Gedanke der Wiedergeburt umrissen worden. Man glaubt in Indien also, dass spirituell vollkommene Menschen ihre geistige Höhe nicht in einem Leben erreichen. Das sei (fast) unmöglich. Der, den wir jetzt als großen Heiligen und Meister vor uns sehen, habe sich schon mehrere, ja viele Leben lang um diese Vollkommenheit bemüht, und aufgrund dieser Anstrengungen habe er jetzt das Ziel erreicht. Er hat die göttliche Frucht geerntet. Vor allem im modernen Hinduismus wird dies als zentraler Zweck und Sinn der Reinkarnation betrachtet.

Doch nun zu den erwähnten indischen Gedanken. In manchen indischen Lehren ist das Göttliche ein unpersönliches Absolutes, Brahman, das auch das höchste Selbst, *Paramatman*, genannt werden kann. Eins mit diesem ist das eigentliche Selbst, der *Atman*, das das Universum durchdringende, unendliche Selbst aller Wesen. Doch besitzt der Mensch noch ein individuelles Selbst, das oft *Jivatman* genannt wird und nicht mit dem äußeren Ego verwechselt werden darf. Diese Triade von individuellem, universellem und transzendentem Selbst mag, wenn sie auch nicht gar so oft in dieser Weise aufgeführt erscheint, als eine zentrale Lehre des Hinduismus gelten. Sie zeigt die drei wesentlichen Aspekte des Göttlichen: Transzendenz, Immanenz und Individuum.

Das Göttliche wird in Indien meist auch als persönlicher Gott verehrt, wie wir das im Abendland kennen. Eine Besonderheit dabei ist aber gewiss die Verehrung von Gott als Mutter und schöpferische, weibliche Kraft, Shakti. Die Shakti ist es, die dem männlichen Aspekt (Shiva oder Vishnu) die Fähigkeit zu handeln und zu schaffen verleiht. Durch Sie lässt Er das Universum entstehen. Beide sind nur zwei Aspekte der einen Gottheit, nämlich der Aspekt des statischen Seins (Shiva/Vishnu) und jener des dynamischen Werdens und Bewusstseins (Shakti). Das

Absolute aber überragt diese seine Aspekte in unaussprechlicher Weise und vereint sie in sich. Der Verehrer der Göttin in Indien (ein Tantrika oder Shakta) verehrt auch die Welt als die Schöpfung der Göttlichen Mutter. Er verdammt sie nicht als schreckliche Illusion, wie es die Shankara-Vedantins tun, welche die Realität der Shakti letztlich ganz leugnen.

Eine andere religiöse Wirklichkeit, die in zwei großen Religionen herausragende Bedeutung erlangt hat (im Christentum und im Hinduismus), ist die Lehre von der menschlichen Verkörperung Gottes. Im Unterschied zum Christentum aber erkennt der Hinduismus nicht nur Christus als verkörperte Gottheit an (diesen aber auch). Er kennt eine Reihe von solchen ›Herabstiegen‹ Gottes in die Welt, die er *Avataras* nennt. Der Vishnuismus beruft sich im Regelfall auf die orthodoxe Liste der zehn Avataras Vishnus, der Shivaismus, für welchen die Avatara-Lehre jedoch weniger Bedeutung besitzt, kennt eine noch höhere Zahl von Avataras. Doch allgemein werden im modernen Indien und von vielen modernen spirituellen Richtungen - abgesehen von lokalen spirituellen Gestalten, die gerade heute sehr häufig vorschnell als Avatara bezeichnet werden - eine Reihe historischer spiritueller Persönlichkeiten verehrt, die als Verkörperungen Gottes gelten. Die bekanntesten unter diesen sind Rama, Krishna, der Buddha und Christus. Der Avatara, so sagt Krishna in der Bhagavadgita, komme von Zeitalter zu Zeitalter in die Welt herab, um den rechten Gang des Geschehens in der Welt wieder herzustellen. Avataras sind also nicht bloß große Weise oder Yogins oder gewöhnliche spirituelle Meister, sie sind viel mehr als diese. Sie lehren nicht nur ihre Schüler, wie viele es auch immer sein mögen, sondern sie sind Lehrer der Welt. Und sie bringen nicht nur äußere Lehren, sondern etablieren im Inneren Wirklichkeiten, welche die Welt in ihrem Bestand sichern und ihren Fortschritt unterstützen sollen. Nach indischem Glauben wäre die Welt ohne Avataras nicht fähig in geregelter Weise fortzuexistieren.

In der Philosophie wie in der Praxis indischer Spiritualität, ob hinduistisch oder buddhistisch, spielt ein weiterer Begriff eine besondere Rolle, der wieder ganz eigentümlich ›indisch‹ ist: *Avidya.* Avidya darf keinesfalls mit unserem Begriff Sünde verwechselt werden. Avidya bedeutet Unwissenheit. Mit dieser sind wir alle befleckt, solange wir nicht die höchste Erkenntnis erlangt haben. Avidya ist das Nichtwissen um unser wahres Sein, um unsere Verbindung zum göttlichen Urgrund. Aufgrund dieser Unwissenheit handeln, denken und fühlen wir häufig in falscher Weise, d.h. gegen das innerste Gesetz unseres Wesens. Avidya ist aber nicht ein rein mentales Nichtwissen, diesem könnte durch einen ›Glauben‹ abgeholfen werden. Avidya kann nur durch jene Erkenntnis überwunden werden, die ein Werden zur Wahrheit ist, durch jene Erkenntnis, die den Menschen zum Yogin und Meister macht. Avidya durchdringt aber nicht den Wesenskern, das Selbst des Menschen. Die Unwissenheit betört nur unsere Gedanken, Gefühle und Handlungen. Sie gaukelt uns die Trennung aller Dinge von Gott vor, sie verspricht uns Glück in Besitz, Lust und menschlicher Liebe, in gesellschaftlicher Stellung und Macht. Aber haben wir diese erlangt, erkennen wir nach kurzer oder langer Zeit, dass in ihnen wahres Glück und Wahrheit nicht zu finden sind. Deshalb streben Yogins nach der Überwindung der Unwissenheit, die nach ihnen das Hauptmerkmal unserer Welt sei. Die Überwindung von Avidya bedeutet, die Wahrheit des Selbst oder die Einheit mit Gott (bzw. die Nähe zu Ihm) zu erlangen und ist damit das Ziel indischer Spiritualität.

Als letzter der wesentlichen Unterschiede des indischen Denkens zum westlichen soll die große Bedeutung genannt werden, die das erstere dem Verhältnis zwischen Meister und Schüler zumisst. Dieses Verhältnis ist im Grunde kein äußeres, wie etwa zwischen gewöhnlichem Lehrer und Schüler. Es sollte ein inneres, existenzielles sein, das durch spirituelle Kraft getragen wird. Ohne die Abfolge von Meistern und Schülern durch die Jahrtausende hindurch wäre der Hinduismus nicht nur eines wichtigen Teiles seiner selbst beraubt, sondern er wäre vielleicht völlig leblos und erstarrt. Ähnliches gilt für die anderen indischen Religionen. Die persönlich vermittelte Lehre, und insbesondere die Führung des Meisters, bilden das eigentliche Zentrum des religiösen Indien. Und wahrscheinlich bilden sie den Kern aller dauerhaft lebendigen Spiritualität.

SRI RAMAKRISHNA (1836-1886)
UND DIE EINHEIT DER RELIGIONEN

SEIN LEBEN ERLAUBT ES UNS,
GOTT VON ANGESICHT ZU ANGESICHT ZU SCHAUEN.

Mahatma Gandhi

Etwa ab dem Jahr 1750 sank Indien in sein dunkles Jahrhundert hinab. Immer noch stiegen die alten Opfer zum Himmel, in Altären geschichtet aus Ziegeln, immer noch zogen heilige Männer durch das damals von Wald bedeckte Land, ein Stock, eine Decke und eine Essschüssel ihr einziger Besitz. Doch die Religion Indiens brannte nicht mehr mit dem Feuer der Vergangenheit, sektiererischer Geist und Ritualismus regierten. Seit dem lange zurückliegenden Herrschaftsantritt der Muslime waren die sozialen Regeln erstarrt und hatten ihren ursprünglichen Sinn verloren. Manche absurde Sitten und Ideen hatten sich verbreitet. Der Strom an Kreativität versiegte beinahe. Er hatte die indische Kultur in der Vergangenheit so eindrucksvoll geprägt, in der Architektur, der Dichtkunst und Malerei. Lange schon war er zu einem kleinen Fluss geworden, aber jetzt schien es, als würde er sich im Wüstensand der neuen Zeit ganz verlieren. Kunstwerke verschwanden als Beute, weil niemand sie wertschätzte und bewachte. Wissenschaft und Philosophie erging es ähnlich, sie wiederholten bloß die alten Wahrheiten. Niemand störte den Schlummer der größten Denkernation einer glorreichen Vergangenheit. Schon seit Jahrhunderten war kein bedeutender Philosoph mehr erschienen. Die Weisen und Seher lebten zurückgezogen in den Wäldern und Bergen, die Welt erschien ihnen nicht ihres Interesses würdig. Die geistige Kraft Indiens konnte das Land nicht mehr durchdringen wie ehedem. Und in diesem Augenblick war es, da die Stürme europäisch-englischer Profitsucht und der Kriege, die diese vor sich hertrieben, über das offene Land peitschten. Die Flut der westlichen Kultur ergoss sich in die indische Dürre und drohte, alles mit sich fortzureißen. Es war ein Augenblick, der Kulturen auslöscht.

Um die Mitte des 19. Jahrhunderts galt es vielen als beinahe sicher, dass die indische Kultur und der Hinduismus dem Ansturm des europäischen Geistes nicht dauerhaft würden standhalten können. Schon seit Jahrzehnten wandten sich die gebildeten Männer in den Städten Europa und seiner Kultur zu und verachteten alles Indische. Ab dem Jahr 1870 begann jedoch ein Teil der europäisch gebildeten Intelligenzia der Hauptstadt Britisch-Indiens, Kalkutta, einen zu dieser Zeit noch wenig bekannten Heiligen aufzusuchen: Sri Ramakrishna. Diese Besuche markierten eine große Wende. Die jungen Männer, die zu Sri Ramakrishna kamen, waren stolz auf ihre Ablehnung hinduistischen ›Aberglaubens‹ und auf ihre westliche Ratio. Deshalb konnten sie sich ihre Faszination für den Hindu-Heiligen Ramakrishna nicht erklären. So schrieb Pratap Chandra Mazumdar, ein führender junger Intellektueller, in einem Zeitungsartikel über seine Begegnung mit Sri Ramakrishna: »Was gibt es da Gemeinsames zwischen ihm und mir? Ich, ein europäischer, zivilisierter, individualistischer, halbskeptischer so genannter gebildeter Vernunftmensch, und er, ein armer, ungebildeter, ungehobelter, noch halb dem Götzendienst verhafteter Hindu-Gläubiger? Warum sollte ich stundenlang dasitzen und ihm zuhören - ich, der ich den Worten eines Disraeli und Fewcett, eines Stanley und Max Müller und einer ganzen Schar von europäischen Gelehrten und Geistlichen gelauscht habe? Und nicht nur ich sitze da zu seinen Füßen, sondern Dutzende meiner Sorte tun dasselbe. Er betet Shiva und Kali an, Rama und Krishna, und er glaubt fest an die Lehren des Vedanta. Er betet Gott in Bildern an, und doch meditiert er gläubig und voller Verehrung über die Vollkommenheiten der einen gestaltlosen, absoluten, unendlichen Gottheit. Seine Religion besteht aus Ekstase, seine Anbetung aus der transzendentalen Einsicht in die göttliche Natur, sein ganzes Wesen brennt Tag und Nacht in einem ständigen Feuer und im Fieber eines seltsamen Glaubens und Gefühls. Solange er leben wird, werden wir gern zu seinen Füßen sitzen, um von ihm die tiefen Gebote der Reinheit, der Freiheit von der Welt, der Spiritualität und der Trunkenheit der göttlichen Liebe zu lernen ...«[22] Sri Ramakrishna gab vielen jungen Indern der städtischen Elite, die sich vom Geist ihrer Heimat abgewandt hatten, den Glauben an das eigene religiöse Erbe zurück.

Wie ein Kind der Göttlichen Mutter Kali, die er verehrte, unschuldig und manchmal naiv erscheinend, fühlte sich Sri Ramakrishna in seiner Rolle als Meister nicht sehr wohl. Dennoch liebte er es, seine Anhänger zu unterweisen. Alle hörten gebannt zu, denn was die Lippen Ramakrishnas verließ, war voller Bilder, fesselnd wahr und direkt. Er verstand es, wachzurütteln und Gefühle zu wecken. Für alles hielt er den passenden Vergleich und eine Geschichte bereit, die nur um dieser Lehre willen geschaffen schien.

Sri Ramakrishna war von schmächtiger Gestalt, doch leicht hätte man sein strahlendes, bärtiges Gesicht selbst in einer Menschenmenge nicht übersehen können. Er sprach oft mit nur halb geöffneten Augen. Immer wieder entglitt er dabei in Zustände meditativer Entzückung, Tränen rollten über seine Wangen; dann wieder fiel er wie in Trance in ein Lied eines bengalischen Sängers, das von Vishnu oder der Göttin Kali erzählte. Der junge Ramakrishna verzehrte sich vor Gottessehnsucht. Er wurde zum Inbegriff des kompromisslosen Verlangens nach dem Göttlichen und der qualvoll-ekstatischen Liebe zu Ihm, zu Ihr.

Sri Ramakrishnas Lebensgeschichte ist recht gut bekannt. Seinen Schülern hatte er von den Ereignissen seines Lebens erzählt, und an seinen letzten Lebensjahren hatten sie selber Teil gehabt. Dazu kamen die wahrscheinlich etwas spärlichen Zeugnisse seiner Frau sowie die Nachforschungen seines Biografen Swami Saradananda, der das umfangreiche Material zusammentrug. Was wir von seinem Leben wissen, ist alleine Lehre genug. Sri Ramakrishna gehört wohl zu der seltenen Art von Meistern, deren äußeres Leben dramatisch und anschaulich ihre Lehre darstellt. Doch die Biografie eines jeden echten Meisters der Spiritualität ist eine ungeschriebene, innere. Sie wird menschlichen Blicken immer verborgen bleiben. Das gilt selbst dann, wenn es die Aufgabe des Meisters sein sollte, die Ereignisse seines äußeren Lebens eine klare Sprache sprechen zu lassen, wie das bei Sri Ramakrishna, dem Weisen von Dakshinesvar der Fall war. Für viele Inder ist Sri Ramakrishna der Avatara, der den Dharma, die Wahrheit der Religion, erneuerte und Heil brachte.

Die Vision

Kshudiram Chattopadhyaya, ein Brahmane aus dem Dorf Kamarpukur, das nordwestlich von Kalkutta inmitten der weiten Reisfelder der idyllischen bengalischen Provinz liegt, begab sich im Winter des Jahres 1835 auf eine Pilgerreise. Auf seiner Fahrt besuchte er auch den heiligen Ort Gaya, um Vishnu, der dort den Namen Gadadhar trägt, zu gefallen. In Gaya träumte Kshudiram: Er sah sich im Tempel Vishnus soeben seinen Gottesdienst vollziehen und war dabei von seinen Vorfahren umringt. Plötzlich füllte sich der Tempel mit einem strahlenden Licht. Als er sich umsah, schaute er ein wunderbares Wesen mit einem leuchtend grünen Körper, das sprach: »Ich bin sehr glücklich über deine Hingabe und gewähre dir meinen Segen. Ich werde als dein Sohn geboren werden.« Noch im Traum erschrak Kshudiram: Wie konnte er für solch ein Wesen sorgen, er, der doch so arm und unwürdig war?

Etwa zur selben Zeit sah seine Frau Chandradevi zu Hause ähnliche Traumgesichte. Sie schaute auch eine Vision am hellen Tag: Vor einem kleinen Tempel stehend sah sie plötzlich ein strahlendes Licht aus der Tempelstatue Shivas in Wellen auf sich zurasen, das Licht umhüllte sie und drang in ihren Körper ein. Bewusstlos fiel sie zu Boden. Ihre Begleiterin aber meinte, sie habe nur einen epileptischen Anfall erlitten. Die fünfundvierzigjährige Chandradevi fühlte sich daraufhin schwanger.

Am 18. Februar des Jahres 1836, dem Jahr, in dem das englische Schulsystem in Indien eingeführt wurde, was das Schicksal der Kultur des Subkontinents hätte besiegeln können, wurde Chandradevi und Kshudiram Chattopadhyaya aus Kamarpukur ein Sohn geboren, dem sie den Namen gaben, den Vishnu in Gaya trägt: Gadadhar.

Alle im Dorf mochten den kleinen Gadadhar, der später Ramakrishna[23] heißen sollte. Sein Vater, der seinen Traum und die Vision Chandradevis nicht vergessen hatte, war niemals streng gegen seinen lebhaften Sohn. Eines Tages, als Gadadhar sieben Jahre alt war, streifte er durch die grünen Reisfelder nahe des Dorfes. Er blickte zum Himmel auf und sah eine große, dunkle Gewitterwolke über sich getürmt. Gegen diese Wolke flog eine Schar schneeweißer Kraniche mit weit ausgebreiteten Schwingen. In diesem Bild der Harmonie, der grenzenlosen Weite und Freiheit, verlor sich sein Geist, bis er das Körperbewusstsein und die Welt um ihn hinter sich ließ und Gadadhar bewusstlos zu Boden stürzte. Erschrocken trugen ihn seine Freunde nach Hause.

Immer wieder hatte der Sohn Kshudirams trancehafte Erfahrungen. Er ging zur Schule, aber sein wahres Interesse galt den Göttermythen, die von umherziehenden Sängern vorgetragen wurden. Er suchte die Gesellschaft heiliger Männer und Weltentsager auf, die sich am Dorfrand zu gemeinsamer Rast zu treffen pflegten. Sie befanden sich auf der Wanderschaft zum Tempel des ›Herrn des Universums‹ (Jagannath) in Puri. Die Wandermönche lehrten ihrem neuen Freund, wie man betet und Hymnen singt und unterhielten ihn mit ihren Geschichten. Seine Mutter aber stand der Verzweiflung nahe, denn sie fürchtete, wie dies in Indien, dem Land der engsten Familienbande, die Eltern von späteren Heiligen und Mönchen fast stets zu tun pflegen, er könne schon in jungen Jahren der Welt entsagen und eines Tages mit den Sadhus davonziehen. Doch das war nicht Gadadhars Absicht.

Tempeldienst in Dakshinesvar

Einige Jahre später eröffnete der Bruder Ramkumar, der nach dem Tod Kshudirams in die Rolle des Familienoberhaupts geschlüpft war, in Kalkutta eine Sanskritschule und verdingte sich zusätzlich als Priester. Er holte den nun sechzehnjährigen Gadadhar zu sich, um ihn in das Leben eines bezahlten Hauspriesters einzuführen. Doch Gadadhar entwickelte kein großes Interesse am Leben in Kalkutta, an Geld und Büchern. Als ihn Ramkumar eines Tages auf diese Gleichgültigkeit gegenüber der Welt und dem brahmanischen Wissen ansprach, gegenüber den traditionellen Gesetzen, der Astrologie und den heiligen Schriften, mit welchen er später den Unterhalt für seine Familie verdienen müsse, erwiderte Gadadhar leidenschaftlich: »Bruder, was soll ich mit bloßer Brotarbeit? Ich möchte lieber jene Weisheit erlangen, die mein Herz erleuchtet.«

In Kalkutta lebte damals die reiche Rani Rasmani. Sie gehörte zwar einer niedrigen Kaste an, war aber weithin bekannt für ihre Großzügigkeit und ihr frommes Herz. Am Ufer des Ganges bei Dakshinesvar, das nördlich der großen Stadt liegt, erstand sie ein Stück Land und ließ darauf eine ausgedehnte Tempelanlage errichten, deren Haupttempel der Göttin Kali geweiht wurde und dem sich zwölf kleine Shiva-Tempel und ein Tempel für Krishna (Radhakanta-Tempel) anschließen. Den Auftrag für den Bau des großen Tempels hatte sie von ihrer erwählten Gottheit Kali, der Mutter des Universums, in einem Traum erhalten. Den

Tempeln beigefügt war ein großer Tempelgarten, mit Blumenbeeten, Obsthainen und zwei Teichen. Doch gab es für die niedrigkastige Rani noch die Hürde der Kastenvorschriften zu nehmen, denn es konnte sich kein Brahmane finden, der für eine Shudra-Frau im Tempel arbeiten wollte. Nur Ramkumar, der diese Anstellung dringend benötigte, erklärte sich zum Tempeldienst bereit und nahm Gadadhar alias Ramakrishna mit sich, der nun ebenfalls im Tempel den Dienst als Priester versehen würde. Es kam auch Hriday, ein Neffe Sri Ramakrishnas, nach Dakshinesvar und wurde zum ständigen Begleiter des jungen Priesters wie des späteren Heiligen.

Sri Ramakrishnas Art des Tempeldienstes muss von Beginn an aufsehenerregend gewesen sein: Er sang hingebungsvoll Lieder für seine göttliche Mutter Kali, Tränen standen in seinen Augen. Die von den Priestern gewöhnlich mechanisch vollzogenen Handlungen führte Ramakrishna im Bewusstsein ihrer wahren Bedeutungen aus, die entweder symbolischer Art sind oder okkult-spirituelle Wahrheiten in sich tragen. Er betrachtete die Statue Kalis, der er diente, nicht bloß als ein Stück Stein, auch nicht als einen Verweis auf eine höhere Wirklichkeit, sondern er erblickte in ihr die lebendige Gegenwart der kosmischen Mutter, die für ihn zuerst in dieser Statue greifbar wurde. Er sah die rituellen Handlungen mit geistigen, konkret erfahrbaren Wirklichkeiten erfüllt und verfiel bei seinem Tempeldienst dadurch in eine ekstatische Stimmung.

Während Sri Ramakrishna im Tempel der Kali diente, fühlte er sich mehr und mehr vom Mutteraspekt Gottes angezogen. Er verlangte nach Ihrer Gegenwart. Und sie wurde ihm gewährt. Doch zuvor musste er fast verzweifeln vor Sehnsucht - er fühlte sich wie ein Kind, das von seiner Mutter getrennt ist. Er weinte so bitterlich, dass die Leute meinten, er habe seine irdische Mutter verloren. Die Welt um sich vergaß er völlig, aß kaum und schlief nicht. Nächtelang meditierte er nackt im Garten, legte dabei sogar seine Brahmanenschnur ab, um Gott alles Weltlichen entblößt begegnen zu können, auch ohne das Zeichen seines Standes. Die Menschen begannen, ihn für verrückt zu halten.

Manchmal wurde Ramakrishna in seiner inneren Not von Zweifeln geplagt und rief: »Bist du wirklich, Mutter, oder ist das alles eine Schimäre - bloße Poesie ohne irgendeine Realität? Wenn du existierst, warum sehe ich dich dann nicht? Ist die Religion eine bloße Fantasie und du nur ein Produkt der Vorstellungskraft des Menschen?«[24] Er beachtete seinen Körper nicht. Seine Haare verfilzten, und wenn er regungslos meditierte, ließen sich Vögel auf seinem Kopf nieder, um dort nach Reiskörnern zu suchen. Ungeduldig nach der Schau Gottes verlangend, rieb er sein Gesicht am Boden, bis es blutete. Er bemerkte nicht, wie die Tage vorüberzogen, und wenn die Muschelhörner und Glocken die Abendandacht anzeigten, wurde er daran erinnert, dass wieder ein Tag vergangen war, ohne dass er seine Mutter gesehen hatte: ein vergeblicher Tag.

Aber er musste nicht länger mehr warten:

»Ich fühlte eine unerträgliche Qual in meinem Herzen, weil ich Sie nicht schauen konnte. So wie jemand mit aller Kraft ein Handtuch auswringt, um alles Wasser herauszupressen, fühlte ich, als ob jemand mein Herz und mein Gemüt ergreifen und auswringen würde. Gepeinigt von dem Gedanken, ich könnte vielleicht niemals die Mutter schauen, verfiel ich in Agonie. Ich dachte, es hätte keinen Sinn, solch ein Leben zu leben. Da fiel mein Blick plötzlich auf ein Schwert, das im Tempel der Mutter aufbewahrt wurde. Ich beschloss, meinem Leben mit seiner Hilfe in diesem Augenblick ein Ende zu setzen. Wie ein Verrückter rannte ich und ergriff es, als ich plötzlich die wunderbare Vision der Mutter hatte und bewusstlos zu Boden fiel. Ich weiß nicht, was in der äußeren Welt dann geschah, wie dieser Tag und der nächste vergingen. Aber in meinem innersten Herzen floss ein Strom großer Glückseligkeit, wie ich das noch niemals zuvor erfahren hatte, und ich erlangte das unmittelbare Wissen des Lich-

tes, das die Mutter ist. Es war, als verschwänden die Gebäude, Türen, Tempel und alle anderen Dinge, als existiere nichts! Und was ich sah, war ein grenzenloser, unendlicher Ozean von Licht! Wie weit und in welche Richtung ich auch blickte, ich sah eine beständige Folge von strahlenden Wogen hervorbrechen und von allen Seiten tosend heranstürmen. Bald stürzten sie auf mich und ließen mich in die unergründlichen Tiefen der Unendlichkeit sinken. Ich keuchte, kämpfte gleichsam und verlor ganz die Wahrnehmung des äußeren Bewusstseins.«[25]

Der Gottrausch

Man muss sich nun dessen bewusst werden, was Sri Ramakrishnas Art des spirituellen Zugangs zu Gott für jene Zeit bedeutete. Denn was den gebildeten jungen Indern damals am meisten an ihrer Religion missfiel, war gerade das, dem sich der größte indische Heilige des neunzehnten Jahrhunderts mit großem Glauben hingab: der Bilderdienst. Der Hinduismus neigt ähnlich dem Katholizismus stark dazu, das Göttliche in Bildern und Statuen greifbar darzustellen, um Ihn/Sie in diesen verehren zu können. Aber nicht nur diese Verehrung war oft zu einem leeren Ritual verkommen. Auch die wahre Bedeutung dieser Darstellungen des Göttlichen stand nicht mehr allen Menschen klar vor Augen. Denn die Statue oder das Bild selbst sind nicht verehrungswürdig, sondern das, worauf sie verweisen, und vor allem das, was sich als göttliche Gegenwart in ihnen manifestiert, herbeigezogen durch die Liebe der Gläubigen oder die Kraft eines heiligen Menschen. Sri Ramakrishna also begann, diese leeren rituellen Handlungen mit innerem Leben zu erfüllen, einfach indem er entdeckte, was ihnen wirklich zugrunde lag, was ihre wahre Bedeutung ausmachte. Er begann, dem Überhandnehmen der endlichen, materiellen Form über die unendliche Gegenwart Einhalt zu gebieten. Aber zum Erstaunen des gebildeten Indien tat er das nicht, indem er dem Gottbild weniger Wert beimaß und ausschließlich seinen Symbol- oder Verweischarakter betonte, wie dies andere getan hatten. Er hauchte der Form selber neues Leben ein, indem er enthüllte, dass sie eine konkrete, feste Grundlage für die Offenbarung einer göttlichen Gegenwart sein konnte. Er erfüllte das Gott-Bild und die Statue erneut mit Geist und erhob sie damit noch an Bedeutung und Verehrungswürdigkeit.

Bald aber benötigte Sri Ramakrishna die Statue der Mutter im Tempel nicht mehr. In seinen nun häufig gewordenen Visionen und höheren Bewusstseinszuständen erblickte er ›seine‹ Mutter überall. Er sah Sie als zur Welt geworden und sah Sie die Welt durchdringen. Und er erkannte, dass Sie über Ihre Schöpfung weit hinaus in die Transzendenz des Absoluten hineinragte. Aber undenkbar wäre es ihm gewesen, der Statue der Göttlichen Mutter keine besondere Verehrung mehr darzubringen, denn war Sie nicht auch dort gegenwärtig, und mehr noch - war das (Ab-)Bild nicht eine ganz besondere Wohnstatt der Mutter?

Ein Versteckspiel mit der geliebten Mutter begann. Manchmal war sie bei ihm, dann wieder konnte er sie nicht aufspüren und weinte vor Schmerz. Seine Liebe aber wuchs dadurch. Darauf sah er sie in Trance plötzlich vor sich stehen. Er hörte ihre Fußglöckchen, wenn sie die Treppe zu seinem Zimmer herauflief, sah sie auf dem Balkon stehen mit wehenden Haaren und auf den nächtlichen Ganges hinabblicken. In manchen Ekstasen wankte er wie ein Betrunkener auf das Bild der Mutter im Tempel zu, und von der Statue fühlte er ihren Atem kommen.

Die Bediensteten des Tempels hielten Ramakrishna für verrückt, aber kein Arzt konnte Besserung für seine ›Krankheit‹ bringen. Sogar er selber zweifelte in schwierigen Stunden an der Echtheit seiner stürmischen Erfahrungen und Visionen. Eines

Tages fütterte er mit der Speise, die für den Gottesdienst bestimmt war, eine Katze. Dieses Sakrileg erregte den Zorn der anderen:

»Die Göttliche Mutter offenbarte mir im Kali-Tempel, dass sie zu allem geworden ist ... Das Standbild war reines Bewusstsein, der Altar war Bewusstsein, die Wassergefäße waren Bewusstsein, die Türschwelle war Bewusstsein, der Marmorboden war Bewusstsein - alles war nichts als Bewusstsein, göttlicher Geist. Ich sah, dass alles im Raum gleichsam durchtränkt war mit Seligkeit, der Glückseligkeit Gottes. Ich sah einen bösen Menschen vor dem Kali-Tempel stehen, aber auch in ihm sah ich die Kraft der Göttlichen Mutter vibrieren. Das ist auch der Grund, warum ich die Katze mit dem Essen fütterte, das für die Göttliche Mutter bestimmt war. Ich sah deutlich, dass all dies die Göttliche Mutter selber war - auch die Katze.«[26]

Sri Ramakrishna übergab jetzt sein ganzes Leben der Göttlichen Mutter, unterwarf seinen Willen und behielt nichts mehr für sich. »Ich verstehe nicht Mutter«, sagte er zu Ihr, »was das alles für Dinge sind, die mit mir passieren. Bitte lass mich tun, was ich tun soll ... Halte stets meine Hand!« Seine ekstatischen Erfahrungen bewirkten nun auch Veränderungen in seinem Körper. Wenn er meditierte, knackte es in seinen Gelenken und er konnte sich nicht mehr bewegen, bis das Ende der Meditation gekommen war. Von seiner Zeit göttlicher Berauschung und intensiver Sehnsucht nach der ständigen Gegenwart der Mutter erzählte Sri Ramakrishna:

»Solch einen Zustand erlangen gewöhnliche Menschen niemals. Denn schon ein Viertel seiner Intensität würde ihren Körper und ihren Verstand zerstören. Ich befand mich in der einen oder anderen Vision der Mutter den größten Teil des Tages und der Nacht über, das rettete mich, sonst wäre es unmöglich gewesen,

dass diese Hülle (auf seinen Körper zeigend) überlebt hätte. Ich schlief sechs lange Jahre überhaupt nicht. Die Augen verloren die Fähigkeit zu blinzeln, ich konnte sie nicht schließen, so sehr ich mich auch anstrengte. Ich bemerkte nicht, wie die Zeit verging und war mir meines Körpers nicht bewusst. Wenn meine Aufmerksamkeit sich von der Mutter weg auf den Körper richtete, befürchtete ich: ›Stehe ich am Rande des Wahnsinns?‹ … Der Körper erschien mir belanglos zu sein, meiner Sorge nicht würdig. Dann wurde ich mit ihrer Schau gesegnet und von ihren Worten getröstet, die mir Sicherheit brachten und meine Furcht vertrieben.«[27]

Die Brahmani und Tantra

Eines Tages pflückte Ramakrishna im Tempelgarten Blumen für den Altar Kalis, als am nahen Bootssteig eine majestätische Frau an Land stieg. Um ihr orangefarbenes Nonnengewand fielen ihre langen Haare; trotz ihres Alters von etwa fünfzig Jahren konnte sie noch als Schönheit gelten. Sie war eine Brahmanin und übte die Disziplinen der Tantras. Sie wurde Brahmani Bhairavi genannt. Die Göttliche Mutter hatte ihr ›mitgeteilt‹, sie solle drei Seelen lehren. Zwei hatte die Brahmani bereits getroffen, und als sie Sri Ramakrishna gegenübertrat, vergoss sie Tränen der Freude, denn sogleich erkannte sie: ihr drittes ›Kind‹ war gefunden. Man schrieb das Jahr 1861, und Ramakrishna war fünfundzwanzig Jahre alt. Die Brahmani besaß weite Erfahrung in den Disziplinen der Tantras und in jenen der Vishnuiten. In den heiligen Schriften dieser Richtungen war sie eine Autorität. Ihre mütterlichen Gefühle für Ramakrishna, die sie vom ersten Tag an durchwallten, sollten zwölf Jahre lang ihr Leben und jenes Ramakrishnas bestimmen.

Gleich erzählte ihr Sri Ramakrishna von allen seinen Erfahrungen und ekstatischen Zuständen und die Brahmani begriff: Ramakrishna war nicht verrückt, wie viele glaubten, sondern befand sich im Zustand des Mahabhava, der in der spirituellen Geschichte bisher nur von zwei Menschen erreicht worden war - von Radha, Krishnas Jugendgefährtin, und von Sri Chaitanya, dem großen bengalischen Heiligen des sechzehnten Jahrhunderts, der durch seine feurige Liebe zu Krishna die Spiritualität Bengalens wieder mit Leben erfüllt hatte. Mahabhava, der höchste Zustand der Liebe zum Göttlichen, wurde in den Schriften der Vishnuiten in seinen neunzehn Teilzuständen genau beschrieben.[28] Aber wer wollte der Brahmani glauben, wenn sie auch Belege aus den Schriften zitierte? Aus diesem Grund fasste sie den Entschluss, ihre Erkenntnis von anerkannter Seite bestätigen zu lassen. So kam es, dass zwei der größten Gelehrten Bengalens Sri Ramakrishna besuchten, mit anderen Pandits im Gefolge. Zuerst kam Pandit Vaishnavacharan, der Führer der Vishnuiten Bengalens und ebenfalls ein praktizierender Tantrika, und einige Tage später kam Pandit Gauri von Indes.

Die Gelehrten diskutierten untereinander, befragten Sri Ramakrishna, der dieser Prozedur gegenüber völlig gleichgültig dasaß. Er war in seiner eigenen Welt versunken. Manchmal lächelte er wie ein Kind, dann wieder stieß er Vaishnavacharan mit dem Ellbogen an und zeigte ihm unschuldig: »Schau, manchmal fühle ich mich auch so ...« Am Ende erklärte sich der berühmte Pandit ganz in Übereinstimmung mit der Brahmani und kam zu dem Schluss, Ramakrishna erfahre tatsächlich den Mahabhava. Zum Erstaunen der Tempeldiener, die Sri Ramakrishna zuvor ausgelacht hatten, erklärte er diesen zum Avatara, zu einer direkten Verkörperung des Göttlichen im Menschen, gleich Krishna, Rama, Buddha oder Chaitanya! Pandit Gauri kam kurz darauf zu demselben Schluss. Später erzählte Ramakrishna seinen Schülern: »Vor Jahren verkündeten Pandits wie Vaishnavacharan und Gauri, ich sei ein Avatara, und sie wussten, was sie sagten, denn sie waren große Gelehrte. Aber das veränderte gar nichts in mir.« Von Ramakrishna inspiriert entsagte Pandit Gauri wenig später der Welt und wurde niemals wieder gesehen.

Trotz seiner Erfahrungen höchster Gottesliebe sollte Sri Ramakrishna noch viele Disziplinen der traditionellen hinduistischen Spiritualität ausüben und darüber hinaus sogar nicht-hinduistische Wege beschreiten. Auch hier goss der Heilige von Dakshinesvar neues Leben und neue Bestätigung in jene erprobten Kanäle spirituellen Vorwärtsströmens und zeigte der Welt gleichzeitig zum ersten Mal: Alle authentischen Wege führen zum einen Ziel! Alle Religionen sind eins und alle Disziplinen der Spiritualität stellen bloß so viele Wege dar, als es Temperamente von Menschen gibt. Dies zu zeigen war vielleicht Sri Ramakrishnas wichtigste Mission. Natürlich genügte es nicht, jene Wahrheit zu erkennen und zu lehren, sie musste gelebt und vor den Augen der Menschen manifestiert werden, das heißt, sie musste im Bewusstsein der Welt verankert werden.

So begann Sri Ramakrishna unter der Anleitung der Brahmani den Disziplinen (Sadhanas) der 64 wichtigsten Tantras zu folgen. Dies war nur nahe liegend, denn mit der Verehrung der Göttlichen Mutter folgte er bereits der wesentlichsten Lehre der Tantras, dass Gott nämlich auch Mutter sei und als solche angebetet werden solle. Bengalen ist ein Land von Tantrikas, und die Bhairavi hatte lange Zeit auch die abstrusesten Tantrasadhanas praktiziert. Sri Ramakrishna hatte, unter der Voraussetzung natürlich, die Tantrasadhana diene allein der Erkenntnis und Verwirklichung des Göttlichen und nicht als Vorwand zur Sinnesbefriedigung, auch nichts gegen die gerne missverstandene Seite tantrischer Übung einzuwenden (wie rituellen Geschlechtsverkehr und rituelles Trinken von Alkohol), er billigte sie sogar. Er übte sie aber selber nicht aus und wies auch seine Schüler an, es so zu halten.

Tantrische Sadhanas sind stark von Ritualen geprägt, die mit Meditationen und anderen spirituellen Übungen verbunden werden. Diesen gab sich Ramakrishna unter der Anweisung der Brahmani nun hin, hantierte mit den Ritualgegenständen in der festgelegten Weise, versenkte sich in vorgeschriebene Meditationen und wiederholte Mantras. Bis auf oben genannte Einschränkungen übte er auch für den westlichen Menschen oft seltsam anmutende Sadhanas. Auf Leichenverbrennungsplätzen meditierte er auf die Vergänglichkeit allen Seins, er teilte sein Essen mit Hunden und Schakalen, in denen er die Göttliche Mutter erblickte und baute einen Altar aus Tier- und Menschenschädeln. In allen tantrischen Sadhanas erlangte er das von ihnen versprochene Ziel in drei Tagen, wo es die meisten Tantrikas in ihrem ganzen Leben nicht erreichen. Sie kämen auch deswegen nicht ans Ziel, bemerkte Sri Ramakrishna einmal, weil diese Praktiken die meisten Menschen in die Irre führten.[29]

Die Kundalini-Kraft, die kosmische ›schlafende‹ Energie im Menschen, welche im tantrischen Yoga erweckt wird und den Yogin zur Einheit mit dem Göttlichen führt, erwachte jetzt in Sri Ramakrishna. Er erfuhr alle Kräfte und Welten, die sie ihm eröffnete und erlangte durch sie eine neue Art der Einheit mit dem Göttlichen. Er hatte die Vision eines Dreiecks aus Licht, das in jedem Augenblick unzählige Welten hervorstößt. Dies war Brahmayoni, der ›Schoß Gottes‹, durch den die Göttliche Mutter das Universum offenbar macht. Er vernahm Anahata Dhvani, den klanglosen Klang, der als der Laut OM das Universum durchdringt und die erste Manifestation des Göttlichen als Schwingung ist. Sri Ramakrishna überwand allen Ekel und alle Abneigung, das Schmutzige wie das Heilige schienen ihm als gleichermaßen heilig, denn sie waren ihm eine Manifestation von Ihr.

Damals wurde ihm auch enthüllt, dass die Menschen bald um spirituelle Führung zu ihm kommen würden. Doch bis es so weit war, sollten noch manche Jahre ins Land gehen.

Die Verehrung Vishnus

Nachdem Sri Ramakrishna die tantrischen Sadhanas vollzogen und deren Ziele erlangt hatte, vertiefte er sich immer mehr in die Sadhanas der Vishnuiten. Diese lagen ihm, der von besonders feinfühliger Natur war, wohl ebenso nahe. Und die Brahmani war auch in diesen Disziplinen bewandert. Vor allem wusste sie um die zentrale Lehre des praktizierten Vishnuismus von den ›Fünf Zuständen‹ (Panchabhavas). Die Fünf Zustände sind Annäherungsweisen an das Göttliche, sie sind Arten, mit Jenem in Beziehung zu treten. Der Aspirant übt einen der Fünf Zustände bis zum völligen Aufgehen in der diesem entsprechenden Denk- und Gefühlshaltung. Er lebt in der Beziehung zu Krishna (beispielsweise), als dessen Vater oder Mutter (diese Haltung heißt Vatsalyabhava), oder als sein Freund, dann wieder als sein Diener (Dasyabhava), er baut die ›ruhige‹, gleichmütige Beziehung zu ihm auf (Shantabhava) oder übt jene schwierigste Lebenshaltung, welche die Beziehung einer liebenden Frau zu Krishna/Vishnu ist (Madhuryabhava). Ein unvorhergesehenes Ereignis stürzte Ramakrishna nun in den Vatsalyabhava.

Ein Anhänger Ramas kam nach Dakshinesvar. Er hieß Jatadhari. Jatadhari trug stets eine kleine Statue aus einer Metalllegierung bei sich, die die Inkarnation Vishnus als Rama verkörpern sollte. Aber es war nicht der allgemein bekannte Rama, der den schrecklichen Dämonenfürsten von Lanka besiegt hatte und über ein großes Reich herrschte. Es war Rama als kleiner Junge, dem Jatadhari den Namen Ramlala gegeben hatte. Jatadhari verkehrte liebevoll mit der Statue, war manchmal streng mit ihr, ganz wie man einen kleinen, oft ungezogenen Jungen behandelt, den man doch über alles liebt. Als Ergebnis lebenslanger spiritueller Praxis war ihm in der Statue die lebendige Gegenwart Rama-Vishnus offenbar geworden. Er fütterte Ramlala, ging mit ihm spazieren, badete den Kleinen und sprach mit ihm. Von Jatadharis Hingabe berührt, bat ihn Sri Ramakrishna, ein wenig in Dakshinesvar zu bleiben. Und bald schon erwachte Ramakrishnas alte Liebe zu Rama, der in Kamarpukur seine Familiengottheit gewesen war. Er, der jetzt ganze Tage und Nächte mit Jatadhari verbrachte, begann Ramlala nicht nur wie einen Jungen zu behandeln, sondern wie Jatadhari sah er die kleine Figur lebendig werden, sah sie vor sich tanzen, auf seine Schultern springen, Blumen pflücken und herumtollen. Er fühlte mütterliche Liebe zu dem kleinen Rama in sich aufkommen und Ramlala selber wollte nicht mehr von Ramakrishna lassen. Manchmal konnte Jatadhari Ramlala, für den er eben gekocht hatte, nicht finden, bis er ihn zuletzt in Sri Ramakrishnas Zimmer entdeckte. Nach einer Weile wollte Jatadhari Dakshinesvar verlassen, aber Ramlala wünschte zu bleiben, und deshalb blieb auch Jatadhari. Doch eines Tages stieg er mit dem kleinen Ramlala die Treppe zu Sri Ramakrishnas Zimmer hoch, um seinen Abschied zu nehmen. Ramlala wollte er dalassen, denn dieser habe nun die ganze Sehnsucht seines Lebens erfüllt und ihm jene Vision gewährt, nach der er verlangt hatte. Jatadhari hatte Rama in all seiner Glorie gesehen. So kam es, dass Sri Ramakrishnas Zimmer bis zu seinem Ableben von einer kleinen Metallfigur namens Ramlala geschmückt wurde.

Auch andere charakteristische Zustände der vishnuitischen Gottesliebe durchlebte der Meister, in denen er sich beispielsweise als die Geliebte Krishnas betrachtete und sich sechs Monate lang kleidete wie eine Frau und sich entsprechend benahm. So vollkommen ging er in dieser Rolle auf, dass Freunde ihn tatsächlich für eine Frau hielten und Frauen in seiner Gegenwart keine Scham fühlten. Swami Vivekananda, sein späterer Schüler, hatte wohl recht, als er sagte: »Der Grund warum sich der Meister dieses Mal als ein ungebildeter Mann verkörpert hat, war, die Wahrheit der Zustände und Erfahrungen, welche in den heiligen Schriften aufgezeichnet sind, zu beweisen.«[30]

Totapuri

Weil er im heiligen Zusammentreffen der Wasser des Ganges und des Meeres baden und zum Tempel des Jagannath in Puri pilgern wollte, zog eines Tages ein hoch gewachsener Vedanta-Mönch aus dem Westen Indiens durch Dakshinesvar. Wie jeder Vedantin betrachtete er die im emotionalen Bengalen vorherrschende Verehrung von Gott als Person als minderwertig. Es war ihm dabei gleichgültig, ob Gott dabei als Kali, als Krishna, Rama oder Vishnu verehrt wurde. Die persönliche Gottheit war für ihn nur eine besonders subtile Illusion. Der Vedantin aus dem Westen lachte über die Gefühlsräusche des devotionalen Gottverehrers. Ihm war die Welt nicht eine Manifestation der göttlichen Mutter, sondern eine gigantische Illusion, der man in einem höchsten Zustand der Meditation und durch die Auflösung im reinen Göttlichen Geist entrinnen musste. Dieser Geist war nun niemals eine Person, er war reine Gegenwart, er war das Allselbst, Atman, und er war Brahman, das unpersönliche Absolute.

Totapuri, wie der Vedantin hieß, war von allen Bindungen an die Welt des Scheins und Trugs frei. Er blieb niemals mehr als drei Tage an einem Ort, um keine Vorliebe für irgendetwas irgendwo entstehen zu lassen und zog völlig nackt durch das Land. Er hatte einen hohen Zustand der Gotterkenntnis erlangt, den wenige nur erreichen, und den man Nirvikalpa Samadhi nennt. Im Zustand des Nirvikalpa Samadhi geht gemäß den indischen Traditionen alles, die Welt, die Gedanken, die Ideen, das Ich und die Gefühle in einem grenzenlosen Bewusstsein auf, dem Bewusstsein transzendenter Einheit im gestaltlosen Brahman. Nirvikalpa Samadhi ist unendlich höher als ein so genanntes kosmisches Bewusstsein, denn es ist die Einheit mit der Göttlichen Transzendenz selbst. Wer es erreicht, verspüre sehr oft keinen besonderen Antrieb mehr, in einer ihm unwirklich erscheinenden Welt tätig zu werden.

Als der ernste Vedantin nun durch das Tor von Dakshinesvar schritt, wo sich viele heilige Männer auf ihren Reisen trafen, fiel sein Blick sogleich auf einen einfachen, jungen Mann mit strahlendem Gesicht, der geistesabwesend auf dem Boden kauerte. Sofort fühlte er dessen Eignung für die vedantische Unterweisung. Totapuri sprach ihn an, und der junge Mann willigte ein, ein Mönchsgelübde abzulegen und sein Schüler zu werden, doch erst, nachdem er davongelaufen und die Erlaubnis seiner Mutter eingeholt hatte. Aber Totapuris neuer Schüler war kein gewöhnlicher Mensch, wie dieser bald feststellen konnte, und seine Mutter hieß Kali.

Sri Ramakrishna unterwarf sich ganz den Anweisungen seines neuen Lehrers, wie schon zuvor jenen der Brahmani, die ihn jetzt, da sie dem Vedanta abgeneigt war, vor diesem warnte. Sie fürchtete, die Meditation auf das Unpersönliche würde seine Liebe zum persönlichen Gott mindern. Eines frühen Morgens, an einem Glück verheißenden Tag, vollzog Totapuri in einer Hütte im Panchavati, einem Hain von fünf heiligen Bäumen, in welchem Sri Ramakrishna schon viele Tage und Nächte in Meditation verbracht hatte, den Einweihungsritus für Ramakrishna. Er, das Kind der Mutter des Universums, sensibel, schmächtig gebaut, mit sanften, strahlenden Augen, saß dem Vedantin gegenüber, der groß und hart war wie eine Eiche, beseelt von einem eisernen Willen. Sein ganzes Leben war Totapuri davon überzeugt gewesen, in der riesigen Weltillusion der Maya ein letzthin illusionäres Dasein zu führen.

Nach der Zeremonie begann Totapuri mit der Unterweisung: »Das Brahman ist die einzige Wirklichkeit, ewig unbefleckt und lichtvoll, ewig frei, jenseits der Begrenzungen von Zeit, Raum, Ursache und Wirkung. Obwohl es scheinbar durch die unergründliche, bezaubernde Macht der Maya, die das Unmögliche möglich macht, durch Bezeichnungen und Formen geteilt ist, ist das Brahman Eines und ungeteilt ...« – Totapuri hatte die Fähigkeiten seines Schülers erkannt und war daher entschlossen, diesen durch solche Worte und durch Meditation noch an diesem Tag in einen ersten Zustand spiritueller Versenkung zu führen. Aber Sri Ramakrishna schien es unmöglich, seinen Geist von allen Formen und Gestalten zurückzuziehen. Wenn er sich auch von allem loslösen konnte, so blieb am Ende die Form seiner Mutter Kali als reines Bewusstseinslicht übrig. Er besaß nicht die Entschlossenheit, über dieses hinauszugehen. Aber der Lehrer erzürnte ob dieser ›Unfähigkeit‹, drückte dem Schülers ein Stück gebrochenen Glases zwischen die Augenbrauen und wies ihn harsch an, seinen Geist ganz in diesem Punkt zu sammeln. Als jetzt die Göttliche Mutter erneut in seiner Meditation erschien, ergriff Ramakrishna das Wissen als imaginäres Schwert und schlug sie in seiner Vorstellung in zwei Teile. Da blieb keine mentale Bewegung mehr in ihm und er verschmolz mit dem transzendenten Bewusstsein im Nirvikalpa Samadhi.

Totapuri trat ins Freie und verschloss die Tür der Hütte, damit niemand die Trance stören konnte. Der Tag wurde zur Nacht, und als nach drei Tagen immer noch kein Laut aus der Hütte drang, sah er nach. Und er stellte erstaunt fest, dass sein Meisterschüler noch in derselben Haltung dasaß, in der er ihn vor Tagen zurückgelassen hatte. Totapuri sah Ramakrishnas ruhiges, strahlendes Antlitz. Sein Körper zeigte keinerlei Anzeichen von normalen Lebensfunktionen. Totapuri begriff, dass Sri Ramakrishnas Geist nicht nur in irgendeinen Trancezustand, sondern tatsächlich in einem Tag in die Höhen des Nirvikalpa Samadhi geflogen war. Das hatte ihm, den großen Yogin, vierzig Jahre harter Disziplin gekostet! Er brachte seinen Schüler durch die Laute eines heiligen Mantra aus seiner Trance zurück in die Welt.

Und von diesem außergewöhnlichen Schüler sollte Totapuri auch selber lernen. Obwohl er niemals krank gewesen war, befiel ihn jetzt schwere, blutige Ruhr. Durch die starken Schmerzen in seinen Eingeweiden wurde es ihm bald unmöglich, zu meditieren. Sein Geist war ganz auf das Körperbewusstsein zurückgeworfen. Obschon es ihm geholfen hätte, der feuchten, schweren Luft Bengalens zu entfliehen, brachte er es einfach nicht über sich, die wunderbare Gesellschaft Sri Ramakrishnas aufzugeben. Immer wenn er sich von ihm verabschieden wollte, vergaß er über ihren Gesprächen ganz sein Vorhaben; oder aber etwas machte ihm von innen her das Sprechen unmöglich. Er wurde immer schwächer und wand sich in Qualen.

Eines Nachts waren seine Schmerzen unerträglich geworden, deshalb beschloss Totapuri, den nutzlosen ›Käfig aus Knochen und Fleisch‹ für immer abzulegen, indem er sich im Ganges ertränkte. Er watete in Richtung zur Flussmitte, aber konnte das tiefere Wasser einfach nicht erreichen. Er konnte schon die Häuser und Bäume am anderen Ufer sehen und ragte immer noch aus dem plötzlich seichten Wasser des großen Flusses! Da überkam ihn ein seltsames Gefühl, ein helles Licht blendete seinen Geist. Überall erblickte der Vedantin in der ihn umgebenden Dunkelheit plötzlich die Gegenwart der Göttlichen Mutter, im Wasser, auf dem Land. Ringsum wogte die unsagbare Form der Shakti, an die er sein Leben lang nicht geglaubt hatte. Nicht einmal sterben konnte er ohne Ihre Einwilligung. Das Eine, das er als Brahman allein erkannt hatte, enthüllte sich ihm nun auch als die Mutter. Sie war sein Körper und sie war eins mit dem Transzendenten. Shiva und Shakti waren eins, Brahman und seine dynamische Kraft waren ein Sein!

Zurückwatend war ihm, als halle alles mit dem Ruf ›Mutter, Mutter!‹ wider. Sein Herz zerschmolz in Liebe zu Ihr. Die ganze Nacht hindurch meditierte er. Als ihn Ramakrishna am Morgen aufsuchte, fand er einen anderen Totapuri vor: gesund und strahlend vor Glück. Zusammen warfen sie sich bei der Morgenandacht im Tempel der Mutter zu Füßen. Wenige Tage später ging Totapuri Richtung Westen und kam niemals wieder.

Sri Ramakrishna versank alsbald im Nirvikalpa Samadhi und verharrte darin, in völliger Identität mit dem Brahman:

»Sechs Monate lang war ich in diesem Zustand, von dem gewöhnliche Sterbliche niemals zurückkehren, denn der Körper dessen, der diesen Zustand erreicht, lebt nur einundzwanzig Tage lang weiter und fällt dann ab wie ein trockenes Blatt von einem Baum. Ich war mir der Zeit nicht bewusst, Fliegen krochen in meine Nase und meinen Mund ... doch ich bemerkte es nicht. Das Haar verfilzte. Es war ein Wunder, dass der Körper überlebte ... Aber ein Sadhu erkannte meinen Zustand und begriff, dass der Mutter durch diesen Körper noch viel Dienst erwiesen werden sollte ... Deshalb brachte er Nahrung, und indem er diesen Körper immer wieder schlug, versuchte er, ihn zu Bewusstsein zu bringen. Wenn er geringe Anzeichen von Bewusstsein sah, warf er etwas in den Mund ... Sechs Monate vergingen auf diese Weise. Dann wurde der Befehl der Mutter vernommen: ›Bleibe in Bhavamukha, an der Schwelle zum Weltbewusstsein! Um der Erleuchtung der Menschen willen, bleibe in Bhavamukha!‹«[31]

Danach kam Sri Ramakrishnas Bewusstsein langsam von den Höhen herab in unsere Welt. Ruhr und Krankheit waren die Folgen der langen Strapazen für den Körper.

Islam und Christentum

Gegen Ende des Jahres 1866, als Sri Ramakrishna dreißig Jahre alt geworden war, hatte er den Muslim Govinda Rai getroffen, der der mystischen Strömung des Islam, dem Sufismus, angehörte. Ramakrishna fühlte sich sogleich zu einem neuen Aufbruch gerufen und wurde Govinda Rais Schüler. Er vergaß die hinduistischen Gottheiten, sogar Kali, und ging nicht mehr in die Tempel. Er kleidete sich wie ein arabischer Muslim und wiederholte inbrünstig den Namen Allahs. Nach drei Tagen schaute Sri

Ramakrishna die Vision einer leuchtenden bärtigen Gestalt, die er als Mohammed erkannte und verlor sich daraufhin in Trance, wurde eins mit dem Brahman.

Acht Jahre später, im November 1874, lernte Ramakrishna Sambhu Charan Mallick kennen, einen Hindu mit starkem Hang zum Christentum. Der Meister war sogleich von Leben und Lehre Jesu fasziniert und wollte unbedingt in die Tiefe der Wahrheiten des Christentums vordringen. Eines Tages blickte er unverwandt auf ein Bild der Madonna mit dem Kind Jesus in Sambhu Mallicks Haus. Starke Gefühle überwältigten ihn, er sah die Figuren des Bildes lebendig werden. Bis schließlich Strahlen von Licht von ihnen ausgehend in sein Herz eindrangen. »Mutter, was machst du mit mir!«, rief er aus und betrat ein neues Reich der inneren Welt. Christus ergriff von ihm Besitz.

Drei Tage lang setzte er seinen Fuß nicht auf die Schwelle des Kalitempels, und am vierten, als er in der Panchavati umherging, trat eine Gestalt zu ihm. Der unbekannte Mann besaß große, schöne Augen, seltsamerweise eine etwas abgeflachte Nase und ein heiteres, helles Antlitz. Als sie sich gegenüberstanden, erscholl in Ramakrishnas Inneren eine Stimme: »Siehe den Christus, der sein Blut vergossen hat für die Erlösung der Welt, der ein Meer des Leidens durchschritten hat aus Liebe zu den Menschen. Er ist es, der Meisteryogin, der in ewiger Einheit mit Gott lebt. Es ist Jesus, die Verkörperte Liebe.«[32] Der Menschensohn umarmte darauf den Sohn Kalis und verschmolz mit ihm. Sri Ramakrishna hatte Einheit mit Christus erlangt und versank in Ekstase. Bis zum Ende seines Lebens sollte er Christus als eine Inkarnation Gottes, als einen Avatara, betrachten, aber niemals als den einzigen.

Auch anderen Religionen zollte Ramakrishna großen Respekt, etwa dem Jainismus oder den zehn Gurus der Sikhs. Ebenso war er von der Göttlichkeit des Buddha überzeugt. Seine große Liebe zum Göttlichen riss alle Barrieren von Religion und Kultur nieder.

»Ich habe alle Religionen praktiziert ... ich habe entdeckt, dass es derselbe Gott ist, zu dem alle ihre Schritte lenken, wenn auch auf verschiedenen Wegen ... Wohin immer ich blicke, sehe ich die Menschen im Namen der Religion streiten ... Aber sie denken nie daran, dass Er, der Krishna genannt wird, auch Shiva heißt und den Namen der Shakti, von Jesus und Allah ebenso trägt - derselbe Rama mit tausend Namen ... die Substanz ist Eine, unter verschiedenen Namen, und jeder sucht das Gleiche. Nur Klima, Temperament und Namen schaffen Unterschiede. Lass jeden seinem eigenen Weg folgen. Wenn er Gott aufrichtig und voll glühender Sehnsucht erkennen will, sei Friede mit ihm. Ich bin sicher, er wird Ihn erkennen.«[33]

Sarada Devi

Schon mit dreiundzwanzig Jahren hatte Ramakrishna auf Bitten seiner Mutter das Mädchen Saradamani geheiratet, die später Sarada Devi genannt wurde. Weil die Braut erst fünf Jahre alt war, blieb sie bei ihren Eltern und sah ihren Ehemann erst neun Jahre später wieder. Im Alter von achtzehn Jahren besuchte sie ihn dann zum ersten Mal in Dakshinesvar. Sie liebte es, in seiner sanften, selbstvergessenen Gesellschaft zu sein. Sri Ramakrishna unterwies seine junge Frau in der Führung des Haushalts und in der Sorge um seine alte Mutter, die inzwischen auch im Tempel lebte, ebenso wie in spirituellen Angelegenheiten. Doch niemals kam es bei ihnen zum so genannten Vollzug der Ehe. Sogar dem strengen Vedantin Totapuri war diese Ehe kein Hindernis für Ramakrishnas Einweihung in die Lehren der frauenlosen Mönchsriege gewesen, soviel Reinheit und Bindungslosigkeit hatte er beiden zugetraut.

Sarada Devi blieb bald in Dakshinesvar. Obwohl sie natürlich völlig im Schatten ihres Ehemannes stand, war sie keineswegs unbedeutend und schwach. Im Gegenteil, sie war intelligent, von einer starken Willenskraft beseelt und war ganz der religiösen Disziplin hingegeben. Nach dem Ableben Sri Ramakrishnas trug sie den Mantel der geheimen Autorität für den Kreis seiner Schüler. Ihr unangefochtenes Wort stand oft am Ende einer Diskussion. Sie wurde allgemein als eine große Heilige akzeptiert und verehrt. Selbst heute scheint es in den Häusern und auf den Straßen von Kalkutta ebenso viele Bilder von Sarada Devi zu geben als von Ramakrishna selber.

Wo seid Ihr? Kommt!

Sri Ramakrishna unterhielt Kontakte zum Brahmo Samaj, einer reformistischen, am Christentum orientierten, religiösen Gemeinschaft, der ein großer Teil der jungen bengalischen Intellektuellen anhing, auch die eingangs erwähnten. Aber wirkliche Schüler, die nicht nur seinen Unterweisungen lauschten, sondern ihnen auch folgten, besaß er immer noch nicht. Da er fühlte, er sei dazu berufen, andere zu lehren, stand seine Sehnsucht nach echten Schülern der Sehnsucht nach der Göttlichen Mutter um nichts nach:

> *»Der Gedanke ihres Kommens verband sich mit allem in mir und um mich und ließ mich bald unaufhörlich an sie denken. Ich hielt Worte und Geschenke bereit, die ich ihnen sagen und geben wollte. Als der Tag endete und es dämmerte, verlor ich die Geduld und konnte meine bange Sehnsucht nicht länger zähmen. Der Gedanke erhob sich in mir, dass ein Tag mehr vergangen*

und keiner von ihnen gekommen war. Als die Tempel von Muschelhörnern und Glockengeläut widerhallten, kletterte ich auf das Dach des Hauses des Tempelverwalters und rief in Herzensqualen und mit Tränen in den Augen so laut ich konnte: ›Wo seid ihr, meine Kinder? Kommt, ihr alle. Ich finde keine Ruhe mehr ohne euch!‹ … So groß war meine Sehnsucht und Bange, dass kaum eine Mutter so sehr nach ihrem Kind, ein Liebender nach seiner Geliebten oder ein Freund nach dem Gefährten verlangen konnte. Einige Tage später kamen sie, einer nach dem anderen.«[34]

Es pilgerten Familienväter nach Dakshinesvar, von denen manche ihrem Meister großen Dienst erweisen sollten, es schlossen sich Frauen aus der Stadt an, Intellektuelle, Geschäftsmänner, Ärzte und ganz einfache Menschen, die vom Heiligen in Dakshinesvar gehört hatten. Aber vor allem kamen sie, jene jungen Männer meist unter zwanzig Jahren, die später seinen eigentlichen, engeren Schülerkreis bilden sollten und von denen einige Namen trugen, die in Indien noch heute klingen. Später, nach dem letzten Samadhi des Meisters, sollten sechzehn von ihnen das ockerfarbene Mönchsgewand anlegen. Ihnen war das Herz des Meisters ganz zugetan. Sah er sie aus irgendeinem Grund für eine Weile nicht, ließ er sie rufen, ließ Nachforschungen anstellen und war außer sich vor Freude, sie dann wieder bei sich zu sehen.

Da kam Rakhal, der später berühmte Swami Brahmananda, und saß dem Meister zu Füßen. Sri Ramakrishna hatte ihn in einer Vision als seinen geistigen Sohn und als den Gefährten Krishnas geschaut. Es kam der lautere und zarte Baburam (Swami Premananda), der sanfte Yogindra (Swami Yogananda), der wilde Niranjan (Swami Niranjanananda) und ein Dutzend anderer, in denen Sri Ramakrishna eine schon von früheren Geburten herrührende hohe spirituelle Entwicklung spürte. Deshalb konnte er sie auch bald zu höheren Erfahrungen führen, oft ausgelöst durch die Kraft seiner eigenen Meditation oder durch einen Blick oder eine bloße Berührung. Aber vor allem kam Narendra, der als Swami Vivekananda einige Jahre später Weltruhm erlangen sollte. Ihn umsorgte der Meister besonders. Viele seiner Belehrungen galten vorrangig Narendra, dem späteren Lehrer unzähliger Menschen und Leiter der jungen Mönchsgemeinschaft. Narendra wird unser nächstes Kapitel gewidmet sein.

Aber es besuchten den Meister auch einige andere, ältere, die dem engeren Kreis angehörten. Da war Mahendranath Gupta, ein Schuldirektor, der unter dem demütigen, ganz seinem Wesen entsprechenden Kürzel ›M.‹ die Worte des Meisters als ›Das Evangelium des Sri Ramakrishna‹ der Welt bekannt machen sollte; es kam der Theaterdirektor und Dramatiker Girish Chandra Ghosh, der dem Meister in glühendem Glauben zugetan war und von ihm – so hatte er es empfunden – aus seinem wilden Künstlerleben ›befreit‹ worden war; und es kam jener Arzt, der nicht nur die vom Meister gesegnete Speise aß, sondern auch das Bananenblatt, auf dem diese gereicht wurde, um kein ›Gramm Gnade‹ zu vergeuden, der so oft für seine Behandlungen kein Geld verlangte und auch deswegen in bitterer Armut lebte: Nag Mahashay.

Die Anhänger und Schüler versammelten sich meist in Sri Ramakrishnas Zimmer. Zuweilen fuhr der Meister auch nach Kalkutta in das Haus eines Anhängers, wohin dann alle anderen eilten, um seine Worte zu hören, die wie ein unversiegbarer Fluss aus ihm hervorströmten. Er belehrte, war streng mit Unaufrichtigen und verlangte Gehorsam von jenen, die ihn ganzen Herzens als ihren Meister akzeptiert hatten. Aber er war auch fröhlich und beinahe ausgelassen. Unberührt vom zeitweiligen Zweifel der jungen Schüler an ihm, die meist eine englische Erziehung genossen hatten, überzeugte er sie doch durch seine Liebe und innere Kraft.

Viele seiner engeren Jünger sprachen von ihm als einem Avatara, auch er selber hatte hin und wieder gesagt: »Der Eine, der sich in Ayodhya als Sri Rama ... und in Vrindavan als Sri Krishna ... manifestiert hatte, um die Religion in den vergangenen Zeitaltern zu festigen, hat sich wieder in einem menschlichen Körper als Sri Ramakrishna inkarniert, um Indien und der Welt ein neues religiöses Ideal zu lehren.« Und ebenso sagte er: »Der Eine, der zu Rama und Krishna wurde, ist nun in dieser Hülle (auf seinen Körper zeigend). Aber sein Kommen ist dieses Mal wie das eines Königs, der sein Reich inkognito besucht.«[35]

Der Fluss der Worte

Die Familienväter und verheirateten Frauen pflegten Sri Ramakrishna an Wochenenden zu besuchen, die oft den Charakter kleiner religiöser Feste annahmen. Während der Woche jedoch kamen die späteren Mönche. Mahendranath Gupta zeichnete die Gespräche Ramakrishnas minutiös auf, hatte aber eine Familie und musste berufliche Pflichten wahrnehmen. Er konnte daher meist nur an Wochenenden zugegen sein. Aus diesem einfachen Grund enthält sein *The Gospel of Sri Ramakrishna*, dessen Original in Bengali verfasst war, fast ausschließlich des Meisters Worte, wie er sie an diesen Tagen an eine breitere, meist spirituell weniger entschlossene Zuhörerschaft gerichtet hatte. Diese Unterweisungen haben sich wahrscheinlich stark von jenen unterschieden, die den späteren Mönchen gegolten haben. Wie andere spirituelle Meister auch, lehrte Sri Ramakrishna sicherlich eine ›innere‹, meist recht ins lebenspraktische Detail gehende, kompromisslos strenge, auf das Individuum zugeschnittene und für uneingeweihte Ohren zuweilen leicht missverständliche Lehre, von der wir sehr wenig wissen. Die von M. aufgezeichneten Worte sind dennoch ein großer Schatz spiritueller Weisheit.

Von 1879 bis 1886, sieben Jahre lang, sprach Sri Ramakrishna fast unaufhörlich. Unversiegbar war der gewaltige Strom der Unterweisung, der Vergleiche und Parabeln, die von Humor und spiritueller Strenge geprägt waren. Er sprach von Gotterkenntnis und Gottesliebe und kleidete seine Lehren in eine einfache, ungewöhnlich bilderreiche Sprache.

Sri Ramakrishna verkündete wenig Neues, aber er belebte das Alte wieder, drückte es neu aus, sagte es in neuen Bildern und mit neuer Kraft. Und wie alle Menschen, die wahre Weisheit erlangt haben, sprach er niemals einfach Gehörtes oder Gelesenes aus, er gab niemals das trockene Wissen des Gelehrten zum Besten (hätte er es denn besessen), sondern sprach ausschließlich aus eigener Erfahrung und eigener Erkenntnis. Das verlieh seinen Worten und Bildern ungewöhnliche Kraft und Nähe. In einfacher Weise löste er schwierige theologische und philosophische Probleme. Als Beispiel mag hier das für viele Theologien unlösbare Problem des Bösen dienen. Sri Ramakrishna war diese Schwierigkeit ganz einfach angegangen, indem er sagte: »Das Böse existiert in Gott wie Gift in einer Schlange.« Was für uns Gift ist, ist für die Schlange kein Gift. Deshalb ist das Böse nur vom menschlichen Standpunkt aus schlecht. Von Gott aus gesehen ist es einfach eine nichtbewertete Realität, die ist und von ihm überragt wird, da das so genannte Üble nur in ihm ist und nicht sein Wesen ausmacht, so wie Gift nicht das Wesen der Schlange ausmacht. Vom höchsten Standpunkt aus gibt es also nichts Böses.

Obwohl Sri Ramakrishna in den Jahren der Unterweisung über unzählige Themen sprach, gibt es natürlich einige zentrale Punkte seiner Lehre, die wir hier kurz besprechen wollen.

Gottverwirklichung ist das Ziel

Sri Ramakrishna wurde nicht müde zu wiederholen, die Erkenntnis und Verwirklichung Gottes sei Ziel und Sinn des menschlichen Lebens. Ein Leben, das Gott nicht erkenne, oder nicht aufrichtig nach dieser Erkenntnis und Verwirklichung strebe, sei ein weitgehend nutzloses Leben. Um dieser Verwirklichung willen müsse sich der Mensch mit seinem wahren Selbst, der Seele, identifizieren:

> *»Der Leib wurde geboren und er wird sterben, aber für die Seele gibt es keinen Tod. Es ist wie mit einer Betelnuss. Wenn die Nuss reif ist, haftet sie nicht mehr an der Schale. Aber ist sie noch grün, ist sie nur schwer von der Schale zu lösen. Wenn man Gott erkannt und verwirklicht hat, identifiziert man sich nicht mehr mit dem Körper. Dann weiß man, dass Körper und Seele voneinander verschieden sind.«*[36]

Man darf sich auf seiner spirituellen Suche auch nicht mit den äußeren Schönheiten der Schöpfung aufhalten: »Warum halten sich die Mitglieder des Brahmo Samaj so sehr bei den Herrlichkeiten Gottes auf?«, fragte er den Führer der Brahmos. »Ist es wirklich nötig, ständig solche Dinge zu wiederholen wie: ›O Gott, du hast den Mond, die Sonne und die Sterne erschaffen‹? Die meisten Menschen bewundern nur die Schönheit Gottes. Wie wenige denken daran, den Eigentümer des Gartens zu sehen. Wer ist größer, der Garten oder sein Eigentümer?«[37]

Aber die Verwirklichung Gottes kann nicht erlangt werden, solange Bindungen an die Welt und vielfältige Wünsche bestehen. Daher müssen beide abgelegt werden. Sri Ramakrishna fasst diese dann meist in den Worten Kamini Kanchana, ›Frauen und Gold‹, zusammen als die für den spirituellen (männlichen) Aspiranten zu überwindenden Dinge. Das heißt, er muss der sexuellen Lust, der Bindung an eine Frau und der Besitzgier vollkommen entsagen, um Gott erreichen zu können. Für die weibliche Aspirantin gilt es natürlich sinngemäß umgekehrt.

Aber noch etwas ist unerlässlich, und es ist das unentbehrlichste von allen Erfordernissen:

»Man mag es tausendmal versuchen, aber nichts kann ohne Gottes Gnade erreicht werden. Man kann Gott ohne seine Gnade nicht sehen. Und ist es leicht, Gottes Gnade zu erlangen? Man muss seinen Egoismus ganz aufgeben. Man kann Gott nicht sehen, solange man denkt: ›Ich bin der Handelnde.‹«[38]

Und dann hören wir noch die für alle Sucher tröstlichen Worte aus dem Munde Ramakrishnas:

»Alle werden mit Sicherheit Gott verwirklichen. Es mag sein, dass einige ihr Mahl schon am Morgen einnehmen, andere am Mittag und einige erst am Abend; aber keiner wird ohne Nahrung ausgehen. Alle ohne Ausnahme werden gewiss ihr wahres Selbst erkennen.«[39]

Die Einheit der Religionen

»Religion ist notwendig auf dem Weg zu Gott, so wie die Hülse notwendig ist, solange der Reis wächst, aber gegessen wird nur das Reiskorn selbst. Der Lärm äußerer Riten verschwindet, wenn wahre Erkenntnis anbricht.«[40]

Der formelle Gottesdienst hört auf, wenn man Gott gesehen hat:

»Eines Tages wurde mir plötzlich offenbart, dass alles reines Bewusstsein ist. Die rituellen Gegenstände für den Gottesdienst, Altar und Türrahmen, alles war nichts als reines Bewusstsein. Wie ein Verrückter begann ich, Blumen in alle Richtungen zu streuen. Was auch immer ich sah, betete ich an.«[41]

Wie Sri Ramakrishna durch sein Leben und seine Sadhana eindrucksvoll gezeigt hatte, führten für ihn alle Religionen und ernsthaften religiösen Disziplinen zum einen, selben, großen Ziel.

»Gott ist einer, aber Seine Aspekte sind verschieden: wie ein Hausvorstand für den einen der Vater ist, ein Bruder für den anderen und ein Ehemann für eine dritte Person und von diesen verschiedenen Menschen bei verschiedenen Namen gerufen wird, ebenso wird der eine Gott auf verschiedene Weise beschrieben und benannt, gemäß dem bestimmten Aspekt, in welchem Er seinem Verehrer erscheint. In der Werkstatt eines Töpfers gibt es Gefäße verschiedenster Form - Töpfe, Krüge, Teller, Schüsseln - aber alle bestehen aus demselben Ton. Deshalb ist Gott einer, aber er wird zu verschiedenen Zeiten und in verschiedenen Ländern unter verschiedenen Namen und Aspekten verehrt.«[42]

Das ist eine Lehre, die damals ganz und gar nicht selbstverständlich war und welche viele unserer Zeitgenossen leider noch immer nicht angenommen haben. Das bekannteste Bild Sri Ramakrishnas zu diesem Thema ist wahrscheinlich Folgendes:

»Einmal kamen einige Blinde zufällig in die Nähe eines Tieres, von dem ihnen gesagt wurde, es sei ein Elefant. Sie wurden gefragt, wie denn der Elefant aussehe. Die Blinden begannen, den Körper des Tieres abzutasten. Einer von ihnen sagte, der Elefant sei wie eine Säule - er hatte nur dessen Bein berührt. Ein anderer sagte, er sei wie ein großer Schwingfächer - er hatte nur dessen Ohr berührt. Auf dieselbe Weise gaben die anderen, die seinen Bauch oder seinen Schwanz berührt hatten ihre Versionen des Elefanten wieder. Genauso begrenzt ein Mensch, der nur einen Aspekt Gottes gesehen hat, Gott auf diesen allein. Es ist seine feste Überzeugung, dass Gott nichts anderes sein kann.«[43]

Die Liebe zu Gott und Gotterkenntnis

Das zentrale Thema in Sri Ramakrishnas Leben und Lehre ist zweifellos die Kultivierung der Liebe zum Göttlichen. Aber er begreift Gott nicht als einen fernen Herrn, der Ehrfurcht verlangt, sondern als nah, unmittelbar, als ganz persönlich, wie eine Mutter. Der Mensch braucht nur nach dem Göttlichen zu rufen, und schon eilt Er/Sie wie eine menschliche Mutter zu Seinem/Ihrem Kind. Aber das Kind muss genug bekommen von dem Spielzeug Welt, mit dem es stets beschäftigt ist und aus ganzem Herzen nach Ihm/Ihr schreien.

Die Liebe zu Gott sei die beste und wichtigste und dabei auch die leichteste spirituelle Disziplin, lehrt Sri Ramakrishna. Der in Indien viel beschrittene Weg der Gotterkenntnis (Jnana, Vedanta) sei jedoch ebenso legitim und notwendig. Nur sei er viel schwieriger und wenige seien für ihn geeignet. Gott sei letztlich beides, eine höchste Person, der man in Liebe zugetan ist, und das unpersönliche Absolute, das im Samadhi erkannt werde. Beide sind vielleicht nur die Art und Weise, wie Er dem Sucher erscheint. Die großen Meister und Heiligen vereinen meist Gottesliebe und Gotterkenntnis in sich, wenn sie auch oft eines von beiden betonen.

Nach Sri Ramakrishna ist die Welt keine Illusion, wie das viele Vedantins glauben:

> *»Der Jnani (der gewöhnliche Vedantin) gibt seine Identifikation mit weltlichen Dingen auf, in dem er sagt: ›Dies (ist es) nicht, dies nicht.‹ Nur dann kann er Brahman verwirklichen. Es ist, wie wenn man das Dach des Hauses erreicht, indem man jede einzelne Stufe hinter sich lässt. Aber der Vijnani, der mit dem Brahman enger vertraut ist, erkennt mehr. Er erkennt, dass die Stufen aus dem selben Material gemacht sind wie das Dach: Ziegel, Kalk und Ziegelstaub. Was intuitiv als das Brahman erkannt wird … wird dann erkannt als das, was zum Universum und all seinen Wesen geworden ist.«*[44]

»Bhakti ist das einzig Wichtige. Wer kann jemals Gott durch Nachdenken erkennen? Ich will Liebe zu Gott. Ich mache mir nichts aus Seinen unendlichen Herrlichkeiten. Eine Flasche Wein macht mich betrunken. Warum dann soll ich wissen, wie viele Gallonen Wein es im Weingeschäft gibt? Ein Krug Wasser ist genug, um meinen Durst zu stillen. Ich brauche nicht zu wissen, wie viel Wasser es auf der Erde gibt.«[45]

Obwohl Ramakrishna das einfache Kind der Göttlichen Mutter war und gerne den unwissenden Gottliebenden spielte, besaß er natürlich ebenso höhere Erkenntnis. Dennoch sprach er fast ausschließlich von Gottesliebe. Nur manches Mal äußerte er sich wie ein Jnani oder Vedantin es tun würde:

»Ein jedes individuelle Selbst kann man mit einem Gefäß vergleichen, sagte er einmal. Nehmen wir einmal an, wir hätten zehn Gefäße gefüllt mit Wasser vor uns, und der Schein der Sonne spiegelt sich darin. Wie viele Sonnen sind dann zu sehen?
Ein Verehrer: Zehn Reflexionen. Und außerdem existiert noch die wirkliche Sonne.
Ramakrishna: Angenommen, ein Gefäß wird zerbrochen. Wie viele Sonnen siehst du jetzt?
Verehrer: Neun reflektierte Sonnen. Aber mit Sicherheit existiert auch noch die wirkliche Sonne.
Ramakrishna: Schön. Nehmen wir an, du zerbrichst neun Gefäße. Wie viele Sonnen siehst du jetzt?
Verehrer: Eine reflektierte Sonne. Aber mit Gewissheit gibt es auch noch die wirkliche Sonne.
Ramakrishna (zu Girish): Und was bleibt, wenn das letzte Gefäß zerbrochen wird?
Girish: Eben die wirkliche Sonne.
Ramakrishna: Nein. Was bleibt, kann nicht beschrieben werden. Das, was ist, bleibt.«[46]

Denn das Sein selber, das, was ist, steht noch über der sonnenhaften Wirklichkeit, die gemeinsam mit ihrer Manifestation oder Spiegelung als Welt besteht. Die beiden versinken im absoluten Sein, das unaussprechlich ist.

Sri Ramakrishna lässt keinen Zweifel daran, dass die transzendente, eigenschaftslose (nirguna) ›Form‹ des Göttlichen das Höchste darstellt, wo »Ich und du, Subjekt und Objekt, Gebundenheit und Befreiung, Sünde und Tugend, Verdienst und Schuld, alle im Einen aufgehen.«[47] Aber dennoch bricht der ekstatische Gottliebende im Meister immer wieder durch. Mit den Worten Ramprasads, des bengalischen Sängers der Mutter Kali im achtzehnten Jahrhundert, pflegte er zu sagen: »Ich will nicht zu Zucker werden, aber will ihn kosten.«[48] Dafür ist eine subtile Trennung zwischen Verehrer und verehrter Gottheit notwendig, welche die ekstatische Spannung der Liebe möglich macht.

Der Meister

Um die Reise zur Wahrheit erfolgreich fortführen und abschließen zu können, benötigt der Schüler einen Meister, der alle Leiden und alle Selbstbezogenheit mit seinem Licht vertreibt. Aber der Meister muss dazu auch die nötige Fähigkeit besitzen:

> *»Eines Tages, als ich auf meinem Weg zum Pinienhain durch die Panchavati ging, hörte ich einen Ochsenfrosch quaken. Ich dachte, er wird wohl von einer Schlange gepackt worden sein. Nach einiger Zeit, als ich zurückkam, konnte ich noch immer sein ängstliches Quaken hören. Ich sah nach und fand, dass eine Wasserschlange ihn ergriffen hatte. Deshalb gab es für die Leiden des Frosches kein Ende. Ich dachte, wäre er von einer Kobra gefangen worden, wäre er nach höchstens dreimal Quaken still. Aber weil es nur eine Wasserschlange war, mussten sie beide diese Qualen ertragen. Eines Menschen Ego wird nach dreimal Quaken gleichsam zerstört, wenn er in die Hände eines echten*

Lehrers gerät. Aber wenn der Lehrer ›unreif‹ ist, dann müssen der Lehrer wie der Schüler endlos leiden. Der Schüler kann weder sein Ego noch die Fesseln der Welt loswerden.«[49]

Über die Gottesliebe

Mahendranath Gupta hatte einmal zu einem Bekannten gesagt (Sri Ramakrishna meinend): »Wenn du ein Spirituosengeschäft sehen willst, dann komm mit mir. Du wirst ein riesiges Weinfass dort finden.« Ramakrishna lachte, als er davon hörte. »Die Seligkeit der Anbetung Gottes und die Vereinigung mit ihm ist der wahre Wein, der Wein der ekstatischen Liebe«, sagte er. »Das Ziel des Lebens ist es, Gott zu lieben. Ja, Bhakti - darauf allein kommt es an!«[50]

Und diese Liebe und Hingabe müssen zu einer Intensität gesteigert werden, wie sie die folgende Geschichte darstellt:

»Ein Schüler fragte seinen Meister: ›Herr, sage mir bitte, wie ich Gott sehen kann.‹ ›Komm mit mir‹, sagte der Guru, ›und ich werde es dir zeigen.‹ Er brachte den Schüler zu einem See und beide stiegen in das Wasser. Plötzlich drückte der Lehrer den Kopf des Schülers unter das Wasser. Nach einigen Augenblicken ließ er ihn los, der Schüler hob seinen Kopf und stand auf. Der Guru fragte ihn: ›Wie hast du dich dabei gefühlt?‹ Der Schüler sagte: ›Oh, ich dachte, ich würde sterben. Ich wollte nur noch Luft.‹ Der Lehrer sagte: ›Wenn du so für Gott fühlst, dann weißt du, dass du auf Seinen Anblick nicht mehr lange warten musst.‹«[51]

Doch letztlich steht und fällt auf dem Weg der Gottesliebe alle spirituelle Errungenschaft mit der Überwindung des Egos, des kleinen, persönlichen Ichs. Sri Ramakrishna wurde einmal gefragt:

»Wann werde ich befreit sein (von der Unwissenheit)?
(Und hatte mit einem alle Spiritualität umfassenden, einfachen Wort erwidert):
Wenn ›Ich‹ aufhören wird zu existieren.«[52]

Einige Erfahrungen und Unterweisungen

»›Wisst ihr, was ich jetzt sehe?‹, sagte Sri Ramakrishna einmal. ›Ich sehe, dass Gott selbst zu allem geworden ist. Es erscheint mir so, als würden alle Menschen und anderen Lebewesen aus Leder bestehen; und es ist Gott selbst, der drinnen wohnt und die Hände, Füße und Köpfe bewegt. Ich hatte einmal eine ganz ähnliche Vision: Ich sah, dass alles - Häuser, Gärten, Straßen, Menschen, Tiere - aus einer einzigen Substanz gemacht war, so als wäre alles aus Wachs.‹«[53]

Swami Saradananda berichtet über die Identifikation seines Meisters mit den Dingen:

»Der Meister sagte, er hätte eines Tages, als ein Mann auf dem Rasen ging, einen großen Schmerz in der Brust verspürte, als ob der Mann auf seiner Brust ginge. Tatsächlich zeigten sich Blutergüsse in schwarzen Flecken auf seiner Brust und er begann, sich in Schmerzen zu winden.«[54]

Shivanath Shastri, ein berühmter Prediger des Brahmo Samaj, hatte Ramakrishnas höhere Bewusstseinszustände als Hysterie und als Epilepsie bezeichnet, worauf Sri Ramakrishna ihn ansprach:

»Shivanath, ist es wahr, dass du diese meine Zustände eine Krankheit nennst, dass du allen Leuten erzählst, ich würde im Samadhi bewusstlos? Ah, eine feine Logik! Ihr seid ja alle in Ordnung, ziemlich nüchtern und wach, obwohl ihr eure Gedan-

ken Tag und Nacht auf tote Dinge wie Ziegelsteine, Holz, Erde, Geld, usw. richtet, und ich, der ich Tag und Nacht an Ihn denke, Ihn, dessen Bewusstsein das ganze Universum bewusst macht, werde bewusstlos! Wo hast du deinen Verstand nur geliehen?‹
Shivanath schwieg.«[55]

Die letzten Jahre

Im April des Jahres 1885 zeigte sich eine Krankheit im Körper Ramakrishnas. Die Kehle des Meisters war entzündet. Diese Beeinträchtigung verschlimmerte sich durch zu langes Sprechen und auch durch die Ekstase, welche das Blut verstärkt zur Kehle fließen ließ. Aber er konnte oder wollte seine Schüler und Verehrer nicht seiner Unterweisung berauben oder auf seine höheren Bewusstseinszustände und Ekstasen verzichten. Sein väterliches Herz war nicht fähig, irgendeinen Ratsuchenden zurückzuweisen, auch wenn er sich dann bisweilen bei seiner Mutter Kali über manche Besucher beschwerte:

»Warum bringst du all diese wertlosen Leute hierher, die wie mit der fünffachen Menge Wasser verdünnte Milch sind? Meine Augen sind fast verbrannt vom Blasen in das Feuer, um das Wasser aufzutrocknen. Meine Gesundheit ist dahin, es geht alles über meine Kräfte. Mach' es doch selbst, wenn du willst, dass es getan wird. Das (sein Körper) ist nur mehr eine durchlöcherte Trommel, und wenn du sie Tag um Tag schlägst, wie lange wird sie dann noch halten?«

Aber man hörte ihn auch sagen:

»Lass mich dazu verdammt werden, wieder und wieder geboren zu werden, und wenn es in der Form eines Hundes ist, wenn ich nur einer einzigen Seele helfen kann.«[56]

Die anfangs harmlos erscheinende Entzündung der Kehle verschlimmerte sich zusehends und bald stellte man bestürzt fest, dass Sri Ramakrishna an schmerzhaftem Kehlkopfkrebs litt. Um der besseren Behandlungsmöglichkeit willen wurde er deshalb nach Kalkutta gebracht, zuerst in Balaram Boses Haus, dann nach Shyampukur im Norden der Stadt. Doch trotz Schmerzen hörte Sri Ramakrishna nicht auf, unaufhörlich ›nektargleiche‹ Worte von sich zu geben (so werden sie im Titel von M.'s Aufzeichnungen in Bengali genannt). Seine Behandlung übernahm ein berühmter Homöopath aus Kalkutta, und die jungen Schüler pflegten den Meister Tag und Nacht. Sie wurden Zeugen vieler außergewöhnlicher Geschehnisse, Manifestationen ungewöhnlicher Kräfte des Meisteryogin. Und Narendra erhielt Anweisungen für sein späteres Wirken. Der Meister machte kein Hehl daraus, dass er ihn als seinen spirituellen Erben betrachtete. Monate intensiver Meditation, selbstlosen Dienstes und zahlreicher innerer Erfahrungen vergingen für die Jünger. Einmal berührte der Meister alle anwesenden Anhänger und übermittelte ihnen das überwältigende Gefühl, von Gott selbst berührt worden zu sein. Am Tag des Festes der Göttlichen Mutter Kali verehren ihn die Jünger spontan als ›Brahmamayi‹, als die aus dem absoluten Brahman bestehende Göttliche Mutter. Sri Ramakrishna versinkt im Samadhi. Sein Gesicht erstrahlt plötzlich in einem überirdischen Licht, die Körperhaare stellen sich in einem Schauder auf und seine Hände zeigen unwillkürlich die segnende Gebärde der Kalistatue; er war ganz Sie.

Wenn man ein menschliches Leben annehme, sei Leiden unvermeidbar, hatte Sri Ramakrishna des öfteren betont. Allen wurde langsam bewusst, dass es die Bürde des Karma, des Schicksals jener ist, die der Meister als seine Schüler akzeptiert hatte, die das Leiden des Meisters verursacht. Das ist ein nicht unbekanntes Phänomen, nicht nur bei Meistern des Yoga. Dennoch wird der Meister von den Anhängern und auch von den engsten Schülern bedrängt, sich doch mithilfe seiner inneren Kraft selbst zu heilen oder die Mutter um Heilung zu bitten. Das erstere, nämlich die spirituelle Kraft weg vom Einen Sein auf den Körper zu richten, stellt für ihn nahezu ein spirituelles Vergehen dar, aber die Mutter zu bitten willigt er schließlich ein. Seinem Narendra berichtet der Meister: »Ich sagte zu ihr: ›Ich kann wegen dieses Leidens nicht mehr essen. Bitte richte es so ein, dass ich wenigstens etwas essen kann.‹ Doch sie zeigte auf euch alle und sagte: ›Wieso, du isst doch mit so vielen Mündern!‹ Da schämte ich mich und konnte nichts mehr sagen.«[57] Nun wurde deutlich, dass die Große Mutter die Absicht hatte, Ihr Spiel auf Erden, das Sri Ramakrishna hieß, zu beenden.

Im Dezember des Jahres 1885 wurde Sri Ramakrishna in ein geräumiges Gartenhaus in Cossipore gebracht. Von diesen letzten Monaten seines Lebens bis zum August 1886 ist nur wenig bekannt. Er magerte bis auf die Knochen ab und fühlte sich sehr schwach, aber immer noch sprach er zu seinen Schülern. Einige Tage vor der letzten Stunde rief Sri Ramakrishna Narendra zu sich. Er richtete seinen Blick starr auf den Schüler und sein Geist erhob sich offensichtlich in einen höheren Bewusstseinszustand. Narendra fühlte einen elektrischen Strom durch sich fließen und wurde ganz in die innere Wahrnehmung gezogen. Als er aus seiner Meditation heraustrat, sah er den Meister weinen: »O Naren, heute habe ich dir alles gegeben und bin jetzt selbst ein armer Fakir. Durch diese Kraft wirst du viel Gutes in der Welt vollbringen, und erst wenn es getan ist, wirst du zurückkehren.«[58] Narendras Leben selber sollte zum unübersehbaren Beweis für die spirituelle Kraft seines Meisters werden.

Auch am 13. August ist der intellektuelle Narendra mit seinem Meister alleine. Er ist angesichts des ausgemergelten Körpers mit Zweifel erfüllt. Doch Narendra ist entschlossen, den hohen inneren Status Sri Ramakrishnas anzuerkennen, sollte er diesen unmittelbar vor seinem Tod erklären. Da spricht der Meister schon unaufgefordert die Antwort: »O Naren, bist du noch immer nicht überzeugt? Derjenige, der Rama und Krishna war, ist nun in diesem Körper als Ramakrishna ...«

Zwei Tage später wird der Puls Sri Ramakrishnas unregelmäßig. Die Schüler stehen an seinem Bett. Er verfällt in eine tiefe Trance und sein Körper wird steif, aber gegen Mitternacht kommt sein Geist wieder zurück. Er fühlt sich sehr stark und isst sogar ein wenig. Immer wieder spricht er Narendra an: »Nimm dich dieser Jungen an.« Nach Mitternacht sträuben sich seine Haare, ein dunkler Laut kommt aus seiner Kehle und die Augen richten sich starr auf die Nasenspitze. Sein Gesicht erstrahlt in einem Lächeln. Es ist Mahasamadhi, die letzte Versenkung in das Absolute.

Narendra kann es nicht ertragen und läuft die Treppe hinunter. Der Arzt, der gegen Mittag des nächsten Tages kommt, stellt fest, dass das Leben den Körper soeben verlassen hat. Noch am selben Tag wird der Leichnam unter den Rufen ›Jai Guru!‹ – ›Sieg dem Meister!‹ verbrannt.

Als Sarada Devi am Abend zum Zeichen ihrer Witwenschaft den Schmuck ablegen will, steht plötzlich Sri Ramakrishna vor ihr, nimmt sie an der Hand und spricht: »Warum legst du deinen Schmuck ab? Glaubst du denn, ich sei tot? Ich bin nur von einem Zimmer in das andere gegangen.«

Das Unerwartete war geschehen. Ein großer Meister, nicht die damals oft versuchte soziale und kulturelle Reform ließ Indien erstarken. Durch Sri Ramakrishna sollte Indien von neuem wissen, was es eigentlich besitzt: einen unvergleichlichen Schatz an Spiritualität. Fast jede Handlung und überlieferte Vorschrift des Hinduismus bewegt sich vor einem tieferen Hintergrund. Dieses innere Leben des traditionellen Hinduismus wieder zu beleben mag eine Aufgabe Sri Ramakrishnas gewesen sein. Und er erfüllte sie in einer Zeit, die schon bereit war, die alte Wahrheit aufzugeben und das westliche Gedankengut unkritisch zu übernehmen.

Eine andere Mission war sicherlich jene, das alte vedische Wort zu bekräftigen: *Ekam sad vipra bahudha vadanti.*[59] »Die Weisen benennen das eine Sein mit verschiedenen Namen.« Sri Ramakrishna zeigte die Vielfalt und Universalität des Hinduismus auf. Er hielt aber nicht bei indischem Glauben inne, andere Religionen wurden ebenso einbezogen. Auch im zwanzigsten Jahrhundert war sein Einfluss in Indien so gewaltig, dass Sri Chinmoy noch 1962 schreiben konnte: »Kein indischer junger Mensch der heranwachsenden Generation kann auch nur davon träumen, dem subtilen Einfluss von Sri Ramakrishna Paramahamsa zu entgehen.«[60]

Doch von Sri Ramakrishna sollte mithilfe seines Schülers Naren noch etwas anderes, mindestens ebenso Bedeutendes seinen Ausgangspunkt nehmen: die Expansion der indischen Spiritualität in das Abendland hinein. Wenn wir heute alle wissen, was Yoga ist, und gehört haben vom universellen Selbst und der Einheit des Menschen mit dem Göttlichen, wenn wir gehört haben von Atembeherrschung, von Yoga-Meditationsübungen und vielem mehr, dann müssen wir die Quelle der bloßen Möglichkeit dieses unseres Wissens hier suchen, bei Sri Ramakrishna.

Aber noch ist viel zu tun, und Narendra alias Swami Vivekananda sollte es vollbringen.

SWAMI VIVEKANANDA (1863-1902)
UND DER YOGA IM WESTEN

ER, DER DIE BARRIERE ZWISCHEN OST UND WEST BRACH
UND BEIDE AUF DIE GLEICHE GRUNDLAGE STELLTE,
IST HIER WIE DORT NOCH IMMER EINE LEBENDIGE KRAFT.

Sri Chinmoy

Als der achtzehnjährige Narendranath Datta, der aus einer Beamtenfamilie Kalkuttas stammte, Sri Ramakrishna im Jahr 1881 zum ersten Mal besucht, wendet sich ihm dieser mit Tränen in den Augen zu: »Ach, du kommst sehr spät. Wie garstig von dir, mich so lange warten zu lassen. Meine Ohren sind des Geschwätzes weltlicher Menschen müde. Oh, ich habe mich danach gesehnt, meine Gedanken vor jemandem auszuschütten, der sie verstehen kann!« Dann fügt er mit gefalteten Händen in Richtung Narendras hinzu: »Herr! Ich weiß, dass du der alte Weise Nara bist, die Verkörperung von Narayana (Vishnu) - geboren auf Erden, um dem Elend der Menschheit ein Ende zu bereiten.«

Man kann sich die Reaktion des an englischen Schulen erzogenen und zum Atheismus neigenden Narendranath auf diese Worte lebhaft vorstellen. Er hatte von Ramakrishna durch seine Verbindung zur religiös-intellektuellen Vereinigung des Brahmo Samaj gehört, und er hielt ihn jetzt schlicht für verrückt! Aber trotzdem wollte er ihm jene Frage stellen, die er zuvor schon anderen heiligen Männern erfolglos vorgetragen hatte und mit welcher er nach Dakshineswar gekommen war: »Sir, haben sie Gott gesehen?« Zu seinem Erstaunen kam die Antwort prompt: »Ja, ich habe Gott gesehen. Ich sehe Ihn wie ich dich sehe, nur viel deutlicher ...« Narendra war verwirrt. Derselbe Weise, der so überzeugend behauptete, Gott zu kennen und sich vor allen anderen einfach wie ein Kind, aber ›normal‹ benahm, hatte sich einige Minuten zuvor wie ein Verrückter vor ihm aufgeführt. Wie kam das? Narendra verließ Dakshineswar. Er war trotz allem beeindruckt und hatte versprochen, wiederzukommen. Sri Ramakrishna war überglücklich, endlich jenem zukünftigen Schüler begegnet zu sein, den er zuvor in einer Vision als die Inkarnation des großen Weisen Nara gesehen hatte, der von Gott gebeten worden war, ihm, Ramakrishna, in seiner Mission auf der Erde zu helfen.

Der zweite Besuch Narendras fällt nicht weniger seltsam aus. Wenige Minuten, nachdem Narendra Sri Ramakrishnas Zimmer betreten hat, kommt dieser auf den sitzenden Narendra zu, murmelt einige Worte, fixiert ihn mit seinem Blick und setzt seinen rechten Fuß auf ihn. Da sieht dieser mit weit geöffneten Augen plötzlich die Wände, das Zimmer, den Tempelgarten, ja die ganze Welt und sich selbst in einer mysteriösen Leere verschwinden. Er ist sicher, nun sterben zu müssen und ruft: »Was machen Sie mit mir? Ich habe Eltern, Brüder und Schwestern zu Hause!« Darauf lacht der Meister, schlägt auf Narendras Brust und stellt damit dessen normales Bewusstsein wieder her: »In Ordnung, alles wird zu seiner Zeit geschehen«, sind seine einzigen Worte. Die spirituelle Kraft Ramakrishnas war über Narendra zum ersten Mal ausgegossen worden. In den kommenden fünf Jahren sollte Narendra durch manche Erfahrung dieser Art gehen und auch dadurch jenen Vorrat an geistiger Energie in sich ansammeln, den er später in wirbelnder Dynamik vor aller Welt manifestieren, der Hunderttausende Zuhörer auf drei Kontinenten in Bann ziehen sollte.

Narendranath, oft nur kurz Naren oder Narendra genannt, wurde am 12. Januar 1863 geboren. Nicht zuletzt durch seine englische Schulbildung war aus ihm ein unbeugsamer Rationalist geworden. Aber er hatte dennoch starke religiöse Neigungen, die ihn schließlich zum Brahmo Samaj führten. Er diskutierte gerne mit christlichen Missionaren und Gelehrten und versuchte, innere Richtung und Führung zu erlangen. Seit seiner Kindheit hatte er vor dem Einschlafen ein helles Licht zwischen den Augen gesehen, das ihn gleich darauf ganz umfing. Erst später erfuhr er, dass nicht alle Menschen dieses Licht kennen! Narendra hatte ein selbstbewusstes, aristokratisches Auftreten. Er besaß große, eindrucksvolle Augen, einen robusten Körperbau und nannte einen überaus scharfen Verstand sein eigen. Trotz äußerer Strenge und starker Willenskraft besaß er ein weiches Herz. Er war in vielerlei Hinsicht der geborene Führer von Menschen.

Bei seinem dritten Besuch erging es Narendra nicht besser. Er hatte sich zwar fest vorgenommen, gegen etwaige Hypnoseversuche (so verstand er seine Erfahrung vom letzten Mal) gewappnet zu sein, er, der so stolz auf seinen eisernen Willen war. Doch berührte ihn der Meister abermals, diesmal im Garten, und Naren wurde überwältigt. Er geriet in einen Zustand, in dem er sein normales Wachbewusstsein völlig verlor. In diesem Zustand, so erzählte Sri Ramakrishna später, habe er Narendra viele Fragen über seine Aufgabe in der Welt gestellt, über seine Vergangenheit und sein gegenwärtiges Leben. Die Antworten bestätigten, was Sri Ramakrishna ohnehin schon wusste: Naren war mit einer bestimmten Aufgabe geboren worden und hatte schon früher spirituelle Vollkommenheit erlangt. Und an dem Tag, an dem Narendra erkennen würde, wer er wirklich war und woher er gekommen war, würde er seinen Körper durch einen bloßen Akt des Willens verlassen.

Narendra, der trotz aller Zweifel, die ihn noch lange plagten, von nun an seinen Meister regelmäßig besuchte, erhielt von ihm nicht nur besondere Aufmerksamkeit, sondern auch ganz persönliche Unterweisung. Wie es scheint, sprach Sri Ramakrishna aber niemals über Narens spätere Aufgaben, wenn man von den Worten an des Meisters letztem Tag absieht, die Naren beauftragten, sich um die anderen Jünger zu kümmern.

War nun Naren eine Weile lang nicht mehr nach Dakshineswar gekommen, verzehrte sich Sri Ramakrishna in Sehnsucht nach ihm, mehr noch als er dies bei anderen Schülern tat. Diese Sorge und ›Mütterlichkeit‹ wurde Naren manchmal zu viel; er warf dies dem Meister auch vor, aber er sah nicht in sich, was Sri Ramakrishna in ihm erblickte. Immer wieder betrachtete er Sri Ramakrishna als einen Heiligen, der am Rande des Wahnsinns dahinwandelte. Es fiel ihm auch nicht leicht, an Visionen und religiöse Ekstase zu glauben. Schwer hatte er es auch mit der Vorstellung eines persönlichen Gottes, da er wie die Vedantins nur an ein unpersönliches Absolutes glaubte; manchmal glaubte er nicht einmal an dieses. Doch nach und nach überwand der Meister diese inneren Widerstände. Narendra lernte sogar, die Göttliche Mutter in der Form von Kali zu verehren und nichts Verwerfliches in der Bilderverehrung zu sehen, die für ihn zu einer Art kindlichen Ausdrucksform der Religion gehörte.

Bald sahen sich Narendra und seine Familie durch den Tod des Vaters in tiefe Armut gestürzt. Erfolglos und verzweifelt suchte Narendra Arbeit. Die Familie stand vor dem Hunger. Darum wies der Meister Narendra an, zu Kali im Tempel um materielle Hilfe zu bitten. Doch er brachte es nicht fertig, die Göttliche Mutter um solche Dinge zu bitten. Immer wieder ging er mit dem Vorsatz in den Tempel, Kali um seiner Familie willen anzuflehen, doch jedes Mal versank er in tiefer Meditation, die Statue wurde vor seinen Augen lebendig. Sein Vorhaben vergaß er ganz. Stattdessen bat er um Erkenntnis, bat um Entsagungskraft, und ein großer Friede kam über ihn. Immer wieder schickte ihn Ramakrishna mit strengen Worten in den Tempel, doch am Ende zeigte der Meister sich überglücklich, dass es seinem großen Schüler nicht gelungen war, um weltliche Vorteile zu bitten. Er versprach Narendras Familie daraufhin, dass es ihr in Zukunft nicht am Notwendigsten für ein einfaches Leben fehlen würde. Und dieses Versprechen ging in Erfüllung.

Einer der Gründe für Narendras enthusiastisches Meditieren in diesen Lehrjahren war auch, dass er die Lehren seines Meisters in der Meditation entweder verifizieren oder aber widerlegen wollte. Er war in gewissem Sinne, so sagte er selber, das Gegenteil von Sri Ramakrishna. Dieser wäre äußerlich ein Bhakta, ein Gottliebender, und innerlich voll von Gotterkenntnis; und er wäre äußerlich dem Weg der Erkenntnis zugetan, aber in seinem innersten Herzen würde er Gott über alles lieben.

Aber auch Sri Ramakrishna testete Narendra. Er bot Naren eines Tages an, ihm okkulte, innere Kräfte zu übertragen, worauf dieser die berühmte Frage stellte: »Werden diese mir bei der Verwirklichung Gottes helfen?« Als Sri Ramakrishna dies verneinte, wollte Naren von diesen Kräften nichts wissen; und hatte die Prüfung der Aufrichtigkeit bestanden.

Der Meister lehrte ihn auch die Wahrheit der Einheit Gottes auf eindrucksvolle Weise: Als er sich eines Tages vor einem Freund über die monistische Lehre lustig gemacht hatte, alles, auch der Tisch und das Gefäß auf ihm, seien Gott, hörte Sri Ramakrishna von seinem Spott. Er berührte Narendra. Diese leise Berührung warf Naren in ein Bewusstsein, das ihm das gesamte Universum vom Göttlichen Geist durchdrungen zeigte. Er konnte diese Erfahrung und Vision nicht abwerfen, er sah Gott im Essen vor ihm und in seiner Mutter, die es ihm reichte, er sah das göttliche Bewusstsein in den Menschen auf dem Weg zum College und in den Wagen und Pferden auf der Straße - als wäre alles aus derselben Substanz gemacht. Das ganze Universum war ihm das Göttliche allein. Erst nach einigen Tagen verebbte diese Erfahrung. Naren schlug seinen Kopf gegen den schmiedeeisernen Zaun eines Parks um sich zu versichern, dass er nicht in einer Illusion lebte.[61]

Wanderjahre

Sri Ramakrishna hatte nach wenigen Jahren, die er mit seinen Schülern verbringen konnte, die Welt verlassen. Nach einem vom feurigen Geist Narendras geprägten Weihnachtsabend beschlossen die jungen Schüler, der Welt zu entsagen. Denn auch Jesus hätte nicht gewusst, »wo er sein Haupt betten sollte«. Außerdem hatte der Meister noch Mönchsgewänder an sie verteilt, bevor er verschieden war. Narendra, der bald den Mönchsnamen Swami Vivekananda annehmen sollte, übernahm die Führung der kleinen Gruppe. Die Großzügigkeit eines Freundes machte es den neuen Mönchen möglich, ein altes, halb verfallenes Haus zu mieten, das im Ruf stand, von Geistern heimgesucht zu werden und daher billig zu haben war. Von 1886 bis 1892 blieben sie in diesem Haus in Kalkuttas Baranagore und zogen dann nach Alambazar. Im Jahr 1898 wurde dann das erste Tempelkloster, das berühmte Belur Math, eingeweiht, um den bis dahin gegründeten Ramakrishna-Orden und einen Teil der Asche des Meisters zu beherbergen.

Aber noch befinden wir uns in den Achtzigerjahren. Die neuen Mönche leben unter härtesten Bedingungen in Baranagore. Kaum genug zu essen, von anderen Dingen nicht zu sprechen, widmen sie sich enthusiastisch der Meditation und anderen Disziplinen. Diskussionen über die Lehre Sri Ramakrishnas und den Vedanta, über andere Religionen und europäische Philosophie, immer unter Leitung und Inspiration Vivekanandas, stehen auf der Tagesordnung. Jeder nimmt einen Mönchsnamen an, und alle, bis auf Swami Ramakrishnananda, dem ewigen Hüter des Hauses, begeben sich bald auf lange, oft mehrjährige Wanderungen durch Indien. Diese Wanderungen von heiligen Männern und Mönchen sind in Indien auch heute noch üblich. Hunderttausende befinden sich auf ständiger Wanderschaft, ohne Nahrung, ohne Geld, ohne ein Zuhause. Auf diesen Reisen lernt der Mönch das völlige Nichtanhaften, keine Bindung an Menschen oder an einen Ort sind möglich. Und er lernt das tiefe Vertrauen in die nährende und leitende Hand Gottes. Auch Vivekananda bricht im Juli 1890 auf und wird von der Weite Indiens verschluckt. Als ihn seine Brüder wiedersehen, abgesehen von einigen wenigen von ihnen, die er unterwegs getroffen hat, ist er bereits der weltberühmte Swami Vivekananda geworden. Auf seinen Reisen besuchte Vivekananda viele heilige Orte, er kam nach Varanasi (Benares), nach Ayodhya, nach Lucknow und Krishnas Vrindavan. Über Rajasthan und Gujarat im Westen wanderte er weiter nach Bombay und bis an die Südspitze Indiens. Dort, am Kap Komorin (Kanyakumari), zeugt der heute so genannte ›Vivekanandafelsen‹ von der großen Wende in seinem Mönchsleben.

Auf seinen Wanderungen hatte Vivekananda Indien und seine Menschen gesehen, er hatte die Einheit des Geistes Asiens gespürt, der für ihn aus der Entsagung des Endlichen und der Verbindung mit dem Unendlichen bestand. Er war, so sagte er selbst, vom asketischen Fanatiker, der in Kalkutta nicht einmal auf der Straßenseite des Theaters (weil etwas Weltliches) gehen wollte, zu einem geworden, der im selben Haus mit Prostituierten leben konnte, unberührt von Abneigung; zu einem, der nun auch fähig war, über alle sozialen Schranken hinweg mit den Niedrigsten der Kasten zu verkehren. Er hatte bei Fürsten und Gelehrten gespeist und war schon bald wegen seiner intellektuellen Kraft bekannt geworden. Und tags darauf mochte er bei den Armen auf dem Lehmboden sitzen und mit Räubern und Sündern essen. Die Armut und Hilflosigkeit Indiens waren es denn auch, die den nachhaltigsten Eindruck auf seinen Geist ausgeübt hatten. Er fühlte den ganzen Schmerz Indiens in seiner Brust brennen und langsam begann sich eine Vorstellung seiner Lebensaufgabe in ihm zu formen. Als er Ende 1892 in Kanyakumari ankam, war die Idee eines Appells Indiens an Europa und Amerika bereits stark in ihm geworden, denn sie brauchten Indien seiner spirituellen Schätze wegen, davon war Vivekananda überzeugt. Er hatte schon von einem Parlament der Religionen in Chicago gehört, das dort anlässlich der Weltausstellung von 1893 stattfinden sollte. Und sein erster Gedanke war gewesen, wie er an diesem wohl teilnehmen könne. Aber seine Pilgerreise hatte zunächst noch Vorrang.

Jetzt, da er am Südende des großen Landes angelangt war, das er in Hunger und Durst, in Verzweiflung über das Elend und in den Unbilden der Natur durchschritten hatte, fiel sein Blick vom Tempel der Göttlichen Jungfrau (Kanyakumari) auf einen einsamen Felsen im Meer. Er schwamm durch das mit Haien verseuchte Wasser. Auf dem rohen Stein sitzend sah er vor seinem geistigen Auge Indien und seine weiten Massen von Menschen, fühlte ihre schwierigen Lebensbedingungen und die erbarmungslose Peitsche der englischen Herrscher, der Gutsherren und der vielen selbstsüchtigen Priester. Das Joch des Kastensystems lastete schwer auf den Schultern der Armen. Sollte er sich nun in die Einsamkeit zurückziehen und die Welt als eine Illusion betrachten, wie es die Philosophie des Vedanta lehrte, der er anhing? Da erkannte er mit nie erfahrener Klarheit, dass sein Gott nicht jener des Asketen und weltfernen Yogin war, sein Gott waren die Menschen selber, ihre Nöte und Probleme, ihre geistige und materielle Armut. Ihre Verzweiflungen und ihre Freuden waren die seinen, er konnte dem Göttlichen dienen, wenn er ihnen diente. Mit Indiens Menschen, so beschloss er, wollte er anfangen. »Möge ich wieder und wieder geboren werden«, rief er in Tränen aus, »und tausend Leiden ertragen, wenn ich nur den einzigen Gott verehren kann, an den ich glaube - die Gesamtheit der Seelen; und vor allem - meinen Gott den Sünder, meinen Gott den Elenden, meinen Gott, der die Armen aller Völker ist!«[62] Er spürte eine große Kraft in sich, die nach Verwirklichung drängte; und da stand seine Mission fest: Er wollte nach Amerika gehen.

Sein Freund, der Maharadscha von Khetri, drängt ihn, doch am Parlament der Religionen in Chicago teilzunehmen. Doch

Vivekananda zögert noch einmal - es könne ja auch bloß Ehrgeiz sein, der ihn dorthin führt. Eine Traumvision Sri Ramakrishnas, der über das Wasser des Ozeans geht und Vivekananda auffordert, ihm zu folgen, überzeugt ihn schließlich. Als er kurz vor seiner Abreise seine Mönchsbrüder Brahmananda und Turiyananda auf dem heiligen Mount (Berg) Abu trifft und deren Zurückgezogenheit und Weltferne bemerkt, wirft er ihnen vor: »Ich kann eure so genannte Religion nicht verstehen!« Mit der zitternden Hand auf seinem Herzen und einem Ausdruck von Schmerz in seinem Gesicht fährt er fort: »Aber mein Herz ist viel, viel weiter geworden, und ich habe gelernt (die Leiden anderer) zu fühlen. Glaubt mir, ich fühle sie ganz stark.«[63] Später, nach seiner Rückkehr aus Amerika wird Turiyananda Zeuge einer ähnlichen Gefühlswallung Vivekanandas. Er wird Vivekananda eines Tages die Veranda auf und ab schreiten sehen, tief in Gedanken versunken. Und Vivekananda beginnt ein Lied der Heiligen Mirabai zu summen, Tränen treten in seine Augen. Er bleibt stehen und lehnt sich an die Balustrade. Mit bedrückter Stimme wiederholt er die Liedzeile: »Oh, niemand versteht mein Leid! Nur derjenige, der leidet, kennt die Tiefe meiner Qual!« Es war die unendlich weite Sympathie Vivekanandas mit den Leidenden und Unterdrückten, die ihn so oft Tränen vergießen ließ.

Mit finanzieller Hilfe des Maharadscha schiffte sich Vivekananda im Mai 1893 von Bombay über Japan nach Vancouver ein.

Das Parlament der Religionen

Mit dem Zug reiste Vivekananda nach Chicago, aber er wusste nicht einmal, wann genau das Parlament stattfinden sollte, und niemand - so bezeichnend für den Hinduismus, der keine Organisation und keine gemeinsamen religiösen Institutionen kennt - hatte daran gedacht, ihm ein offizielles Dokument mit auf die Reise zu geben, das ihn als einen Vertreter dieser Religion ausweisen konnte! So musste er im Büro der Weltausstellung erfahren, das Parlament sei auf Anfang September verschoben worden und es sei ohnehin zu spät für eine Registrierung, ganz zu schweigen für jemanden, der nichts Glaubwürdiges vorzuweisen hätte.

Was sollte er nun tun? Es war erst Juli und er besaß kaum noch Geld. In Amerika konnte er nicht von Tür zu Tür gehen und um Nahrung für einen Mönch bitten, wie das in Indien üblich war. Als er auf gut gemeinten Rat hin mit dem letzten Geld nach Boston fuhr, wurde im Zug eine Dame auf ihn aufmerksam, die ihn mit dem Hellenisten J.H. Wright bekannt machte. Professor Wright versuchte, Vivekanandas Teilnahme an der Versammlung zu erwirken, jedoch mit mäßigem Erfolg. Wieder in Chicago irrte Vivekananda durch die Stadt und machte durch Zufall die Bekanntschaft mit dem Präsidenten des Parlaments, der ihn herzlich dazu einlud! Er fand jetzt plötzlich auch Unterkunft bei Familien, die seine lebenslangen Freunde werden sollten. Vivekananda fühlte, dass Gott seine Schritte lenke.

Jahre später sollte Vivekananda sagen, die Göttliche Mutter habe selber die Bühne bereitet, auf der er den Sanatana Dharma (die ›Ewige Religion‹, den Hinduismus) vor der ganzen Welt ausbreiten konnte. Und die Zeit gibt ihm Recht. Alles, was bei diesem Parlament, das vom elften bis zum siebenundzwanzigsten September 1893 stattfand, gesagt worden ist, meist Reden, die nur die Überlegenheit der einen über die andere Glaubensrichtung beweisen sollten, wo Worte wie ›Heiden‹ und ›Pharisäer‹ fielen, ist lange vergessen. Aber man kennt noch heute jedes Wort, das Vivekananda dort vor Tausenden Amerikanern sprach, ganz abgesehen von der Flut indischer Spiritualität, die später auf den Westen hereinbrechen sollte und deren Pioniere diese Reden waren.

Das Parlament wurde von Kardinal Gibbons eröffnet, siebentausend Menschen waren in der riesigen Halle anwesend. Swami Vivekananda trug jene Kleidung, die ihm der Maharadscha hatte anfertigen lassen. Das orangerote Oberkleid, der gelbe Turban, seine braune Hautfarbe und die großen, dunklen Augen hoben ihn von den anderen Delegierten ab. Als einunddreißigster sollte er erst sprechen. Alle hatten ihre Reden bloß vom Blatt gelesen, aber er hatte nichts vorbereitet, und als Vivekananda, von Lampenfieber gepackt, mit den Worten: Schwestern und Brüder von Amerika, begann, erhoben sich siebentausend Menschen zum stürmischen Applaus von ihren Stühlen. Er war der einzige, der endlich vom Herzen sprach. Vivekananda dankte der jüngsten Nation der Welt im Namen des ältesten Mönchsordens der Welt. Er sagte:

»Ich bin stolz darauf, zu einer Religion zu gehören, die der Welt Toleranz und universelle Annahme gelehrt hat. Wir glauben nicht nur an umfassende Toleranz, sondern wir nehmen alle Religionen als wahr an. Ich bin stolz darauf, zu einer Nation zu gehören, die den Verfolgten und Flüchtlingen aller Religionen und aller Nationen auf der Erde Zuflucht gewährt hat. Ich bin stolz darauf, ihnen sagen zu können, dass wir in unserer Brust die reinsten Überreste der Israeliten bergen, die nach Südindien um Zuflucht gekommen waren in dem Jahr, in dem ihr heiliger Tempel von römischer Tyrannei in Stücke geschlagen wurde. Ich bin stolz darauf, zu einer Religion zu gehören, die die Überreste der großen Religion Zarathustras aufgenommen hat und noch immer nährt. Brüder, ich will euch einige Verse einer Hymne

> *vortragen, die ich von frühester Kindheit an wiederholt habe und die jeden Tag von Millionen Menschen gesungen wird: Wie die verschiedenen Ströme, die ihre Quellen an verschiedenen Orten haben, alle ihre Wasser im Ozean vermengen, o Herr, so führen die verschiedenen Wege, die die Menschen aufgrund verschiedener Neigungen nehmen, wenn sie auch noch so unterschiedlich erscheinen mögen, gewunden oder gerade sind, alle zu dir.«*[64]

Ohrenbetäubender Applaus war die Antwort. Nicht ein Wort gegen einen anderen Glauben, nur Worte über Gott und die Harmonie der Religionen, die Sri Ramakrishna so eindrucksvoll gelehrt hatte. Es schien, als habe das Publikum nur geduldig gewartet, um derart ungewöhnliche Worte zu hören.

Vivekananda sprach insgesamt dreizehn Mal. Er sprach über den Hinduismus und seine Essenz, den Vedanta, als der für alle Menschen praktizierbaren, universellen Religion. Er sprach über den Buddhismus, über die Armut Indiens, letztere eine Rede, die er als Appell an Amerika formulierte; er sprach gegen religiösen Fanatismus, der zu so viel Unglück geführt hatte, gegen falsche Frömmigkeit und Aberglauben und niemals gegen andere. Die letzte Rede schloss er mit den Worten:

> *»Der Christ soll kein Hindu oder Buddhist werden, noch ein Hindu oder Buddhist ein Christ. Aber jeder muss den Geist des anderen aufnehmen und doch seine Individualität bewahren und gemäß seinem eigenen Gesetz wachsen. Wenn das Parlament der Religionen der Welt etwas gezeigt hat, dann ist es Folgendes: Es hat der Welt bewiesen, dass Heiligkeit, Reinheit und Mildtätigkeit nicht ausschließliche Besitztümer irgendeiner Kirche in der Welt sind und dass jedes System Männer und Frauen von erhabenstem Charakter erzeugt hat. Angesichts dieser Tatsachen bemitleide ich von ganzem Herzen denjenigen, der vom ausschließlichen Überleben seiner eigenen Religion träumt und von der Zerstörung der anderen; und ich zeige ihm, dass auf dem*

> *Banner jeder Religion trotz Widerstandes bald geschrieben stehen wird: ›Hilfe und nicht Kampf‹, ›Gegenseitiges Durchdringen und nicht Zerstörung‹, ›Harmonie und Frieden und nicht Widerspruch‹«.*[65]

Die Wirkung seiner Worte war überwältigend. Sie waren an die Menschen selber gerichtet, an ihre Herzen und ihre Vernunft. Die amerikanische Presse war voll mit Berichten über Vivekananda, sie publizierte seine Reden im ganzen Land und bezeichnete ihn als »die zweifellos größte Persönlichkeit beim Parlament der Religionen. Nachdem wir ihn gehört haben, erkennen wir, wie töricht es ist, Missionare in solch ein gelehrtes Land zu schicken« (New York Herald).

Um das Publikum in der Versammlung zu behalten, pflegte man Vivekanandas Reden an das Ende des jeweiligen Tages zu verlegen, denn jeder wollte ihn hören. Schon wenn er zum Rednerpult ging wurde applaudiert; doch er nahm alles in kindlicher Manier entgegen. Ein Vertreter der Organisation des Parlaments sagte über Vivekananda: »Vivekananda war fraglos die populärste und einflussreichste Persönlichkeit im Parlament ... Er wurde mit größerer Begeisterung empfangen als jeder andere Sprecher, ob Christ oder Heide. Die Menschen scharten sich um ihn, wohin immer er auch ging und hingen eifrig an jedem Wort, das er sprach. Die unbeugsamsten unter den orthodoxen Christen sagen von ihm: ›Er ist wirklich ein Prinz unter den Menschen!‹«[66]

Nach dem Parlament hatte Vivekananda keine finanziellen Schwierigkeiten mehr, die Türen der Reichen standen ihm offen. Aber ihr üppiger Reichtum machte ihn traurig, denn er dachte an die Armen zu Hause und wälzte sich vor Schmerz darüber buchstäblich auf dem Boden. Von einer Agentur wurde er nun eingeladen, mit Vorträgen durch die Vereinigten Staaten zu reisen. Er wollte Geld verdienen, um frei von seinen reichen Freunden zu sein und die schon geplanten Projekte in Indien finanzieren zu können, und nahm das Angebot an. Außerdem würde sich so die Gelegenheit bieten, die Ideen des Vedanta zu verbreiten. Aber es war auch eine schwere Zeit. Seine Berühmtheit und sein exotisches Äußeres wurden schamlos ausgenutzt; die etablierten Religionsgemeinschaften und manche kleinere religiöse Gruppierungen wurden eifersüchtig und pflasterten seine Wege mit Hindernissen. Es gab aber auch viele Priester, die ihm freundlich gesinnt waren. Tausende Menschen kamen zu jedem seiner Vorträge, trotz aller bösen Worte seiner Opponenten.

Vedanta und Jnanayoga

Bald schon organisierte der Swami seine Vorträge selber, auf Einladungen verschiedener Gruppen und Gesellschaften hin. Oft gab er bis zu vierzehn Vorträge die Woche! Doch in einem Land wie Amerika, das schon damals offen war für alles Neue, alles Religiöse, auch für das Seltsame, ließ die Ernsthaftigkeit und das geistige Niveau der Zuhörerschaft bald zu wünschen übrig. Und Vivekananda wurde jetzt nicht nur von Christen und anderen Gruppen herausgefordert, sondern ebenso von Atheisten und Agnostikern, die ihn schließlich zu einer Diskussion nach New York einluden, wo er, entgegen ihrer Erwartungen, mithilfe seiner Vedantaphilosophie die Schwachstellen und Unzulänglichkeiten ihres wissenschaftlichen Weltbildes und die Unfähigkeit der Vernunft, Höheres zu erkennen, eindrucksvoll bloßstellte.

Wie alles, was Vivekananda sagte, war auch seine Darstellung der Vedantaphilosophie stets voll Feuer und Leidenschaft. Der Indologe R.C. Zaehner schrieb: »Vivekananda vollbrachte die außerordentliche Leistung, dem gänzlich statischen Monismus (Vedanta) Shankaras Leben einzuhauchen.«[67] Dass sich Vivekanandas Lehre zwischen den schwer zu vereinbarenden Polen der von Weltablehnung geprägten Lehre Shankaras, der glaubte, die Welt sei letztlich nicht wirklich, und seinem eigenen altruistischen Credo des aktiven Dienstes an den Menschen bewegte, schien ihn nicht zu stören. Seine Lehre lebte geradezu von dieser Spannung. Er lehrte einen Advaita-Vedanta, den er mit den modernen Ideen von sozialer Gerechtigkeit, Freiheit und der Menschenwürde aller verband. Der kühle Illusionismus schien mehr seinem scharfen, logischen Verstand entsprungen zu sein, der Glaube an den Dienst am Nächsten seinen Gefühlen.[68] Vivekananda sprach:

> *»Die Advaita Philosophie lehrt: es gibt nur eine Wirklichkeit im Weltall, und diese Wirklichkeit ist Brahman. Alles andere ist unwirklich, aus Brahman hervorgegangen und durch Mayas[69] Macht in Erscheinung getreten. Unser Ziel ist, zu Brahman zurückzugelangen. Jeder einzelne ist jenes Brahman, jene Wirklichkeit plus Maya. Wenn wir uns von Maya oder Nichtwissen losreißen können, werden wir zu dem, was wir wirklich sind.«*[70]
>
> *»Der Atman (das Selbst) kommt nicht und geht nicht, wird nicht geboren und stirbt nicht. Es ist die Natur, die sich bewegt. Diese Bewegung spiegelt sich im Atman wider, und der Atman meint, er bewege sich. Solange der Atman dies glaubt, ist er gebunden; wenn er entdeckt, dass er unbeweglich und allgegenwärtig ist, wird er frei« (Vivekananda, Jnanayoga II-28).*
>
> *»Die breiten Massen der Menschen sind mit materiellen Dingen zufrieden, aber unter vielen Tausenden gibt es einige, in denen die Idee der Befreiung wach ist, die genug haben von dem Spiel hier unten, und diese wenigen kämpfen bewusst, der Rest kämpft unbewusst.*
>
> *Das A und O der Vedanta-Philosophie ist: ›Gib die Welt auf!‹ Lass das Unwirkliche fahren und wende dich dem Wirklichen zu. Solange wir Begierden und Bedürfnisse haben, sind wir unvollkommen. Der Vollkommene, der Freie, kann nichts begeh-*

ren. Gott hat keinen Wunsch; wenn Er einen hätte, wäre Er unvollkommen und nicht Gott. Es ist Kindergeschwätz, zu sagen, Gott wünsche dieses oder jenes, Gott sei zufrieden oder unzufrieden. Alle religiösen Lehrer haben gelehrt: ›Begehre nicht, gib die Begierden auf und sei zufrieden‹« (II-30f.).

»Wer das kleine Ich überwunden und Gott an seine Stelle gesetzt hat, ist der große Weltbeweger. Für ihn verwandelt sich das ganze Weltbild. Leid und Elend verschwinden, und das Weltgefängnis, in dem man um das tägliche Brot kämpft, wird für ihn zu einem Spielplatz. Er allein hat das Recht auszurufen: ›Wie schön ist diese Welt!‹ Ihr fragt, welchen Sinn es haben soll, die Wahrheit zu verwirklichen, worin der Nutzen liegt, Gott zu erkennen? Hier ist die Antwort: Die Erkenntnis eines nur winzigen Teils jener erhabenen Wahrheit würde genügen, die ganze Welt zu verwandeln. Statt Kampf und Zwietracht, statt Drängen und Stoßen, statt Hass und Eifersucht würden auf der Erde Liebe, Eintracht und Friede herrschen. Woher sollte Böses kommen, wenn Götter mit Göttern leben, Götter mit Göttern wirken und einander lieben?« (II-57).

In Worten wie diesen letzten überwindet Vivekananda den klassischen Vedanta ganz. Bei ihm stehen solche Aussagen anderen gegenüber, wo er der Welt jede mögliche Hoffnung auf Besserung ganz abspricht und sich den Kernlehren des kompromisslosen Vedanta Shankaras nähert:

»Die Vedanta-Philosophie ist weder optimistisch, noch pessimistisch. Sie wird beiden Anschauungen gerecht und nimmt die Dinge so, wie sie sind; sie gibt zu: Diese Welt ist eine Mischung von gut und böse, von Glück und Unglück, und wenn das eine zunimmt, muss notwendigerweise auch das andere zunehmen. Es kann niemals eine ausschließlich gute oder ausschließlich schlechte Welt geben, denn schon diese Idee ist ein Widerspruch in sich selber« (I-93).

»Unwissen ist die Mutter allen Elends, und das tiefste Unwissen ist, wenn Er, der Unendliche, weint und klagt, dass Er endlich sei. Dass wir, die wir der unsterbliche, der ewig reine, der vollkommene Geist sind, glauben, wir seien kleine Geister und kleine Leiber, das ist die Wurzel allen Irrtums, das ist die Ursache aller Selbstsucht. Sobald man glaubt, man sei nur ein kleiner Körper, hat man das Bestreben, ihn zu bewahren, zu beschützen und schön zu erhalten auf Kosten anderer Körper. So entsteht die Vorstellung, man sei von anderen verschieden, und sobald diese Idee auftaucht, ist allem Unheil Tür und Tor geöffnet« (I-73).

»Der Gott im Himmel wird zum Gott in der Natur, und der Gott in der Natur wird zum Gotte, der die Natur ist, und der Gott, der die Natur ist, wird zum Gott im Tempel des Körpers, und der Gott, der im Tempel des Körpers wohnt, wird schließlich zum Tempel selbst, wird zur Seele und zum Menschen - und hier kommen wir zum letzten Worte, das gelehrt werden kann. Er, den die Weisen überall gesucht haben, wohnt in unserem eigenen Herzen. Die Stimme, die wir vernommen haben, war richtig, sagt Vedanta, aber die Richtung, aus der wir sie zu vernehmen glaubten, war falsch. Jenes Ideal der Freiheit, das wir wahrnahmen, war richtig, aber wir suchten es irgendwo draußen, und das war der Irrtum. Wir müssen es näher und näher bringen, bis wir herausfinden, dass es die ganze Zeit in uns war, es war das Selbst unseres eigenen Selbst … hinter allem, als das Wesen aller Dinge, steht Er. Und Er ist das einzige, das wahre Selbst« (I-136).

»Nun kommt die höchste Spekulation unserer Philosophie. Das Unendliche kann nicht in zwei Teile geteilt werden. Wenn die Seele unendlich ist, kann es nur eine Seele geben, und alle Vorstellungen von verschiedenen Seelen - er hat eine Seele, ich habe eine Seele und so fort - sind unhaltbar. Der wahre Mensch ist deshalb einzig und unendlich, der allgegenwärtige Geist, und der sichtbare Mensch ist nur eine Begrenzung jenes wahren Menschen« (I-64).

»Die Philosophen des Vedanta haben das entdeckt, was jenseits von Maya liegt, und wer dorthin gelangt, kann nicht von Maya gebunden werden. In einer oder der anderen Form ist diese Idee das Gemeingut aller Religionen, aber bei Vedanta ist es erst der Anfang und nicht das Ende der Religion. Die Idee vom persönlichen Gott, dem Schöpfer und Lenker des Weltalls, wie man Ihn genannt hat, dem Beherrscher der Maya oder der Natur, ist nicht das Ende der vedischen Gedanken, sondern erst ihr Anfang. Die Idee wächst und wächst, bis der Vedantist entdeckt, dass Er, den er überall suchte, er selbst ist; dass Er in Wirklichkeit in ihm ist. Er selbst ist der Freie, aber, von Schranken umgeben, hielt er sich für gebunden« (I-102).

Trotz dieser Gedanken des Advaita-Vedanta, der die Existenz des persönlichen Gottes und des Individuums in Frage stellt und die Welt folglich als unwirklich brandmarkt, hört man Vivekananda aber immer wieder Dinge wie die folgenden sagen; sie lassen ihn, ohne dass er ein fertiges Gedankengebäude geschaffen hätte, zu einem großen Vorläufer einer weltzugewandten Spiritualität werden. Er schaut schon die Visionen von morgen, die erst Sri Aurobindo und Sri Chinmoy ausformulieren sollten:

»Allmählich werden die Völker sich vereinigen, und der Tag wird kommen, da die Trennung verschwinden und jene Einigung und Harmonie, der wir alle zustreben, das Weltall durchdringen wird. Die ganze Menschheit wird zu ›Jivanmuktas‹ - erlöst noch bei Lebzeiten. Durch Eifersucht und Hass, durch Liebe und Zusammenschluss kämpfen wir alle für dieses eine Ziel. Ein mächtiger Strom fließt zum Weltmeere hin, uns alle mit sich tragend, und obgleich wir bisweilen wie Stroh oder Papierfetzen ziellos dahintreiben, müssen wir schließlich das Meer des Lebens und der Glückseligkeit erreichen« (I-221).

Vivekanandas unüberhörbare Worte kamen gerade recht für jene Sucher, die Durst nach Wahrheit und Unendlichkeit verspürten, in einer in praktischer Spiritualität weitgehend unbedarften westlichen Welt. Er mischte wirkungsvoll Teile des indischen Samkhya-Systems, der monotheistischen Schulen und des Karmayoga mit den Lehren des illusionistischen Vedanta. So lieferte er den Rohentwurf dessen, was für ihn eine universelle, zukünftige Religion sein sollte: einen von Mythologie und monotheistischen Lehren weitgehend freien Vedanta, der das unendliche Selbst aller Wesen lehrt und somit alle ganz unmittelbar verbindet. Für Vivekananda kam ein weitgefasster Vedanta der wahren Religion am nächsten. Das sollte eine Religion sein, die andere Lehren nicht nur toleriert, sondern sie akzeptiert und in ihrem Herzen beherbergt. Diese ideale Religion müsse auch alle Fähigkeiten des Menschen in sich fassen - Philosophie und Erkenntnis (Jnana), Emotion (Bhakti) und Handeln oder Arbeit (Karma). Manchmal erhob sich Vivekananda sogar über seine Liebe zum Vedanta als der zukünftigen universellen Religion der Menschheit und sagt Worte wie diese: »Wir wollen die Menschheit zu jenem Ort hinführen, wo es weder Veden noch die Bibel noch den Koran gibt; doch muss das getan werden, indem man die Veden, die Bibel und den Koran miteinander in Einklang bringt.«[71] Letztlich war Religion für ihn gelebte Spiritualität, war der Weg zum Göttlichen hin, war Werden und Sein, nicht Hören und äußerer Glaube. Und der Vedanta kam für ihn der reinen Spiritualität und Religion am nächsten.

Karmayoga und Bhaktiyoga

Swami Vivekananda übernimmt in seinen Büchern und Vorträgen die Unterteilung der Bhagavadgita, die als erste von den drei Wegen des Jnanayoga, Bhaktiyoga und Karmayoga sprach. Er fügt diesen als vierte Disziplin den traditionellen Yoga der Meditation und Konzentration hinzu, den Rajayoga. Natürlich können diese vier Wege nicht als völlig getrennt voneinander gesehen werden. Die Grenzen zwischen ihnen sind fließend und sie verschmelzen immer mehr zu einem einzigen Yoga, je weiter der Aspirant voranschreitet.

Karmayoga

Karmayoga ist die spirituelle Disziplin (Yoga) des Handelns (Karma). Auf dem Weg des Karmayoga muss alles Handeln in den Ozean der Spiritualität getaucht werden, es muss selbstlos und losgelöst von den Dingen und Wesen werden. Der Karmayogin muss letztlich erkennen, dass es nur einen Handelnden im Universum gibt - das Göttliche Wesen, das die Arme und Beine des Yogin bewegt und Sein Werk durch ihn, wie durch alle anderen Wesen, vollbringt. Karmayoga ist nach Swami Vivekananda der spirituelle Prozess, »in welchem ein Mensch seine eigene Göttlichkeit durch Handeln und Pflicht verwirklicht.«[72] Somit »ist Karmayoga die Erlangung der Freiheit, die das Ziel der menschlichen Natur ist, durch selbstloses Handeln.«[73]

Losgelöstheit beim Tun und erhabene Motive lassen keine unerwünschten späteren Wirkungen (ebenso Karma genannt) der Handlungen entstehen. So führt Handeln nicht zu den von den Yogins gefürchteten eingegrabenen Tendenzen im Geist, die diesen in ihre Bahnen zwingen: »Handle, aber lass das Tun oder den Gedanken keinen tiefen Eindruck auf das Gemüt ausüben. Lass die kleinen Wellen kommen und gehen, lass große Taten von den Muskeln und dem Gehirn ausgehen, aber lass sie keinen tiefen Eindruck auf die Seele machen.«[74]

> *»Der Karma-Yogi braucht an keinerlei Lehre, welche immer es auch sein mag, zu glauben, nicht einmal an Gott, und sich nie mit Fragen über die Seele oder irgendwelchen metaphysischen Spekulationen zu befassen. Er stellt sich selbst das Ziel, den Eigennutz zu überwinden, und muss sich allein dorthin durchkämpfen ... Er muss durch bloße Arbeit, ohne die Hilfe einer Lehre oder einer Theorie, zu den gleichen Problemlösungen kommen, die sich der Jnani durch Verstand und Inspiration, der Bhakta durch Liebe erringt.«*[75]
>
> *»Jener arbeitet am besten, der ohne Beweggrund arbeitet, weder um Geld, noch um Ruhm, noch um anderer Vorteile willen. Wer dies bis ins Letzte durchführt, ist ein Buddha. Aus ihm wird die Kraft entsteigen, so zu wirken, dass die Welt sich wandeln muss. Dieser Mensch ist dann fürwahr das Gestalt gewordene höchste Ideal des Karma-Yoga.«*[76]

Karmayoga oder: die rechte Art zu handeln, befreit den Menschen von der Bürde des Lebens, indem sie ihn diese auf die rechte Art tragen lehrt und ihn gleichzeitig erkennen lässt, dass die Bürde in Wahrheit keine Last darstellt.

> *»Dieserart Pflicht, diese besondere Auffassung von Pflicht, ist die mittägliche Sommersonne, die der Menschheit die innerste Seele versengt. Schauen wir uns diese armen Sklaven der Pflicht an! Weder zu Gebet noch zu Reinigung lässt diese Pflicht ihnen genügend Zeit. Immer stehen sie unter ihrem Druck. Morgens gehen sie fort zur Arbeit und schon lastet die Pflicht als Bürde auf ihnen. Abends kommen sie heim, denken bereits an die Arbeit des nächsten Tages, und noch immer drückt das gleiche Gewicht sie nieder. Sie machen aus ihrem Leben ein Sklavendasein. Ei-*

nes Tages brechen sie dann auf der Straße zusammen und sterben, angeschirrt wie ein Ackergaul. So verläuft das Leben der vielen, die in der Pflicht nur die Last sehen. Doch die einzig wahre Ausübung der Pflicht ist: Losgelöst von allen Bindungen als freie Wesen arbeiten und Gott die Früchte dieser Arbeit weihen. Alle unsere Pflichten sind Gottes. Glücklich dürfen wir uns schätzen, dass wir hierher berufen wurden zum Ausüben unserer Pflicht. Doch ob wir unserer Zeit gut oder schlecht dienen - wer weiß es? Mag es gut sein, was wir tun - die Früchte genießen wir nicht; mag es schlecht sein - der Kummer trifft uns nicht. Bleibt gelassen, frei und arbeitsam!«[77]

Bhaktiyoga

Bhaktiyoga ist die Hingabe an das Göttliche, an Gott als liebende Person, an den Allschönen. Der Bhakta zerfließt in Liebe und Ekstase, wenn er an seinen Herrn denkt. Er stellt sich Gott in Menschengestalt vor, um so alle seine Gefühle auf ihn richten zu können. Der Bhakta beginnt seine Reise mit äußeren rituellen Handlungen, wie sie in den Religionen vorgeschrieben sind. Dann folgt das Wiederholen von Gottes Namen und innige Verehrung. Doch das Ziel erreicht der Bhakta erst nach dem Durchlaufen der dritten Stufe, auf welcher für ihn nichts als Gott existiert, um am Ende ganz in Seiner Anschauung zu versinken und Seine ständige, unsterbliche Nähe zu kosten. Bhaktiyoga ist nach Swami Vivekananda ein leicht gangbarer Weg, er ist für den Menschen natürlich, wie seine Fähigkeit zu fühlen natürlich ist.

»Der Jnani muss sich jeden Augenblick daran erinnern, dass er nicht mit dem Leib identisch ist, dass sein wahres Wesen das innewohnende göttliche Selbst ist … Es ist für den gewöhnlichen Sterblichen beinahe unmöglich, die Körperidee zu überwinden … Auf dem Wege der Erkenntnis muss man gleichsam den Ge-

birgsfluss zurück zu seiner Quelle zwingen … Der Weg der Hingabe dagegen ist ein natürlicher und erfreulicher. Die Liebe sagt: ›Überlasse alles dem Strom; gib dich ihm hin auf ewig.‹ Der letztere Weg ist der längere, aber der leichtere und glücklichere. Der Bhakta kennt nicht den hohen Gedankenflug des Jnani, aber er weiß auch nichts von seinem tiefen Fall. Doch beide, der Erkenntnissuchende und der Liebende, erreichen am Ende das gleiche Ziel.«[78]

»Gott ist der große Magnet, und wir sind das Eisen, das von ihm angezogen wird. Wir alle ringen darum, zu ihm zu gelangen … Nur die Toren wissen nicht, was sie tun, sie ahnen nicht, dass ihr ganzes Lebenswerk keinen anderen Sinn hat, als sich dem großen Magneten anzunähern.«[79]

Der Meister

In Übereinstimmung mit vielen anderen Lehrern indischer Spiritualität sagt Swami Vivekananda:

»Die Meister, deren Weisheit und Echtheit wie das Licht der Sonne strahlen, sind die wahrhaft Großen dieser Welt, und die Mehrheit der Menschen verehrt Gott in ihnen. Doch auch von vergleichsweise Geringeren können wir Hilfe erfahren; nur besitzen wir selbst nicht genügend Intuition zur sicheren Beurteilung des Menschen, dessen Lehre und Führung wir uns anvertrauen. Daher bedarf es gewisser Kennzeichen, gewisser Vorbedingungen, die sowohl den Lehrer wie den Schüler ausweisen.

Der Seelenführer ist es, der dem nach Religion Strebenden die Augen öffnet. Daher ist unsere Beziehung zu ihm die gleiche wie die eines Nachkommen zu einem seiner Vorväter. Wenn wir dem Lehrer nicht ein Herz voll Vertrauen, Demut, Unterwerfung und Ehrerbietung entgegenbringen, kann die Religion nicht Wurzeln in uns schlagen. Es ist bezeichnend, dass nur dort, wo solch eine ideale Beziehung zwischen Lehrer und Schüler be-

steht, wirkliche Geistesgrößen hervorgehen. In Ländern, die es vernachlässigt haben, diese reine Beziehung zwischen Lehrer und Schüler zu wahren, sinkt der Beruf des Lehrers herab zum bloßen Vorleser …
Und wenn dieser von Gott bestimmte Lehrer kommt, dann dient ihm mit kindlicher Zuversicht und Schlichtheit, öffnet euer Herz weit seinem Einfluss und erkennt, dass sich in ihm Gott offenbart.«[80]

Wirken im Westen

Der Wunsch erwachte nun in Vivekananda, in jenem Land, das er trotz allem wegen seiner Aufrichtigkeit, seiner Toleranz und sozialen Gerechtigkeit so sehr bewunderte, Menschen zu lehren und zu führen, die wahrhaft den Weg der Spiritualität beschreiten wollten. Er begann, geeignete Sucher um sich zu scharen und bald wurden regelmäßige Treffen in New York abgehalten. Einigen dieser Sucher lehrte er Jnanayoga, die praktische Seite der Vedanta-Philosophie, und Rajayoga, die Konzentrationstechniken. Auch sein berühmtes Buch ›Rajayoga‹ schrieb er in dieser Zeit (bis 1895). Bald aber war Vivekananda völlig erschöpft. Er sehnte sich zurück nach seinem Leben als Wandermönch. Seine amerikanischen Freunde verschafften ihm deshalb die Gelegenheit, fern von der Stadt in der Natur zu leben. Sie ermöglichten einen Aufenthalt in einem Sommerhaus im Thousand Island Park auf dem St. Lorenz-Strom.

In dieser schönen Fluss- und Insellandschaft, unter hohen Bäumen und klarem Himmel fand Vivekananda eine ideale Rückzugsmöglichkeit und die vollkommene Umgebung für die Ausbildung einiger Schüler, mit denen er dort sieben Wochen verbrachte. Er meditierte häufig im Freien und sprach zu seinen Schülern. Er war, im Alter von zweiunddreißig Jahren, zum Lehrer von meist viel älteren Menschen geworden, die er durch die Strahlkraft seines Geistes beeindruckte. Eines Tages, unter einem Baum nahe des Landhauses, erfuhr Vivekananda in einer einsamen Meditation den höchsten Bewusstseinszustand, den Yogins gewöhnlich anstreben, die Versenkung, in der keine Spuren von Welt und Gedanken bleiben: Nirvikalpa Samadhi. So wie sein Meister Sri Ramakrishna diesen Samadhi in der Hütte unter den Bäumen der Panchavati zum ersten Mal erfahren hatte.

Im August 1895 bestieg Swami Vivekananda ein Schiff nach Paris, um einer Einladung aus London zu folgen. Dort traf er den größten Indologen des neunzehnten Jahrhunderts, den Deutschen Max Müller, der zu dieser Zeit in Oxford lehrte. Der Greis Müller war begeistert davon, einen Schüler Ramakrishnas zu treffen, da er diesen sehr bewunderte und ihm bereits ein bekanntes Buch gewidmet hatte. Vivekananda traf darauf in Kiel den Indologen und Philosophen Paul Deussen, einen Anhänger des Vedanta, und hielt sich eine Weile in Deutschland und in den Schweizer Alpen auf. Einige seiner Mönchsbrüder rief er nach Europa, und später nach Amerika, um in seiner Abwesenheit die begonnene Arbeit fortzuführen. Die Irin Margret Noble wurde seine engste Schülerin und sollte unter dem Namen Sister Nivedita durch ihre soziale Arbeit und ihr Engagement im Freiheitskampf Indiens in den noch kommenden Jahren Berühmtheit erlangen.

Als er zurück nach New York kam, gründete Vivekananda die in Amerika bis auf den heutigen Tag aktive Vedanta Society. Lange Zeit hatte die Vedanta Society großen Einfluss auf die Intellektuellen der amerikanischen Westküste. Christopher Isherwood und Aldous Huxley sind nur zwei bekannte Namen, die mit der Society verbunden waren. Auch Vivekanandas Werke ›Bhaktiyoga‹, ›Karmayoga‹ und ›Rajayoga‹ waren inzwischen publiziert und fanden große Akzeptanz. Doch er sehnte sich bald nach Indien zurück, er war müde geworden: »Meine Seele wird jeden Tag größer«, sagte er, »der Körper kann sie kaum noch halten. Jeden Tag mag sie diesen Käfig aus Fleisch und Knochen zerbrechen.« - Es war eine Vorahnung des nicht so fernen Todes. So verließ Swami Vivekananda den Westen, verließ Karmabhumi, die Stätte des selbstlosen Handelns, als die er den Westen betrachtete, und begab sich zurück nach Indien, der Punyabhumi, dem Land des Heiligen.

Triumphale Rückkehr

Seit Jahren hatte Indien atemlos die Nachrichten vom Erfolg Vivekanandas in Amerika und England vernommen. Er war in seinem Heimatland inzwischen zum größten aller Helden geworden. Als dieser Held nun am 15. Januar des Jahres 1897 in Sri Lanka an Land ging, wurde ihm in diesem buddhistischen Land ein triumphaler Empfang bereitet; Tausende berührten im Hafen den Staub von Vivekanandas Füßen. Noch heute ist Vivekananda der am meisten bekannte und verehrte Hindu-Heilige in Sri Lanka. Noch größer war der Jubel in Indien. Fürsten zogen barfuß seinen Festwagen, Blüten regneten auf seinen Weg und Zehntausende jubelten ihrem Swami zu, der ihnen wieder Stärke und Selbstvertrauen gegeben hatte. In Madras waren alle Straßen üppig geschmückt, siebzehn Triumphbögen hatte man errichtet. Eine riesige Menschenmenge wartete am Bahnhof, sie führte ihn in einer langen Prozession durch die Stadt.

Und Vivekananda gab Vorträge. Er reiste vom Süden in den Norden und sprach über Indiens neue Stärke, sein neues Selbstvertrauen, seine Schätze, die es der Welt anbieten müsse und über den erforderlichen Willen, Missstände, soziale Ungerechtigkeiten und das Elend zu bekämpfen. Der größte Triumph erwartete ihn in seiner Heimatstadt Kalkutta, wo er alsbald die Ramakrishna Mission Association[81] gründete, die dem Ideal des Meisters und den Menschen dienen sollte. Noch heute ist die Ramakrishna Mission und der ihr angeschlossene Orden eine der wichtigsten Vereinigungen in Indien, die sich humanitärer, sozialer Arbeit widmen; in zahlreichen Publikationen betreibt sie die Pflege des indischen Kulturerbes und des Ideals religiöser Toleranz und sichert die Ausbildung der Mönche des Ordens. Die Ramakrishna Mission hat sich bei der Milderung von Seuchen und Hungersnöten hervorgetan, hat Schulen und Hospitäler gegründet und pflegt Alte und Schwache.

Für seine Mitbrüder, die mehr dem vedantischen Ideal der Meditation und Überwindung der Welt hingegeben waren, hatte Vivekananda zuweilen heftige Worte des Tadels bereit, sodass sie bald keine Kritik mehr an ihm übten, da sie zur Überzeugung gelangten, solche Gefühle könnten nur in dem wohnen, der ganz vom Willen des Meisters durchdrungen ist: »Was versteht ihr von Religion?«, rief er einmal, »Ihr versteht es, mit gefalteten Händen zu beten: ›O Herr! Wie schön ist deine Nase! Wie lieblich sind deine Augen!‹ und all diesen Unsinn ... Und ihr denkt, eure Befreiung sei sicher und Sri Ramakrishna werde in der letzten Stunde kommen und euch an der Hand in den höchsten Himmel führen! Studium, öffentliche Predigten und humanitäre Arbeit sind nach euch nur Maya ... Als ob Gott so leicht zu erreichen wäre!«[82] Solche Emotionen wogten in Vivekananda!

Er gründete auch den Advaita Ashrama in Mayavati im Himalaja und die heute noch bedeutende Zeitschrift Prabuddha Bharata (›Erwachtes Indien‹). Zufrieden mit seinem Werk in Indien, ging der von einer rastlosen Kraft Getriebene erneut in den Westen. Dort wollte er sein Werk stärken, das seine Schüler und Mitbrüder in der Zwischenzeit fortgeführt hatten.

Der Abschied

Noch einmal besucht Vivekananda Europa, aber bald sehnt er sich erschöpft nach der Heimat der Seele. Sein früher gewonnener Eindruck, der Westen, insbesondere Europa, stünde am Rande eines Abgrundes, bestätigt sich: »Europa ist ein großes Militärcamp.« Und einige Jahre zuvor hatte er bemerkt: »Europa steht am Rande eines Vulkans. Wenn das Feuer nicht durch eine Flut von Spiritualität gelöscht wird, wird er ausbrechen.« Dies konnte Vivekananda in einer Zeit sehen (am Ende des neunzehnten Jahrhunderts), da fast ganz Europa davon überzeugt war, eine solche Zivilisation würde keinen großen Krieg mehr führen.

In Indien begibt er sich noch auf weitere Pilgerreisen, sein Körper ist aber von all der unermüdlichen Aktivität ausgehöhlt. »Nach so viel Askese und Disziplin weiß ich«, sagt er eines Tages erschöpft zu seinen indischen Schülern, »dass dies die höchste Wahrheit ist: ER ist in allen Wesen gegenwärtig. Diese alle sind manifestierte Formen von Ihm. Es gibt keinen anderen Gott, nach dem man sich sehnen könnte! Der nur verehrt Gott, der allen Wesen dient!«[83] Auf einer Pilgerfahrt nach Amarnath, einem Höhlentempel in den eisigen Höhen des Himalaja, der Shiva geweiht ist, schaut Vivekananda, den Körper mit heiliger Asche beschmiert, in einer Vision Shiva von Angesicht zu Angesicht. Es ist eine überwältigende Erfahrung, die ihn an den Rand des Todes führt und die er niemals beschreiben wird. Doch tagelang spricht er nur von Shiva, der ihm, so sagt er, in dieser Vision die Gunst gewährt habe, zu sterben, wann immer er wolle.

Eines Tages sitzen die Mönche im Kloster nahe Kalkutta mit Vivekananda zu Tisch. Man fragt ihn beiläufig, auf die Prophezeiung Sri Ramakrishnas anspielend, er werde den Körper verlassen, sobald er erkenne, wer er sei: »Weißt du schon, wer du bist?« Und die unerwartete Antwort, »Ja, ich weiß es jetzt«, lässt es sehr still im Raum werden. Jeder erkennt - Narendras Ende steht bevor.

Am 4. Juli des Jahres 1902 sieht einer seiner Schüler, wie Vivekanandas Hand nach einer langen Meditation ein wenig zittert; Vivekananda atmet kräftig durch, und die ewige Stille fällt über sein Leben. Er erfüllt nicht nur Ramakrishnas Prophezeiung, sondern auch seine eigene, die besagte, er werde keine vierzig Jahre alt werden. Neununddreißig Jahre hat Vivekananda nur gelebt, aber Taten genug für 1500 Jahre vollbracht, wie er selber formuliert hatte.

»Vivekananda sammelte die Früchte des Baumes, der Ramakrishna war und gab sie der ganzen Welt«, sagt Sri Chinmoy.[84] So verschieden Vivekananda und Sri Ramakrishna in Person und Lehre erscheinen, die Behauptung ist zweifellos wahr. Denn nur durch Sri Ramakrishnas spirituelles Training und innere Kraft und Führung wurde Naren zu Vivekananda. Vivekananda selber hatte gar gesagt: »Wenn er nur wollte, könnte Ramakrishna aus einem Staubkorn tausend Vivekanandas erschaffen.«

Swami Vivekananda hat Indien den Stolz auf das eigene spirituelle Erbe zurückgegeben. Die Anerkenntnis im Westen hatte besonders den indischen Intellektuellen unmissverständlich vor Augen geführt, welche Schätze sie schon im Begriff waren aufzugeben. Vivekananda ist für viele gar der Retter des Hinduismus, wenn das auch nur teilweise wahr sein kann. Nach Swami Vivekananda konnten die christlichen Missionare nicht mehr so leicht auf dem Hinduismus herumtrampeln und ihn als abscheuliches Heidentum beschimpfen, einer zweifelhaften Tätigkeit, in welcher sie sich mehr als hundert Jahre lang ergangen hatten. Denn der Swami hatte den von den Missionaren häufig so verstandenen Kampf der Kulturen und Religionen in das Land des Gegners selbst getragen, und war dort als Freund empfangen worden.

Mit Sri Ramakrishna und Swami Vivekananda nahm die indische Spiritualität zum ersten Mal eine ›internationale‹ Form an. Sie wurde sogar zum Beispiel einer möglichen universellen Religion und floss mächtig über ihre Grenzen. Vivekananda war der erste Strahl, den die Sonne des Yoga und Vedanta in den Westen sandte. Er war die Heldenseele, welche die Menschen mit den Lehren Indiens in Bann hielt.

SRI AUROBINDO (1872-1950)
UND DAS SUPRAMENTALE BEWUSSTSEIN

SRI AUROBINDO IST DIE
EWIG SCHÖPFERISCHE, STILLE BRÜCKE
ZWISCHEN GOTTES WILLEN UND SEINER ERFÜLLUNG.

Sri Chinmoy

An einem brütend heißen bengalischen Sommertag trat der bärtige Aurobindo vor eine dicht gedrängte Menge von zehntausend Menschen. Es war still. Manche waren auf die Bäume geklettert, man wollte jedes Wort hören. Aurobindo war ihr Held; er hatte feurige Artikel gegen die Unterdrückung und für ein freies Indien geschrieben und war zum bedeutendsten Führer der indischen Freiheitsbewegung geworden. Einige Hitzköpfe aus der Unabhängigkeitsbewegung hatten jedoch Bomben gebaut, von denen eine traf. Ein langer Prozess war die Folge gewesen. Doch mangels an Beweisen musste Aurobindo nach einem Jahr Untersuchungshaft freigesprochen werden. Und der schlimmste Feind des Britischen Imperiums, wie er einmal genannt worden war, stand nun da und sprach hier, im bengalischen Uttarpara, ganz unerwartete Worte.

> *»Ich erinnerte mich (im Gefängnis), dass ein Monat oder mehr vor meiner Festnahme ein Ruf gekommen war, alle Aktivitäten beiseite zu legen, mich zurückzuziehen und in mich zu gehen, damit ich in eine engere Verbindung mit Ihm kommen könne. Ich war schwach und konnte dem Ruf nicht folgen. Meine Arbeit (die revolutionäre Tätigkeit) lag mir sehr am Herzen und in meinem Stolz dachte ich, wenn ich nicht da wäre, würde sie Schaden nehmen oder sogar scheitern. Deswegen ließ ich nicht ab von ihr. Es schien, dass Er (nun im Gefängnis) zu mir sprach … und sagte: ›Die Bande, die du nicht die Kraft hattest zu zerreißen, habe ich für dich zerrissen, denn es ist nicht mein Wille, noch war es jemals meine Absicht, dass das so weitergehen sollte. Ich hatte etwas anderes für dich zu*

tun und dafür habe ich dich hierher gebracht, um dich zu lehren, was du alleine nicht lernen konntest und um dich für mein Werk zu formen.‹…

Deshalb war Folgendes das Nächste, das Er mir zeigte: Er ließ mich die zentrale Wahrheit des Hinduismus erkennen. Er wandte mir die Ohren der Gefängniswärter zu, und sie sprachen zu dem Engländer, der das Gefängnis führte: ›Er leidet in seiner Haft, lasst ihn zumindest vor seiner Zelle eine halbe Stunde morgens und abends spazieren gehen.‹ Und so wurde es arrangiert. Während ich ging, drang Seine Stärke erneut in mich ein. Ich blickte auf das Gefängnis, das mich von den Menschen abschloss und es waren nicht länger seine hohen Mauern, von denen ich eingesperrt war, nein, es war Vasudeva, die persönliche Gottheit, die mich umgab. Ich ging dahin unter den Zweigen des Baumes vor meiner Zelle, aber es war nicht der Baum, ich wusste, es war Vasudeva, es war Sri Krishna, den ich dort stehen sah und der über mich seinen Schatten hielt. Ich blickte auf die Gitter meiner Zelle, den bloßen Rost, der als Türe diente, und ich sah abermals Vasudeva. Es war Narayana (Vishnu), der aufpasste und für mich Wache stand. Oder ich lag auf den groben Decken, die mir als Liegestatt gegeben wurden und fühlte die Arme Sri Krishnas um mich, die Arme meines Freundes und Liebenden. Das war die erste Anwendung der inneren Schau, die Er mir gab. Ich blickte auf die Gefangenen, die Diebe, Mörder, Betrüger, und als ich so schaute, sah ich Vasudeva, es war Narayana, den ich in diesen verdunkelten Seelen und missbrauchten Körpern sah …

Als der Prozess im unteren Gerichtshof eröffnet wurde und wir vor den Polizeirichter geführt wurden, durchdrang mich dieselbe Einsicht. Er sagte zu mir: ›Als du in das Gefängnis geworfen wurdest, hat dich dein Mut nicht verlassen und hast du nicht geschrien: ›Wo ist dein Schutz?‹ Sieh nun den Polizeirichter an, sieh den Staatsanwalt an.‹ Ich schaute hin, und es war nicht der Richter, den ich sah, es war Vasudeva, es war Narayana, der

> *dort auf der Bank saß. Ich blickte auf den Staatsanwalt, und es war nicht der Ankläger, den ich sah, es war Sri Krishna, der dort saß, es war mein Liebender und Freund, der dort saß und lächelte. ›Was fürchtest du denn nun?‹, sagte Er, ›Ich bin in allen Menschen und bestimme ihre Handlungen und Worte. Mein Schutz ist immer noch mit dir und du hast nichts zu fürchten …‹«*[85]

So sprach Aurobindo über sein Jahr im Gefängnis. Diese Rede in Uttarpara bezeichnete das Ende seiner politischen Laufbahn und den Beginn eines ungewöhnlichen Yogaweges.

Den Zeitgenossen schien es schwer gefallen zu sein, Aurobindo nicht zu bewundern. Aber keineswegs, weil er ein Mensch des machtvollen Eindrucks gewesen wäre. Er sah klar seine Aufgaben und erfüllte sie selbstvergessen. Aurobindo war von einem ruhigen, gedankentiefen Wesen, er sprach nichts Unnötiges. Aber er fand die aufrüttelnden Worte des Revolutionärs und die weisen des Philosophen. Die Aufzeichnungen seiner Schüler zeigen uns auch seinen treffsicheren Humor. Der Glanz der Gestalt des älteren Sri Aurobindo beeindruckte die seltenen Besucher, ob Staatsmann, Dichter oder Gelehrter, die er in seiner Abgeschiedenheit dann empfing. Obwohl er am liebsten aus dem Hintergrund wirkte, war er zur führenden Gestalt des indischen Freiheitskampfes vor Gandhi geworden. Später kannte man ihn als Meister des Yoga und als Philosophen. Man kann Sri Aurobindo als den größten indischen Philosophen seit Ramanuja im elften Jahrhundert betrachten. Mit ihm, dessen Lebenszeugnisse aufgrund von Nachforschungen seines Schülers und Biografen A. B. Purani, gesicherten historischen Daten und eigenen Äußerungen zahlreich und einigermaßen vollständig sind, trat die indische Spiritualität und Philosophie auf eine neue Stufe ihrer Entwicklung. Sie schlug endgültig die Brücke zwischen der Stille des inneren und der Dynamik des äußeren Lebens.

Die frühen Jahre

Am 15. August des Jahres 1872 wurde dem bengalischen Arzt Krishna Dhan Ghose und seiner Frau Svarnalata, der ältesten Tochter des berühmten Patrioten Rajnarayan Bose, in Kalkutta ein Sohn geboren, dem sie den Namen Aravinda (gesprochen als Aurobindo) gaben. Der Vater war ganz der westlichen Kultur ergeben und war, ungleich den Eltern vieler großer spiritueller Persönlichkeiten, ein Atheist. Der kleine Aurobindo lernte daher nicht Bengali, sondern Englisch, und sein Vater war entschlossen, seinen fünf Kindern (ein sechstes war früh gestorben) eine gediegene englische Erziehung zu verschaffen. Daher sandte er seine drei Söhne nach England, damit sie dort Schule und College besuchen konnten.

Schon damals lernte Aurobindo Latein und Französisch. Der Grundstein für sein Interesse an Literatur und Sprache wurde gelegt. Später, als er in London und dann in Cambridge studierte, sollte es Aurobindo in der Beherrschung der klassischen Sprachen und des Englischen zu großer Meisterschaft bringen. Sein ganzes Leben sollte er auf Englisch schreiben, anfangs vor allem Gedichte und kleinere epische Texte, viele Jahre später dann philosophische Werke, die sich auch durch ihre sprachliche Vollkommenheit auszeichnen. Aurobindo lernte ebenso Italienisch, Spanisch und ein wenig Deutsch.

Ein Stipendium ermöglichte ihm das Studium am King's College in Cambridge. Aurobindo sollte die aussichtsreiche und begehrte Laufbahn eines Beamten des Indian Civil Service einschlagen, wie sie der indisch-stämmigen Elite vorbehalten war. Nachdem er den ersten Teil der Prüfung hierzu bereits erfolgreich abgelegt hatte, erschien Aurobindo zweimal nicht zur unerlässlichen Reitprüfung, was seine I.C.S.-Karriere auch schon wieder beendete. Das war seine Absicht gewesen, wie er später bemerkte, und auf diese Weise hatte er die Aufnahme in den Beamtendienst nicht von sich aus zurückgewiesen und hatte dadurch seinen Vater nicht erbost.

Die Frage nach Aurobindos Karriere fand jedoch bald eine Antwort. Der Maharadscha von Baroda bot dem jungen Intellektuellen eine Anstellung in seinem Fürstentum an. Im Januar des Jahres 1893 schiffte sich Aurobindo daher auf der ›Carthage‹ nach Bombay ein. Doch sein Vater glaubte ihn auf dem Dampfer ›Roumania‹, der vor Lissabon sank. Der Schrecken über den vermeintlich umgekommenen Sohn überwältigte den Vater. Krishna Dhan Ghose erlag mit Aurobindos Namen auf den Lippen einem tragischen Herzanfall und sah seinen Sohn nicht wieder.

Aurobindo diente dem Maharadscha bis 1907 unter anderem als Französischlehrer und als Professor für Englisch am College des Fürsten. Er sprach niemals viel, am wenigsten über sich selber, und las und studierte, »als wäre die Aneignung von Wissen seine einzige Aufgabe im Leben«[86]. Schon damals machten seine geradezu unendliche Geduld und ein brillanter Verstand Eindruck auf die Menschen. »Er hatte etwas vom Mystiker an sich«, sagte ein Freund[87]; doch es schien, als bilde sich bloß ein Intellektueller und Schriftsteller mit politischen Neigungen heran, die sich bald erkennbar machen sollten.

Aus einer Reihe Fotos von in Frage Kommenden wählte Aurobindo die vierzehnjährige Mrinalini Bose aus und heiratete sie im Jahr 1901. Doch Mrinalini ging eine Ehe ein, die kaum jemals eine solche genannt werden konnte. Nur kurze Zeit lebte sie mit Aurobindo zusammen. Zuerst war es die Politik, und später dann beraubte der Yoga sie ihres Gatten, der offensichtlich nicht für die Rolle des Familienvaters geschaffen war. Als Aurobindo schon als Yogin in Südindien lebte, sollte Mrinalini 1918 in noch jungen Jahren der damals weltweit grassierenden, großen Grippeepidemie erliegen.

Langsam begann nun Aurobindos politisches Engagement hinter den Kulissen, das zuerst noch durch die Anstellung im Fürstentum von Baroda behindert wurde. Bald sammelte er auch erste Erfahrungen mit Yogatechniken, die er aber nicht um spiritueller Gewinne willen übte, sondern nur, um seiner Pflicht im Freiheitskampf besser nachkommen zu können. Denn »es war die Zeit von ›Heimatland zuerst, die Menschheit danach und der Rest nirgendwo‹«, wie Aurobindo später feststellte.

Führer des indischen Freiheitskampfes

Gemeinsam mit bengalischen Revolutionären, allen voran seinem jüngeren Bruder Barindra, der zu einer der maßgebenden Gestalten der neuen Bewegung heranwuchs, nahm Aurobindo den Kampf gegen die englischen Kolonialherren auf. Geheime Pläne wurden geschmiedet; einige besonders Radikale übten sich im Bauen von Bomben. Aurobindos Ansehen unter den Rebellen war bald so gewaltig geworden, dass er innerhalb kurzer Zeit als der Führer der Unabhängigkeitsbewegung in Bengalen, das damals die aktivste Rolle in den Freiheitsbestrebungen spielte, angesprochen werden konnte. Er war ein begnadeter Redner, und seine patriotischen Artikel entzündeten den Freiheitswillen und die Begeisterung einer ganzen Generation Indiens.

Im Juli 1905 kündigte die Kolonialregierung die Teilung Bengalens an, und ab diesem Zeitpunkt erhielt die radikale Unabhängigkeitsbewegung großen Zulauf. Das Signal für den Aufruhr in Indien war ergangen; nichts ahnend hatten die Engländer eine Lawine losgetreten. Kritik und vereinzelt offener Aufruhr brachte die notwendige Unruhe in das träge, unterworfene Indien. Aurobindo hatte schon den größten Teil des Jahres 1906 zum Zweck revolutionärer Tätigkeit in Bengalen verbracht; im Juli verließ er Baroda endgültig und wurde Direktor des National College in Kalkutta. Im August gründete er die Zeitung Bande Mataram.[88] Als eigentlicher Herausgeber der Zeitung wollte er aber verborgen bleiben, damit die Polizei nicht den führenden Kopf der Bewegung treffen könne. Bande Mataram verbreitete sich in großer Auflage bald über ganz Indien und wurde von den Engländern streng beobachtet. Doch die Artikel, insbesondere jene Sri Aurobindos, waren in einer Weise abgefasst, die zwar den Patriotismus und die Begeisterung der Inder für ihr Land und seine Freiheit anfachten, aber kaum rechtliche Handhabe zu einem Einschreiten der Polizei gab.

Die Zeitung stellte den Indern die Ideale von Boykott, dem Kauf indischer statt englischer Waren, indischer Erziehung statt englischem Schulsystem, passivem Widerstand und der Formung einer Parallelregierung vor Augen. Ebenso sollte Gewalt gegen Gewalt geübt und jede Ungerechtigkeit beantwortet werden. Sri Aurobindos Biograf A. B. Purani beschreibt eine charakteristische Stunde aus den Bande-Mataram-Tagen: »Sri Aurobindo sitzt in seinem Haus in der Scott's Lane. Shyam Sundar Chakravarty kommt und bittet um einen Leitartikel. Sri Aurobindo zieht ein Blatt alten Verpackungspapiers aus einem Stapel Papier auf seinem Tisch und beginnt an einem Ende zu schreiben. Er beendet den Artikel in fünfzehn Minuten - nichts durchgestrichen, keine Änderung, keine Unterbrechung auch nur für einen Augenblick! Am nächsten Tag facht dieser Artikel das Feuer des Patriotismus in ganz Indien an.«[89]

Nach einer Hausdurchsuchung wurde der Drucker von Bande Mataram in einem Aufsehen erregenden Prozess zu dreimonatiger Haft verurteilt. Sri Aurobindo wurde ebenfalls verhaftet, aber ging nach einigen Wochen Gefängnis frei, worauf Rabindranath Tagore Sri Aurobindo besucht und seine berühmte ›Hommage an Aurobindo‹ veröffentlicht. Der Bande-Mataram-Prozess warf Sri Aurobindo mit einem Mal in die Führerrolle der nationalistischen Bewegung in Indien. Er ließ den stillen, Nationalismus als Religion und die Befreiung Indiens als ein visionäres Heil betrachtenden Herausgeber der Zeitung zur gesamtindischen Kultfigur werden. Später schreibt Aurobindo selbst über seine politische Haltung und Vorgangsweise in jenen Jahren, wobei er von sich, wie oft, in der dritten Person spricht:

> *»Sri Aurobindo hat niemals mit seiner Meinung hintangehalten, eine Nation sei berechtigt, ihre Freiheit durch Gewalt zu erringen, wenn sie dazu in der Lage ist und wenn es keinen anderen Weg gibt. Ob sie so handeln soll oder nicht, hängt davon ab, was die effektivste Vorgehensweise ist, und nicht von ethischen Erwägungen.*
> *Sri Aurobindo trug niemals irgendwelche Bitterkeit oder Groll in seine Politik hinein. Er fühlte niemals Hass gegen England oder das englische Volk; er gründete seinen Anspruch auf Freiheit für Indien, auf das innewohnende Recht auf Freiheit, nicht auf irgendeinen Vorwurf von schlechter Regierungstätigkeit oder Unterdrückung. Wenn er Personen vehement angriff, war es wegen ihrer Ansichten oder politischen Handlungen und aus keinem anderen Motiv heraus.«*[90]

Die Anfänge des Yoga

Mit Billigung der Engländer war im Jahr 1885 der Indische Nationalkongress gegründet worden, eine Versammlung von Repräsentanten der oberen Schichten Indiens, die sich auf die Abfassung von Bittschriften an die Engländer und das Vorbringen von Reformvorschlägen beschränkte. Doch bald kam es zu Meinungsverschiedenheiten zwischen den anfangs noch die Mehrheit stellenden Gemäßigten im Nationalkongress und der wachsenden Zahl von Nationalisten und Radikalen, die nicht die

Verbesserung der Lebensbedingungen der Inder oder die Milderung harter Gesetze und Erlässe anstrebten, sondern Selbstbestimmung und Unabhängigkeit. Im Jahr 1907 endete in Surat ein schicksalhaftes Treffen des Kongresses in einer Stuhlschlacht und führte zu einer Abspaltung der Nationalisten von den Gemäßigten. Aurobindo war zu diesem Treffen unter dem Jubel unzähliger Menschen entlang der tausend Meilen Fahrt seines Zuges angereist. Und in Surat war es auch, wo er einen Schüler des vishnuitischen Heiligen Vishnu Bhaskar Lele kennen lernte, der auf Sri Aurobindos Bitte hin seinen Meister nach Baroda sandte. Dort hielt sich Sri Aurobindo nach den Tumulten der Kongressversammlung auf. Sobald er die Nachricht erhalten hatte, nach Baroda zu kommen, erzählte Vishnu Bhaskar Lele später, habe er intuitiv seine Aufgabe erkannt, einer großen Seele Initiation zu geben. Lele wollte also Sri Aurobindo in den Yoga initiieren und ihm spirituell zur Seite stehen, jedoch nur unter der Bedingung, dass dieser seine politischen Aktivitäten in der Zwischenzeit ruhen lasse. Sri Aurobindo willigte ein. Daraufhin verbrachte er drei Tage mit Lele in einem kleinen Zimmer im Haus eines Freundes. Er wurde angewiesen, seinen Verstand in vollkommene Stille zu bringen. Die Begegnung mit Lele beschrieb Sri Aurobindo folgendermaßen:

> *»›Setz dich hin zur Meditation‹, befahl Lele, ›aber denke an nichts, schau nur auf deinen Verstand; du wirst sehen, dass Gedanken in ihn hineinkommen. Bevor sie hineinkommen können, wirf sie von dir weg, bis dein Kopf zu völliger Stille fähig ist.‹ Ich hatte niemals zuvor davon gehört, dass Gedanken sichtbar in den Verstand von außen eindringen, aber ich stellte die Wahrheit oder die Möglichkeit nicht in Frage, setzte mich einfach hin und tat es. In einem Augenblick wurde mein Verstand still wie windstille Luft auf einem hohen Berggipfel; und dann sah ich einen Gedanken, und darauf einen anderen in einer sehr konkreten Weise von außen herankommen. Ich schleuderte sie*

> *von mir, bevor sie eindringen und vom Gehirn Besitz ergreifen konnten, und nach drei Tagen war ich frei …*
> *Ich wurde keines reinen ›Ichs‹ bewusst, auch nicht eines Selbst, ob unpersönlich oder nicht, es gab nur das reine Gewahrsein von Dem als der einzigen Wirklichkeit, alles andere war ziemlich substanzlos, leer, unwirklich … Auch war ich keiner niedrigeren Seele oder eines äußeren Selbst bewusst, das auf diesen oder jenen Namen hörte und das die große Leistung vollbrachte, das Bewusstsein des Nirvana zu erreichen.«*[91]

Sri Aurobindo hatte in drei Tagen die Auslöschung der mentalen Funktionen und der mit ihnen kommenden Bindungen und Illusionen vollzogen, die man Nirvana nennt. Doch sein Meister Lele war gar nicht glücklich darüber, denn ihm, dem Bhakta und Verehrer des persönlichen Gottes war die Erfahrung des Unendlichen und Unpersönlichen im nirvanischen Bewusstsein nichts Wünschenswertes! Einige Wochen später, als sich Sri Aurobindo in Begleitung Leles auf einer Vortragsreise befand, gewann seine innere Erfahrung an Kraft. Die bloße nirvanische Leere wandelte sich zur Erfahrung des stillen Brahman-Bewusstseins, die Welt versank als leere Illusion:

> *»Als ich in Bombay war, sah ich vom Balkon des Hauses eines Freundes die ganze umtriebige Geschäftigkeit der Stadt als ein Bild in einer Kinovorführung, alles unwirklich und schattenhaft. Seitdem habe ich diese Ausgeglichenheit des Gemüts beibehalten - ich habe sie auch inmitten von Schwierigkeiten niemals verloren.«*[92]

Als Sri Aurobindo erneut die Einladung erhielt, vor einer Versammlung zu sprechen, wusste er nicht, wie er denn noch eine Rede halten sollte, wo sein Bewusstsein im Unendlichen flog und ihm der Körper als bloße äußere, irreale Hülle erschien. Doch Lele hieß ihn zu beten. Aber das war ihm in diesem Zustand nicht möglich. So versprach Lele, mit einigen Freunden für ihn zu beten; Aurobindo solle einfach vor die Versammlung treten, sich vor der Zuhörerschaft als der verkörperten Gottheit (Narayana) verneigen und dann würde eine Stimme durch ihn reden. So geschah es. Von diesem Tag an, erzählte Sri Aurobindo, habe alle Handlung und Rede in ihm aus diesem Bewusstsein des Unendlichen heraus stattgefunden. »So hatte Sri Aurobindo,« sagt sein Biograf, »den Schlüssel nicht nur zur praktischen Anwendbarkeit des Yoga, sondern ebenso zu seiner Dynamik gefunden. Der Sadhana (spiritueller Disziplin und Übung), die zu Passivität oder Inaktivität führt, wurde das wichtige Element göttlicher Dynamik hinzugefügt ... Die Grundlage seines Ideals eines göttlichen Lebens als ein Ergebnis der vollständigen Umwandlung der menschlichen Natur war von der soliden Erfahrung abgeleitet, die inmitten stürmischer politischer Aktivität gewonnen wurde.«[93]

Von Alipur nach Pondicherry

Am 30. April 1908 tötete eine Bombe irrtümlich zwei englische Damen, die in der Kutsche des verhassten Bezirksrichters Kingsford fuhren, dem diese gegolten hatte. Schon am nächsten Tag wurden viele Revolutionäre verhaftet, am Morgen darauf auch Sri Aurobindo. So begann Sri Aurobindos Jahr im Gefängnis von Alipur, dessen einsame Mauern Zeugen einer tiefen spirituellen Veränderung sein sollten.

Im Herbst desselben Jahres wurde der bis dahin größte Prozess Britisch-Indiens eröffnet, der unter dem Namen ›Verschwörungsprozess von Alipur‹ bekannt wurde. Unter den 42 Angeklagten war auch Sri Aurobindo, der meist teilnahmslos und in Meditation versunken im Gerichtssaal saß. Am 6. Mai 1909, ein Jahr später, wurde das Urteil verkündet. Einige der Angeklagten wurden in die gefürchteten Arbeitslager auf den ›Hölleninseln‹, den Andamanen, gebracht, andere zum Tode durch den Strang verurteilt, die restlichen, Sri Aurobindo unter ihnen, gingen mangels an Beweisen frei. Man hatte nichts unversucht gelassen, Sri Aurobindo mit legalen Mitteln dauerhaft von der politischen Tätigkeit fern zu halten, man zog für »den gefährlichsten Mann Indiens« schon eine Deportation ohne Prozess in Betracht, aber dieser schien die Gnade Gottes auf seiner Seite zu haben: Da war der später als großer Patriot bekannte Chitta Ranjan Das, der Sri Aurobindos Verteidigung übernahm und ein gesamtes Jahr Arbeit, einschließlich vieler Nächte, auf sie verwandte. Und da saß der Richter Beachcroft der Verhandlung vor, der mit Sri Aurobindo in Cambridge studiert hatte!

Im Gefängnis nun, wo alle Angeklagten zuerst in einem großen Saal zusammenleben konnten, der sechsunddreißigjährige Aurobindo mit Revolutionären, die meist unter zwanzig waren, begann sich Sri Aurobindos Sicht seines Lebens grundlegend zu wandeln. Hatte er zu Beginn seines Yoga angestrebt, für seine Aufgabe der Befreiung Indiens Gottes Hilfe zu erlangen, so ahnte er jetzt, dass Gott anderes durch ihn zu tun beabsichtigte.

Bald wurde Sri Aurobindo in eine enge Einzelzelle verlegt. In der Einzelhaft meditierte Sri Aurobindo, las die Upanishaden und die Bhagavadgita. Die Stimme Swami Vivekanandas unterwies ihn zwei Wochen lang auf einem speziellen Gebiet des Yoga. Doch dann führte ihn Vasudeva, die persönliche Gottheit in der Form von Krishna, mit eigener, spürbarer Hand. Eine große Wandlung vollzog sich in ihm. Und als er das Gefängnis verließ, tat er dies auch in einem öffentlichen Auftritt, der berühmten Rede von Uttarpara kund, aus der wir bereits eingangs zitiert haben.

Die politische Situation hatte sich grundlegend geändert, als Sri Aurobindo im Mai 1909 das Gefängnis verließ. Alle führenden Nationalisten saßen entweder in Haft oder lebten im Exil. Die Menschen hatten alle Hoffnung auf Freiheit wieder verloren. Daher beschloss er, den Kampf alleine fortzuführen. Aber wo zuvor Tausende auf den Straßen Kalkuttas drängten, versammelten sich jetzt gerade ein paar hundert. Sri Aurobindo begann daher, die nationalistischen Zeitschriften Dharma und Karmayogin herauszugeben und war bemüht, die politische Einheit von Gemäßigten und Nationalisten im bengalischen Teil der Kongresspartei aufrechtzuerhalten. Die Situation in Bengalen war angespannt; Sri Aurobindos neuerliche Verhaftung wurde allseits befürchtet. Eines Abends im Februar 1910 saß Sri Aurobindo in seinem Büro, als er plötzlich eine Stimme vernahm, die ihm befahl, nach Chandernagore zu fliehen, einem Teil Französisch-Indiens, der unweit Kalkuttas lag. Wenige Minuten später saß er in einem Boot auf dem Ganges, das ihn nach Chandernagore übersetzte. Die Irin Nivedita, die bekannte Schülerin Swami Vivekanandas, welche inzwischen ebenfalls an der Unabhängigkeitsbewegung teilhatte, hatte er noch bitten können, die Zeitschrift Karmayogin weiterzuführen.

Die Regierung versuchte indes, ihn mit falschen Briefen an seine Adresse in Kalkutta aus seinem Versteck zu locken. Doch Sri Aurobindo erhielt den neuerlichen inneren Befehl, Chandernagore Richtung Pondicherry, einem anderen französischen Teil Indiens im Süden zu verlassen. Nur eine Hand voll Helfer wusste von Sri Aurobindos geheimer Abfahrt auf dem Schiff Dupleix, mit dem Ziel Pondicherry, der Stadt seines Yoga, dem Ort, den er niemals mehr verlassen würde.[94]

In Pondicherry 1910-1926

Sri Aurobindo betrat südindischen Boden in Pondicherry, der kleinen Stadt inmitten des Tamilenlandes, die allein durch ihn berühmt werden sollte, am 4. April des Jahres 1910. Pondicherry, damals mehr Dorf als Stadt, leblos und unscheinbar, wendet sich mit einer mächtigen, kolonialen Strandpromenade dem Meer zu, das die Stadt in Mondnächten silbern zu überfluten scheint. Es ist heute eine stille Oase im ruhelosen Indien, umgeben von Palmyrapalmen und trockenem Land. Mit seiner Flucht begann Sri Aurobindo die Prophezeiung eines südindischen Yogin zu erfüllen, ein Yogin aus dem Norden (Uttarayogi) würde im Süden Schutz suchen und einen Purnayoga (einen integralen Yoga) lehren.

Wenig später gab Sri Aurobindo sein Ausscheiden aus der Politik offiziell bekannt. Doch die Engländer schenkten dem keinen Glauben; sie sandten zuerst Agenten, von denen einer bis zu seiner Entlarvung sogar als Koch in Sri Aurobindos Haushalt angestellt war. Dann entschloss man sich, anders vorzugehen. Mit verschiedenen Mitteln versuchte man Sri Aurobindo auf englisches Territorium zu locken - die Einladung des Gouverneurs von Bengalen, das versprochene Haus in den kühlen Bergen von Darjeeling, ein Wagen, der am Bahnhof wartete und eine überaus freundliche Einladung, doch mitzukommen ... Schließlich ließ man alle Masken fallen und ersuchte die französische Regierung offiziell um die Auslieferung Sri Aurobindos, die jedoch abgelehnt wurde. Erst 1937 (!) stellte man alle Versuche ein, des ehemaligen Revolutionärs habhaft zu werden.

Zu Beginn lebten Sri Aurobindo und seine vier Gefährten, die nun zu seinen ersten Schülern im Yoga wurden, unter großen Entbehrungen. Sie waren auf gelegentliche Geldsendungen alter Freunde angewiesen. Im Lauf der Jahre wurden verschiedene Häuser bezogen, bis man 1927 das Haus Nr. 28 in der Rue François Martin kaufte, welches bis heute das Zentrum des größten indischen Ashram[95], des Sri Aurobindo Ashram in Pondicherry, blieb. Sri Aurobindo hatte anfangs noch die Absicht gehabt, auf das äußere Feld seiner Arbeit zurückzukehren, nachdem eine gewisse Festigung in seinem Yoga eingetreten wäre. Noch 1918 warteten viele auf seine Rückkehr nach Britisch-Indien und auf die Wiederaufnahme der politischen Tätigkeit, sodass der französische Politiker und Philosoph Paul Richard Sri Aurobindo in ebendiesem Jahr noch als den zukünftigen Führer Asiens bezeichnen konnte. Sri Aurobindo selber sprach noch 1922 von seiner Rückkehr ins öffentliche Leben.

Paul Richard hatte Sri Aurobindo schon 1910 in Pondicherry zum ersten Mal getroffen, und er war es, der 1914 gemeinsam mit dem letzteren die philosophische Zeitschrift Arya gründete. Doch Richard wurde vom Ersten Weltkrieg nach Europa gezogen. Und Sri Aurobindo sah sich nun gezwungen, jeden Monat vierundsechzig Seiten Philosophie zu schreiben, was sich für ihn, den Dichter und Politiker, anfangs als ungewohnt und schwierig erwies. Doch die wichtigsten seiner Werke verdanken wir, zumindest in ihrer ersten Fassung, dem Arya, der bis 1921 regelmäßig erscheinen sollte.

Sri Aurobindo veröffentlichte in dieser Zeitschrift sein schon damals vielbeachtetes, tausendseitiges Hauptwerk »Das Göttliche Leben« (The Life Divine). Ebenso erschienen im Arya »Die Synthese des Yoga«, eine umfangreiche Beschreibung des neuen, mehrere Methoden zusammenfassenden Integralen Yogas Sri Aurobindos, und die »Essays über die Gita«, ein umfangreicher Kommentar zur Bhagavadgita, der als der wichtigste moderne Kommentar zur Gita gilt. Im Arya erschienen die Bücher »Das Ideal einer geeinten Menschheit«, eine politische Analyse der Möglichkeiten einer Einheit der Nationen, die »Hymnen an das Mystische Feuer«, neue Übersetzungen von vedischen Hymnen, ebenso »Der Zyklus der menschlichen Entwicklung« (The Human Cycle), ein kultur- und geschichtsphilosophisches Werk von visionärem Inhalt, und eine völlig neue, mit alten Traditionen brechende Sicht der Reinkarnation: »Das Problem der Wiedergeburt«. Weiter schuf er zu Zeiten des Arya eine bahnbrechende Neuinterpretation der Wurzel der indischen Kultur, des Rigveda, den er als eine Sammlung von Hymnen psychologisch-spirituellen Inhalts betrachtete, deren Verse in Symbolen verschlüsselt wären und vom inneren Fortschreiten des Menschen handelten: »Das Geheimnis des Veda«; er schrieb auch das Werk »Die Grundlagen der Indischen Kultur«, in welchem er seine Sicht der Hintergründe und Prinzipien indischer Religion, Philosophie und Kunst darlegt. Noch zu Lebzeiten Sri Aurobindos wurden die meisten dieser Artikelserien auch in Buchform publiziert. Zu seinen Hauptwerken kam später nur mehr das Versepos »Savitri« hinzu, sowie die umfangreichen Sammlungen der Briefe an seine Schüler.[96]

Aber seine philosophischen und historischen Werke waren für Sri Aurobindo nicht seine eigentliche Mission, sie waren nur deren intellektueller Teil. Auch war seine Philosophie, vor allem in »The Life Divine«, nicht der wahre Ausdruck seiner Gedanken, denn spirituelle Erkenntnis lässt sich schließlich nicht gänzlich in Worte fassen und schon gar nicht logisch aufbereiten. »The Life Divine« war bloß für den modernen Intellekt geschrieben, um diesem den Zugang zur Spiritualität zu erleichtern. Und es legte in philosophischer Sprache Sri Aurobindos neue Lehre einer weltzugewandten Spiritualität dar. Das Buch war daher nicht *vom* Verstand aus geschrieben, sondern *für* ihn.[97]

In den Jahren, die bis zur Bildung des eigentlichen Ashram vergingen, waren einige wenige Schüler um Sri Aurobindo versammelt, deren Zahl sich nur sehr langsam vergrößerte. Der Umgang mit dem Meister war sehr offen und beinahe freundschaftlich, waren doch einige der ersten Schüler seine Mitstreiter in der Freiheitsbewegung gewesen. Man kam abends auf der Veranda von Sri Aurobindos Haus zusammen und sprach über politische, kulturelle und spirituelle Themen oder über die neuesten Zeitungsberichte.

Sri Aurobindo verbrachte viel Zeit in Meditation und erklomm die Höhen des inneren Bewusstseins. Er mühte sich in jedem Atemzug um spirituelle Errungenschaft. Er strahlte einen weiten Frieden aus und seine Gestalt faszinierte Schüler und Besucher. Bald machte Sri Aurobindo die große Entdeckung seines Yoga, »nach zehn Jahren Sadhana«, wie er betonte. Ein ›Wahrheitsbewusstsein‹, wie er es nannte, das weit jenseits der höchsten Flüge unseres mentalen Bewusstseins regiere, auch weit jenseits unseres spirituell-mentalen Erfahrens, senkte sich auf ihn herab. Diese neue Bewusstseinsstufe war im traditionellen Yoga unbekannt gewesen. Es ließ ihn in der Folge erkennen, dass zuerst die Erlangung jenes Bewusstseins (des ›Supramentalen‹ oder des ›Supermind‹), dann dessen Herabkunft, und mit dieser einhergehend die Transformation der gesamten menschlichen Natur den nächsten großen Schritt in der Evolution des Menschen bilde. Im Arya legte er bereits minutiös alle wesentlichen Teile dieser Lehre der staunenden philosophischen und spirituellen Welt vor.

Der Meister strebte zu jener Zeit mit aller Kraft danach, sein Bewusstsein in die verschiedenen Ebenen des Supramentalen zu erheben und ein verbindendes Glied zwischen diesem und dem normalen mentalen Geist zu entdecken - die Welt der großen kosmischen Wesen und Götter (wie Vishnu, Shiva und Krishna). Diese Verbindungsstufe nannte er dann ›Overmind‹, das ›Übermentale‹, wenn man es so übersetzen möchte. Sri Aurobindo mühte sich vor allem um etwas, was im traditionellen Yoga bis dahin ebenso wenig, oder bloß ansatzweise, unternommen worden war - um die Herabkunft des höheren Bewusstseins in die äußere menschliche Natur. »Die Leute außerhalb des Ashram«, schreibt sein Biograf über Sri Aurobindos Yoga in dieser Zeit, »hatten schon Zweifel an irgendeinem ›praktischen‹ Ergebnis seiner ausgedehnten Anstrengungen. Sogar jene, die hohe Hoffnungen auf seine spirituellen Bemühungen gesetzt hatten und seine aufrichtigen Bewunderer waren, zeigten erste Anzeichen von Enttäuschung. Manche pflegten gar ... den närrischen Glauben, Sri Aurobindo hätte seinen Weg in den öden Regionen des Absoluten, des Para Brahman, verloren oder sich irgendwo in den unerforschlichen Windungen des Unendlichen verfangen! ... Tage, Monate und Jahre vergingen, aber Sri Aurobindo schien nicht in Eile zu sein, sein Werk zu beginnen. Er bereitete die ganze Zeit über die Möglichkeit der Herabkunft der Höheren Macht vor. Der Widerstand der Mächte der Unwissenheit gegen einen solchen Versuch ist natürlich besonders stark. In einem Gespräch sagte er, er wäre mit der gewaltigen Aufgabe beschäftigt, die Zellen des Körpers dem Göttlichen Licht zu öffnen und der Widerstand der Unwissenheit wäre ungeheuerlich ...

Doch ganz und gar nicht seinen Weg im Absoluten verlierend, sah er seinen Weg jeden Tag klarer vor Augen und fühlte immer stärker die Unvermeidlichkeit der Herabkunft als eine natürliche Krönung der Evolution auf der Erde ... Einige Male zu Beginn des Novembermonats 1926 wandten sich die Abendgespräche der Möglichkeit der Herabkunft des Göttlichen Bewusstseins und deren Ablauf zu. Deswegen hegten einige Schüler die Vermutung, solch eine Herabkunft stehe kurz bevor. Es gab die Möglichkeit der Herabkunft der Götter ...« (Purani, 212-215).

Eine entscheidende Wende in Sri Aurobindos Leben bezeichnete dann der Tag der ›Siddhi‹, der Tag, an dem er die Verwirklichung Gottes erlangte. Man schrieb den 24. November 1926. Die Schüler (24 waren anwesend) wurden bei Anbruch der Dunkelheit in das Haus des Meisters gerufen: »Auf der Veranda hing an der Wand, hinter Sri Aurobindos Stuhl ein schwarzer Seidenvorhang mit einer Goldeinlegearbeit von drei chinesischen Drachen. Die drei Drachen waren so dargestellt, dass der Schwanz des einen zum Maul des anderen reichte ... Später erfuhren wir, in China gebe es die Prophezeiung, die Wahrheit würde sich auf der Erde manifestieren, wenn die drei Drachen zusammenträfen ...«[98] Die Schüler meditierten, bis Sri Aurobindo in seinem majestätischen Schritt zu ihnen trat. Viele sahen Kaskaden von Licht von oben herabstürzen. Sie wussten alle: Der Meister hat einen besonderen Sieg errungen. Jeder konnte die Heiligkeit der Stunde fühlen.

Gemäß Sri Aurobindos eigenen Worten hatte sich an jenem Tag das Göttliche Bewusstsein in der Form von Krishna in ihn herabgesenkt und war mit ihm eins geworden. Der Meister zog sich ab diesem Tag immer mehr zurück. Bald brach er den äußeren Kontakt mit seinen Schülern und den gelegentlichen Besuchern ganz ab. Das wäre für seine innere Arbeit, wie er stets betonte, eine unbedingte Notwendigkeit. Das neue Haus, das bald darauf bezogen wurde, sollte er niemals mehr verlassen.

Die Mutter

Als Paul Richard im Jahr 1914 Pondicherry und Sri Aurobindo erneut besucht und mit ihm den Arya gegründet hatte, war auch seine außergewöhnliche Frau mitgekommen: Mira Alfassa. Ab 1920 sollte sie für immer in Pondicherry bleiben, im Gegensatz zu ihrem Mann. Die damals siebenunddreißigjährige Mira entstammte einer angesehenen französischen Familie türkisch-arabischer Herkunft und war bereits tief in die Geheimnisse des westlichen Okkultismus vorgedrungen; ihre spirituelle Entwicklung beeindruckte selbst Sri Aurobindo. Anfangs besuchte sie den Meister und seine Schüler täglich, doch bald schon wohnte sie mit ihnen im selben Haus und übernahm alle organisatorische Arbeit. Im Jahr 1920 schrieb sie: »Zwischen meinem elften und dreizehnten Lebensjahr offenbarten mir eine Reihe von psychischen und spirituellen Erfahrungen nicht nur die Existenz Gottes, sondern ebenso die Möglichkeit des Menschen, sich mit Ihm zu vereinen, Ihn vollständig im Bewusstsein und im Handeln zu verwirklichen, Ihn auf der Erde in einem göttlichen Leben zu manifestieren ...

Und obwohl ich damals wenig von den indischen Philosophien und Religionen wusste, kam ich dahin, (das mich von innen her führende Wesen) Krishna zu nennen, und von da an wusste ich, dass es mit ihm war, dass das göttliche Werk getan werden sollte ...

Sobald ich Sri Aurobindo sah, erkannte ich in ihm das wohl bekannte Wesen, das ich Krishna zu nennen pflegte ... Und das genügt als Erklärung, weswegen ich fest davon überzeugt bin, dass mein Platz und meine Arbeit bei ihm, in Indien, sind.«[99] Am 30. 3. 1914 schrieb Mira in ihr Tagebuch: »Es macht nichts, wenn auch tausende im dichtesten unwissen versunken sind - Er, den wir gestern gesehen haben, ist auf erden; seine gegenwart ist beweis genug, dass ein tag kommt, wo das dunkel in licht verwandelt ...wird.«[100]

Sri Aurobindo betrachtete Mira bald als die Verkörperung der göttlichen Shakti und Mutter. Ab dem 24. November 1926 übernahm Mira, die daher jetzt Die Mutter genannt wurde, immer mehr die Führung der Gemeinschaft, zum Teil auch deren spirituelle. Sri Aurobindo stand als der Meister im Hintergrund, sie war die ausführende Kraft.

Sogleich begann die Mutter die Gemeinschaft der Schüler zu ordnen; rasch wuchs ihre Zahl, sodass diese Ordnung auch unbedingt notwendig wurde. Finanzielle Mittel mussten beschafft werden, später wurden die mannigfachen Aktivitäten des Sri Aurobindo Ashram initiiert, alles unter der überaus fähigen Hand der Mutter. Sie machte aus der kleinen Gemeinschaft einer Hand voll Schüler den größten, bedeutendsten und betriebsamsten Ashram Indiens, in dem auch heute nicht nur meditiert, sondern ebenso Handwerke ausgeübt, verschiedene Produkte erzeugt, Bücher geschrieben und gedruckt, Schüler und Studenten gelehrt, Felder bebaut, Reisen organisiert und viele Sportarten betrieben werden.

Die Mutter war bald auch außerhalb des Ashram eine anerkannte spirituelle Persönlichkeit geworden - eine große Leistung für eine Nichtinderin - und viele kamen auch um ihres Segens willen nach Pondicherry. Nachdem Sri Aurobindo 1950 verschieden war, führte sie den Ashram weiter, bis sie dem Meister im Jahr 1973 folgte. Sri Aurobindo hatte seine Schüler wiederholt darauf hingewiesen, dass die Mutter und er im inneren Bewusstsein völlig eins seien, wie zwei Aspekte einer Wirklichkeit.

Erfahrungen und Schwierigkeiten

»Vier Jahre innerer Mühe hat es mich gekostet, um einen wirklichen Weg zu finden, obwohl die göttliche Hilfe stets bei mir war, und sogar dann schien alles nur durch Zufall zu kommen; und es nahm weitere zehn Jahre intensiven Yogas unter einer höchsten Führung in Anspruch, es zu erforschen. Und all das, weil ich meine Vergangenheit und die Vergangenheit der Welt assimilieren und überwinden musste, bevor ich die Zukunft finden und begründen konnte.«[101]

Das war die große Aufgabe, die Sri Aurobindo vor sich sah und welcher er sich ab dem Jahr 1927 in der selbstgewählten, völligen Abgeschiedenheit widmete. Er ging weit über die Ziele traditioneller Yogawege hinaus und versuchte den so gefundenen Weg für andere nach ihm gangbar zu machen:

»Ich habe diese Methode (eines neuen Yoga) … in den alten Yogas nicht beschrieben oder erkannt gefunden. Wäre das der Fall gewesen, warum dann hätte ich meine Zeit verschwenden sollen, in dreißig Jahren innerer Suche und inneren Schaffens, um eine

neue Straße auszuhauen, wenn ich sicher zu meinem Ziel hätte nach Hause eilen können, in leichtem Galopp über Wege, die schon ausgesteckt, befestigt, vollständig kartographiert und geschottert, die sicher und der Öffentlichkeit zugänglich gemacht sind. Unser Yoga ist kein Betreten alter Fußwege, sondern ein spirituelles Abenteuer.«[102]

»Nicht um persönlicher Größe willen versuche ich das Supramentale herabzubringen. Ich mache mir nichts aus Größe oder Unbedeutendheit im menschlichen Sinne. Ich versuche, ein Prinzip innerer Wahrheit, von Licht, Harmonie und Frieden in das Erdbewusstsein zu bringen; ich sehe es ober mir und weiß, was es ist - ich fühle es stets von oben auf meinen Geist herabscheinen und versuche, es ihm möglich zu machen, das ganze Wesen in seine ihm eigene Kraft hinaufzunehmen, anstatt die Natur des Menschen in halbem Licht und halber Finsternis zu belassen. Ich glaube, die Herabkunft dieser Wahrheit, die den Weg zu einer Entwicklung des göttlichen Bewusstseins hier öffnet, sei der letztendliche Zweck der Erdevolution. Wenn größere Menschen als ich nicht diese Vision und dieses Ideal vor sich gehabt haben, ist das kein Grund, warum ich meinem Wahrheitssinn und meiner Wahrheitsschau nicht folgen sollte. Wenn die menschliche Vernunft mich als einen Narr ansieht, weil ich versuche, was Krishna nicht versucht hat, berührt mich das nicht im Mindesten. Es geht bei der ganzen Sache nicht um X oder Y oder irgendjemanden. Es geht um etwas zwischen dem Göttlichen und mir - ob es der Göttliche Wille ist oder nicht, ob ich gesandt bin, es herabzubringen oder den Weg für seine Herabkunft zu öffnen, oder zumindest diese möglicher zu machen oder nicht. Lass alle Menschen mich verhöhnen, wenn sie so wollen, oder lass die ganze Hölle wegen meiner Anmaßung auf mich herabfallen, wenn sie möchte - ich gehe weiter bis ich siegreich bin oder umkomme. Das ist der Geist, in welchem ich das Supramentale suche, kein Jagen nach Größe für mich oder andere.«[103]

In Abgeschiedenheit 1926-1950

Ab 1927 konnten Sri Aurobindos Schüler, von denen es 1933 immerhin schon 150 gab[104], dem Meister jedes Jahr nur einige Male - beim so genannten Darshan[105] - für wenige Augenblicke persönlich gegenüberstehen. Sie waren ganz auf die wichtigere und wirkungsvollere innere Führung sowie auf jene der Mutter angewiesen. Die Darshan-Tage waren die Geburtstage der Mutter und Sri Aurobindos, der 21. Februar und der 15. August, sowie der Tag der Siddhi, der 24. November. Später wurde diesen noch der 24. April hinzugefügt. Bis heute sind sie besondere Tage im Ashram geblieben.

Bald jedoch begann Sri Aurobindo, Fragen der Schüler schriftlich zu beantworten, bis ihn diese Korrespondenz die ganze Nacht und einen »Großteil des Tages«, wie er sagte, forderte. Sri Aurobindo betrachtete diesen Briefwechsel aber als einen wichtigen und praktikablen Weg, mit den Schülern in Verbindung zu stehen. Jene langen Tage und Nächte bescherten uns die unsterblichen »Letters on Yoga«, die in Buchform veröffentlicht worden sind und, ohne vollständig zu sein, bald zweitausend Seiten umfassen. Die Briefe nähern sich Sri Aurobindos Lehre und Yoga meist von recht lebenspraktischer Seite.

In der Nacht zum November-Darshan von 1938, an dem Tausende Besucher und Schüler an Sri Aurobindo und der Mutter vorbeiziehen und ihren Segen erhalten wollten, geschah ein Unfall. Sri Aurobindo zog sich einen komplizierten Bruch an einem Bein zu, was einer Hand voll Schüler Gelegenheit gab, ihm medizinischen Beistand zu leisten. So kam es, dass einige Ashrammitglieder zwölf Jahre lang die Tage und oft auch, indem sie zu Füßen des Meisters schliefen oder wachten, die Nächte in Sri Aurobindos Zimmer verbrachten. Dabei ergaben sich überaus interessante Konversationen, die später teilweise veröffentlicht wurden.

Sri Aurobindo vollendete damals sein Epos »Savitri«. Eigentlich sei es ein jahrzehntelanges, ständiges Neuschreiben, ein immer wieder Neuverfassen von einer stets höheren Bewusstseinsebene aus gewesen, erklärte der Meister. »Savitri« ist ein in englischem Blankvers verfasstes Epos von über 700 Seiten, das um die alte indische Legende von Savitri komponiert ist, die ihren Gatten Satyavan aus der Hand des Todes befreit. Für Sri Aurobindo war Savitri aber nicht nur eine Legende, sondern ein Symbol für den spirituellen Sieg über Unwissenheit und Tod. Dieses Epos bot ihm auch die Gelegenheit zur Beschreibung spiritueller Lehren, innerer Erfahrungen, höherer und niederer Welten, aber diesmal mit den Mitteln der Literatur. »Savitri« wurde so zum umfassenden, großen Werk, das in überragender Sprache und detailliert beschreibt, was für den Yogin Wirklichkeit ist. Es ist voll von Erkenntnissen, die zuvor kaum jemals ausgesprochen worden sind.

Doch noch einer weiteren wichtigen Beschäftigung des Meisters wurden die Schüler gewahr: Wie aus manchen seiner Aussagen hervorgeht, und hier sprechen wir nur von den veröffentlichten, warf Sri Aurobindo seine ganze innere Macht, alle seine yogischen Kräfte gegen den deutschen Anspruch auf Weltherrschaft im Zweiten Weltkrieg. Er sprach über sich selber: »Innerlich stellte er von Dünkirchen an (Mai 1940) seine ganze spirituelle Kraft hinter die Alliierten, als jeder den unmittelbar bevorstehenden Fall Englands und den entscheidenden Triumph Hitlers erwartete. Und er sah zufrieden, dass der Ansturm deutschen Sieges augenblicklich beinahe zum Stillstand kam und sich das Blatt zu wenden begann.«[106]

Im Gegensatz zu den meisten Indern, denen die Nazis mehr oder weniger willkommen waren, denn immerhin waren sie der Feind ihres schlimmsten Feindes, der Briten, erkannte Sri Aurobindo sofort die drohende Gefahr: »Er sah«, sagte er selber, »dass hinter Hitler und den Nazis dunkle asurische (dämonische) Kräfte standen, und dass ihr Erfolg die Versklavung der Menschheit unter der Tyrannei des Bösen bedeuten würde, dass er einen Rückschlag für die Evolution und besonders für die spirituelle Evolution der Menschheit darstellen würde: er würde nicht nur zur Versklavung Europas führen, sondern ebenso Asiens, und in ihm Indiens, einer viel schrecklicheren Versklavung, als dieses Land sie je erlitten hat ...«[107]

Deshalb sprach Sri Aurobindo, der einmal der schlimmste Feind des Britischen Imperiums gewesen war, den Engländern offiziell seine vollste Unterstützung aus, spendete in den Kriegsfonds und setzte wieder einmal alle in Erstaunen, Briten wie Inder. England war für Sri Aurobindo geradezu die Krönung von Zivilisation und Rechtsstaatlichkeit, von Fortschritt und Menschenwürde, trotz aller groben Fehler, die es in Indien begangen hatte; auch im Vergleich zu den dunklen Schrecknissen der drohenden Naziherrschaft über die Welt, die mit dem Fall Englands wohl schwer abzuwenden gewesen wäre.

Am 15. August 1947 konnte Sri Aurobindo zuletzt noch die Freiheit Indiens feiern, an seinem eigenen fünfundsiebzigsten Geburtstag. So sah er alle seine Träume, die er mit seiner inneren Kraft unterstützt hatte, entweder verwirklicht oder im Begriff, verwirklicht zu werden, wie er in einem öffentlichen Schreiben 1947 kundtat: Indiens Freiheit, das sich erhebende Asien, eine Art Welteinheit (die UNO), die verstärkte Ausbreitung indischer Spiritualität in den Westen hinein und, als letztes, der neue Schritt in der Evolution des Menschen, den er an sich selber und in seinen Schülern zu vollziehen versuchte. Ein wenig klang es schon wie die Bilanz eines ereignisreichen Lebens. Doch dieses Leben war meist in den unergründlichen Tiefen des Bewusstseins des Yogin geführt worden: »...Weder du noch irgendjemand anders weiß auch nur irgendetwas über mein Leben. Es war nicht an der Oberfläche, sichtbar für die Menschen«, schrieb er einem Schüler.[108]

Im Alter von 78 Jahren, nach einer kurzen und ungefährlich erscheinenden Krankheit, verließ Sri Aurobindo überraschend seine physische Hülle. Man schrieb den 5. Dezember 1950. Nach Aussage der Mutter hätten Hindernisse bei der inneren Arbeit dies notwendig gemacht. Sri Aurobindos Leichnam zeigte zunächst keinerlei Spuren des Zerfalls, weshalb man ihn erst nach vier Tagen beisetzte: eine sehr lange Zeit im subtropischen Indien, indem jeder Leichnam noch am Todestag verbrannt wird. So hatten viele Tausend Menschen, die aus ganz Indien anreisten, Gelegenheit zum ›heiligen Anblick‹, dem allerletzten Darshan.

Die Lehre Sri Aurobindos

»Die Materie wird das Antlitz des Geistes enthüllen«

Sri Aurobindo war zur Legende geworden, als er noch lebte. Der Revolutionär, der Yogin und geheimnisvoll Zurückgezogene, der über alle Kritik mit Schweigen oder ruhigen Worten hinwegschritt, hatte viele zu Ehrfurcht und manchen zur Pilgerschaft nach Pondicherry bewegt. Am Beginn des Zweiten Weltkriegs geriet die Veröffentlichung seines Hauptwerkes »The Life Divine« (»Das Göttliche Leben«) zur philosophischen Sensation, nach dem bereits die Zeitschrift Arya die Aufmerksamkeit der Intellektuellen auf sich gezogen hatte. »Das Göttliche Leben« ist spirituelle Erfahrung in philosophische Sprache gegossen und somit wohl einmalig. Die übrigen Teile seiner Lehre sind zur Hauptsache in dem Werk »The Synthesis of Yoga« (»Die Synthese des Yoga«) und in den Briefen an seine Schüler dokumentiert.

Man kann den Standpunkt einnehmen, Sri Aurobindo wäre nicht an einer Verbindung indischer Lehren mit westlichem Denken gelegen, und das ist wahrscheinlich richtig. Unübersehbar ist in seinen Werken jedoch die Synthese von (westlicher) Dynamik und Weltzugewandtheit mit (indischer) Innenschau und kompromissloser Ausrichtung auf das Transzendente. Sri Aurobindo erkannte die Notwendigkeit der Verbindung beider Haltungen. Sie würde, so sagt Sri Aurobindo, die ausweglose und gefährliche Betonung der extremen Standpunkte vermeiden. Diese Extreme seien in den erwähnten Grundzügen westlicher und indischer Kultur ausgedrückt. In dieser Versöhnung diametral entgegengesetzter Standpunkte lerne der Mensch, aus dem Inneren heraus die Welt zu betrachten, zu formen, und dabei seine eigene innerste Wahrheit in Begriffen des Lebens in der Welt auszudrücken. Er versuche nicht mehr, der Welt zu entfliehen oder aber die Existenz des Inneren zu leugnen.

Sri Aurobindo »gehört beiden Kulturen, er ist bis zu ihren Quellen hinabgestiegen«[109]; er ist tief in die klassische und moderne europäische Kultur wie ebenso die indische eingedrungen und wurde daher zum Brückenbauer zwischen Ost und West. Seine Bücher sind dem westlichen Menschen fast gleichermaßen verständlich wie dem östlichen, und sein Werk bindet die Ergebnisse beider Kulturen - effiziente Bewegung und Stille - mit dem Band seiner Lehre vom allumfassenden Sein und evolutionären Werden zusammen. Auch deshalb fanden seine Lehren große Resonanz im Westen, unter Intellektuellen wie Suchern, was auch die Gründung von Sri Aurobindo Zentren und Studienkreisen in vielen Ländern anstieß.[110] Weil Sri Aurobindos Lehre auch philosophisch große Bedeutung erlangt hat, wollen wir im Folgenden die wichtigsten Aspekte dieser Lehre umreißen, was uns von der auf Praxis ausgerichteten Spiritualität zu den höchsten und oft schwierigen Flügen spiritueller Philosophie führt. Es wurde versucht, die in umfangreichen Werken vorgelegte Lehre Sri Aurobindos auf wenigen Seiten darzustellen, in einem Text, der vom Leser verstärkte Konzentration erfordern mag.

»Alles Leben ist Yoga«

Dieses Wort des Meisters aus Pondicherry könnte als eine Zusammenfassung wesentlicher Teile seiner Lehre gelten. Jede Entwicklung, alles evolutionäre Werden ist für ihn letztlich Yoga, es ist ein Werden zum wahren Sein hin. Das Dasein unterliegt nicht ziellosen Entwicklungen und mechanischen Kräften, das Leben ist nicht das Ergebnis eines Zufalls, sondern birgt seinen Zweck und sein Ziel bereits in seiner Brust. Zeit und Raum stellen die Bühne, auf der im kosmischen Drama der Zweck der Offenbarung göttlichen Lichts in der Welt erfüllt und das Ziel der Gottwerdung errungen wird. Der eigentliche Yoga ist die am Ende notwendige Beschleunigung dieser Entwicklung, die intensivierte, vervielfachte evolutionäre Kraft, welche die Wahrheit im Zeitraffertempo näherrückt.

Sri Aurobindo hebt das Individuum in den Status des wichtigsten göttlichen Instruments. Nur durch das Individuum könne sich das Göttliche in der Welt erfüllen; das Individuum sei der Schlüssel der Evolution und zugleich das Nadelöhr für den Willen Gottes. Alle Schwierigkeit der Welt wird daher in der individuellen Entwicklung und im Yoga präsentiert und langsam überwunden. Die Welt ist Empfänger des Lichts durch die Linse des Individuums. Seine Reinheit und Klarheit bestimmt ihren Gang und ihr Schicksal. Sri Aurobindo tritt daher vehement gegen alle Massenkultur und kollektive Unschärfe auf, die dem einzelnen Verantwortung und Selbstbestimmung entreißen.

Der alte indische wie neue europäische Evolutionsgedanke wird von Sri Aurobindo neu gefasst. Er lehrt eine Alleinheitslehre, welche die Welt nicht als Illusion, sondern als real erkennt und das Leben in ihr nicht nur nicht scheut, sondern es willkommen heißt. Daraus ergibt sich natürlich eine gewisse Distanz zu den traditionellen indischen Philosophien und Yogamethoden. Denn für Sri Aurobindo ist nicht nur die Erkenntnis und Verwirklichung des Göttlichen ein Zweck des Yoga und somit des

Lebens, sondern auch die Durchdringung alles Irdischen mit dem durch Yoga gewonnenen höheren Bewusstsein. Die Wandlung, die dadurch in der Welt bewirkt wird, soll auf eine neue evolutionäre Stufe führen, was wiederum nur Teil der großen Evolutionsbewegung des Göttlichen im Kosmos sei. Der gegenwärtige mentale Mensch wird zur Zwischenstufe der Evolution, er kann nach Sri Aurobindo niemals ihr Endprodukt sein. Spiritualität oder Yoga enthielten zwar viele ewig gültige Wahrheiten, seien aber dabei nicht statisch oder jeder Weiterentwicklung enthoben. Seine eigene Lehre sieht Sri Aurobindo als einen neuen Schritt zur Verwirklichung des göttlichen Willens, als einen neu gehauenen Pfad, der andere Wege und ihre Ziele nicht verneint, aber auch nicht blind ihren Autoritäten zu Füßen liegt, oder sie als allezeit und alleine gültige Wege des Geistes anbetet. Sein Yoga durchbricht die ›Schranken der Tradition‹.

Gegen die Ablehnung des Materialisten und die Weigerung des Asketen

Nach Sri Aurobindo neigt der Mensch dazu, nicht nach dem Gesamten zu forschen und es zu betrachten, sondern in einem schnell gefundenen, einzigen Prinzip sein Heil zu suchen. Aufgrund dieser Neigung mag er das Unendliche entweder entschieden leugnen oder es auf Kosten des Endlichen ausschließlich verehren. Die beiden Enden der Existenz, Materie und Geist, werden vom Materialisten wie vom Asketen in derselben Sehnsucht nach einer Lösung des Weltproblems um Hilfe angerufen. Der Materialist lehnt alles Nichtmaterielle ab und führt selbst die Regungen des Geistes auf Funktionen der Materie zurück. Aber sogar der Materialist gelange letztlich zu einer Art ›Maya‹, einer Schöpfungsenergie, die ist und auch nicht ist, er gelange zu einer relativen Wahrheit bezüglich dieser ›Energie‹. Hier trifft er sich mit seinem großen Gegner, dem Asketen, welcher der Welt das Wirklichsein ganz abspricht. Denn der Asket verneint die Welt aufgrund seiner meditativen Erfahrung, die sie ihm als leeren Schatten erscheinen lässt. Nur das unendliche, unpersönliche Selbst existiert für ihn. Sri Aurobindo unternimmt es in »The Life Divine«, die beiden Unversöhnlichen, Materialisten und Asketen, an einen Tisch zu bringen und die Heirat von Geist und Materie zu verhandeln.

Die Allgegenwärtige Wirklichkeit

Materie und Geist (Spirit) seien nach Sri Aurobindo nur zwei Aspekte des Wirklichen, es gebe keinen Antagonismus zwischen dem stillen Brahman und der dynamischen Weltexistenz. Es gebe nicht nur die Möglichkeit eines Monismus, der eines bejaht und das andere verneint (Geist oder Materie - wie zum Beispiel in der Schule Shankaras oder im Marxismus), sondern ebenso einen, der alles bejaht. Eine echte Alleinheitslehre bedeute die Anerkenntnis einer einzigen Realität, welche alles umfasst. Sollte diese Welt ein Traum sein, dann wäre dieser notwendigerweise aus der (Traum-)Substanz dieser einen Realität gewoben. »Wenn das Gold, aus dem das Gefäß hergestellt ist, wirklich ist, wie sollen wir dann glauben, das Gefäß selbst sei eine Einbildung?«[111] Was aus dem Wirklichen kommt sei daher real; und in einer Alleinheitslehre müsse alles aus der Substanz dieser Wirklichkeit bestehen.[112]

Sachchidananda

Über allem Dasein thront nach Sri Aurobindo das Unbeschreibbare, Unaussprechliche. Es besitzt keinen Namen; nicht einmal ›Unendlichkeit‹ oder ›Sein‹ oder ›Ewigkeit‹ können als Wörter für Es gelten. Dieses Absolute existiert jedoch in verschiedenen

Stufen und kann auf einer gewissen Ebene mit dem neutralen, aus der upanishadischen Tradition stammenden Wort Sachchidananda beschrieben werden.

Sat (Sach) ist das reine Sein, es ist das allgegenwärtige Brahman. Obwohl es als geteilt erscheint, ist es zur Gänze in jedem seiner Teile vorhanden. Sat oder Sein ist der stabile Hintergrund aller Bewegung, allen Bewusstseins, allen Daseins.

Doch erscheint das Absolute ebenso als Chit (Chid), als Bewusstsein oder Geist. Dieses Bewusstsein ist die Grundlage der Weltbewegung und Weltschöpfung. Es ist aber nicht nur Bewusstsein, sondern auch Kraft. Sat ist die Substanz, Chit der Geist und die Kraft, welches die Schöpfung der Welt aus der Substanz des Sat hervorbringt und sie erhält. Wenn die Welt aber durch eine bewusste Kraft aus der Substanz des Seins erschaffen beziehungsweise manifestiert wurde, ergibt sich daraus zwingend, dass sie einen Zweck besitzt. Und dieser Zweck heißt Ananda.

Ananda ist die Glückseligkeit des Absoluten, sich in unendlicher Bewegung und Variation seiner selbst zu erfreuen. Das absolute Sein wird zur Welt und ihren Wesen und erfreut sich an diesem Werden. Es genießt das Aufeinandertreffen von Kräften, das Schaffen von Neuem, das Zerstören von Altem, es lebt entzückt in der Wonne der Erfahrung seiner selbst. Es handelt wonnevoll mit und gegen sich selbst in der Welt. Das sei Grund und Sinn der Weltschöpfung. Reine Glückseligkeit und Freude seien der innerste Charakter allen Lebens. Der Wille zum Leben, der jedes Wesen bestimmt, sei sein Ergebnis.

Gut und Böse, Freude und Leid seien bloß relative und keine absoluten Werte. Sie sind Zwischenprodukte, geboren aus der Begrenztheit und dem Egoismus des sterblichen, endlichen Wesens. Sie bestünden zwar in unserer noch unvollkommenen Welt, aber verschwänden mit erlangter Vollkommenheit. Sie existierten auch nicht vor der Schöpfung.

Das Individuum

Der Mensch ist in ein Bewusstsein der Trennung vom Göttlichen gefallen. Mit jedem egohaften Akt der Selbstbestätigung klafft der Abgrund zu den anderen und zu Gott weiter auf; und der Mensch leidet. Aber auf den Fall des Menschen folgt sein Aufstieg, sobald er seine Individualität gefunden und klar bestimmt hat. Dann ist er bereit, seine wahre Identität und die Einheit mit dem Göttlichen zu erlangen. Doch ist es kein Wiederfinden alleine, sondern er erlangt eine vollständigere, größere Einheit als er sie vor seinem Fall besessen hat. Denn jetzt gesellt sich zur inneren, wesenhaften Einheit mit der göttlichen Wirklichkeit auch die Einheit im Äußeren, die dynamische, gelebte Einheit mit Gott im Leben selbst. Diese Einheit wurde durch lange Lebensläufe hindurch und die in ihnen gemachten Erfahrungen, durch die Herausbildung einer vielfältigen Persönlichkeit, die schließliche Erkenntnis Gottes und die resultierende Wandlung des Menschen errungen. Zu diesem Zweck war das Leid der ichhaften Existenz nötig und erhält dadurch Sinn. Das trennende Ich selbst, der schlimmste Feind der Einheit, ermöglicht in einem Geniestreich Gottes somit eine größere, umfassendere Einheit in der Welt, wenn es am Ende überwunden wird!

Deshalb darf die äußere Welt natürlich nicht verworfen werden, denn sonst würde der eigentliche Zweck des Individuums in der Welt zunichte gemacht und die Flucht in die asketische Transzendenz wäre Folge und Ziel. Daher ist es in Sri Aurobindos Philosophie und Yoga ein zentrales Erfordernis, dass der Mensch nicht nur in das höhere Bewusstsein aufsteigt, sondern dass ebenso menschliches Denken, Fühlen und Handeln in diesen höheren Zustand integriert werden. Es ist eine vollkommene Harmonisierung des Niederen mit dem Höheren gefordert.

Unwissenheit und Begrenzung sind also keine ewigen Bedingungen des Lebens, sondern zeitlich begrenzte Umstände der fortschreitenden Selbstoffenbarung des Göttlichen in der Welt. Die Menschheit werde sich eines Tages zu einem höheren Bewusstsein aufschwingen und so die nächste Stufe der Evolution auf der Erde erklimmen. Wie dem Affen die Behauptung unglaubhaft erschienen wäre, eines Tages werde ein intellektuelles Wesen namens Mensch erscheinen, so falle es auch uns schwer, an die Vorstellung eines höheren Menschseins zu glauben, doch der innere Impuls in uns werde dieses unweigerlich schaffen.

Das Individuum ist Teil des Göttlichen, nur ein Schleier von Unwissenheit trennt es von diesem. Wird der Schleier vom Antlitz des inneren Ichs gerissen, blickt der Mensch geradewegs in die Tiefe seiner eigenen Augen, in die Augen Gottes. Er wird wieder das, was er stets war: das Göttliche selbst, aber jetzt in einer besonderen, individuellen Ausdrucksform. Denn Sachchidananda existiert in drei Aspekten seiner Unendlichkeit. Es überragt die Welt und ist ihr Grund (transzendent); es dehnt sich aus als die Dinge und Wesen und existiert in ihnen (universell und immanent); und es lebt als das göttliche Individuum, das individuelle Selbst. Diese drei Zustände des Einen könnten voneinander niemals getrennt werden und existierten gleichzeitig. Doch der äußere Mensch könne diese Göttlichkeit nicht leben und ausdrücken. Gott sei daher unvollkommen im unvollkommenen Menschen.

Das Individuum aber verliert seine innerste Individualität nicht, wenn es die Höhen der Transzendenz ersteigt oder die Weiten universellen Bewusstseins durchfliegt. In der Einheit mit dem transzendenten Gott und dem universellen Geist wird es wieder, was es immer war, bleibt jedoch individuell. Das Verhältnis der mannigfachen, individuellen Manifestation zum Göttlichen Einen beschreibt Sri Aurobindo auch in folgender Formel. Sie klingt wie ein großes Meditationsthema: *Das Eine als die Vielen; das Eine in den Vielen; die Vielen im Einen.*[113]

Die Schöpferkraft des Göttlichen

Das Absolute als Sein-Bewusstsein-Glückseligkeit (Sachchidananda) ist zwar Substanz, bewusste Kraft und Freude des Werdens und Seins, aber es ist unendlich und ewig, es kennt keine Begrenzung, keinen Tod und keine Geburt, keine Einschränkung des unendlichen Wissens und der Allwonne. Der wesenhafte Unterschied zu unserem Weltdasein ist nur zu augenfällig. Keine Brücke überspannt den tiefen Spalt zwischen seiner Unermesslichkeit und unserer Gefangenschaft im Käfig des Fleisches und dem Halbdunkel des Verstandes. Deshalb sah man sich in der Vergangenheit dazu gezwungen, das eine oder das andere - Welt oder Gott - als alleine wirklich zu postulieren. Oder man dachte sich die Welt als ewig getrennt von Gott. Denn das verbindende Element fehlte.

Sri Aurobindo nun löste dieses früher aussichtslose Problem ohne den Kompromiss der Trennung der beiden. Er entdeckte das große Wissen um eine Seinsstufe, die zwischen unserer endlichen Welt und den Unendlichkeiten Gottes liegt, einer Seinsstufe, die Gottes Grenzenlosigkeit in Grenzen zwingt, die Seine Ewigkeit in die Zeit übersetzt.

Dieses von Sri Aurobindo postulierte vierte Prinzip, das über Materie, Leben und mentalem Bewusstsein liege, ist die das Unendliche begrenzende, das Eine scheinbar teilende, die Ewigkeit mit Anfängen und Enden versehende, Gott zur Welt gebärende Schöpferkraft des Göttlichen. Da diese Seinsstufe über dem mentalen Bewusstsein steht, auch über dessen höchsten meditativen Flügen, nannte Sri Aurobindo es das Supramentale (Supermind, Supramental). Ohne die begrenzende, selektierende Kraft des Supramentalen könnte das Unendliche nur Unendliches erschaffen und Weltexistenz würde unmöglich. Die Allmacht des Göttlichen, das Supramentale, übt die Freiheit des Göttlichen zur Selbstbegrenzung, Selbsteinschränkung und Selbstteilung aus. Das Supramentale lässt das Sein werden.

Das Supramentale ist nach Sein, Bewusstsein und Glückseligkeit gewissermaßen der vierte Status des Göttlichen, es ist die göttliche Wahrheit. In Sri Aurobindos Worten ist es aber nicht die ›essenzielle Wahrheit statischen Seins‹, sondern die ›ordnende Wahrheit aktiven Seins‹. Auf der Ebene des Supramentalen herrsche unumschränkt das Bewusstsein der Einheit, aber es sei auf die Organisation dieser Einheit in der scheinbar getrennten Weltexistenz hin gerichtet. Es stellt alle Dinge und Wesen in die der Einheit des Göttlichen entsprechende Beziehung und Ordnung. In der Entwicklung des Universums lasse es diese göttliche Ordnung immer deutlicher hervortreten.

Die Evolution

Der in sich selbst absorbierte Göttliche Geist manifestiert sich zuerst als Sein, Bewusstsein und Glückseligkeit, und dann, in ewiger Gleichzeitigkeit jedoch, manifestiert er sich als das Supramentale Prinzip, die schaffende und regierende Wahrheit. Dieser Manifestationsvorgang der Involution stürzt den Geist schließlich tief in seine völlige Verneinung hinab, stürzt ihn hinab in sein Gegenteil, in das schwarze Unbewusste. In diesem lichtlosen, regungslosen Tod des Geistes wohnt dieser aber in involviertem Zustand und bereitet seinen langsamen, von Stufe zu Stufe glorreicheren Aufstieg vor. Im Unbewussten pulst schon das potenzielle Leben, brennt schon die Materie, lebt das Göttliche schon in dunkler Verborgenheit. Denn auch das Unbewusste ist Er. Seine Macht ist so grenzenlos, dass sie sogar das Gegenteil von Ihm hervorbringen kann - die unbewusste Basis der Welt. In ihr hat das Göttliche sich selbst völlig vergessen.

Langsam erhebt sich der Geist in der dichten Dunkelheit durch die innewohnende Wahrheit seines Seins und wird zur

Materie. Und weil alle anderen Prinzipien bereits im Unbewussten und im Atom involviert, im Verborgenen vorhanden sind, drängen sie aus diesen in die eigene vollständige Manifestation heraus. So kommt die Kraft des Lebens in eine weite Welt toter Steine und Gase und wandelt seinerseits in einem Integrationsprozess, der das niedrigere Prinzip im Fortgang der Evolution stets erfasse, die Materie in ein Vehikel des Lebens um. Das Leben macht die Materie plastisch und vielfältig, lebendig beinahe. Nach langen Äonen der Herrschaft des Lebens in immer bewussteren Formen, von einfachen Pflanzen und Einzellern bis zu den höheren Tieren, betritt im Menschen das mentale Prinzip die Weltbühne und gelangt langsam zur Reife.

Im Menschen ändert die Evolution zuerst ihren Kurs und beschleunigt ihren Gang, denn hier wird sie zum ersten Mal ihrer selbst bewusst. Der Mensch erhebt sich in denkerischen und spirituellen Leistungen selbst in die höheren Ebenen der mentalen Stufe hinein. Der Yogin und Seher habe sich seit langen Zeitaltern in eine dieser höheren mentalen Welten oder in das innere Herz aufgeschwungen und von dort aus das Selbst, das Göttliche Wesen, das ewig hinter und über den Welten und ihrer Evolution stehe, erkannt und sich mit ihm vereint. *Es war eine Bewegung aus dem manifestierten Sein hinaus*. Doch kaum einer von ihnen sei jemals über die Welt des Mentalen hinaus in das Supramentale geschritten, das eine höhere Stufe des manifestierten Seins darstellt. Die Evolution des Geistes drängt aber weiter und das nächste Prinzip ist im Begriff, in der Welt Fuß zu fassen: das Supramentale.

Mit dem Hervorkommen des Supramentalen setzt die Evolution einen gewaltigen Schritt, der viel mächtiger ist als jener vom Tier zum Menschen. Jetzt wird die magische Barriere durchbrochen, denn die supramentale Evolutionsstufe kennt keine Getrenntheit und Unwissenheit mehr. Begrenztheit könne in ihr bloß ein selbstauferlegtes Spiel des Geistes sein, nicht fürchterlicher Tod oder schwache Unfähigkeit.[114] Mit dem Supramentalen werde die Evolution selbstständig und gehe in Wissen und weiter Macht der vollkommenen Manifestation Gottes entgegen, in der alles Sein auf Erden göttliches Sat werde, alle Kraft und alles Bewusstsein göttliches Chit, und alles Fühlen Ananda. In dieser Vollkommenheit wird sich Gott vollständig wieder gefunden haben, aber jetzt in unendlicher, bewusster Beziehung der Wesen untereinander, in der Vielheit, die doch rätselhaft eine Einheit ist. Jedes Wesen, welches das Göttliche ist, tritt mit den anderen Wesen, die das Göttliche sind, in wonnevolle Beziehung und Gott ist nicht mehr nur vollkommenes Sein, sondern ebenso vollkommenes Werden. Das ist das Ziel der Evolution nach Sri Aurobindo.[115] Selbst die Materie werde in dieser ›werdenden Vollkommenheit‹ ihr Antlitz verändern und werde den ihr zugrunde liegenden Geist enthüllen.

Sri Aurobindo kennt also verschiedene Stufen der Existenz, die eigentlich verschiedene Arten von Substanz darstellen. Über (und ›hinter‹) diesen sieben Stufen der Existenz thront das namenlose Absolute, unter ihnen liegt träge seine Negation, das Unbewusste. Die drei niedrigeren Stufen sind Materie, Leben und mentales Bewusstsein; auf den höchsten Stufen des mentalen Bewusstseins verdeckt das in den Upanishaden so genannte ›Goldene Lid‹ das Supramentale, über welchem sich Sat+Chit+Ananda als manifestierte Prinzipien wölben.

Göttlicher Geist / Absolutes / unmanifestes Sachchidananda

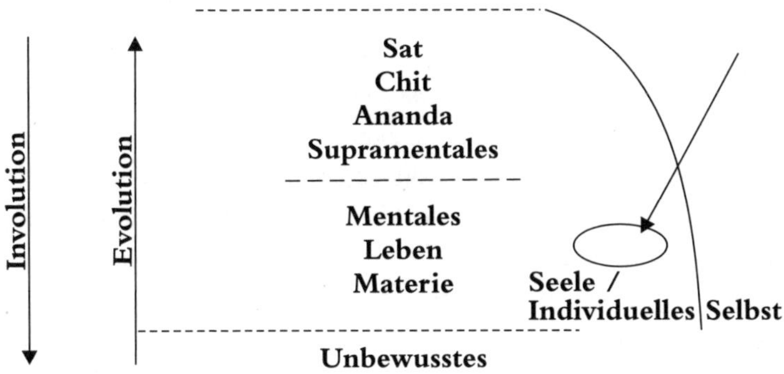

Der individuelle Aspekt des Göttlichen, das individuelle Selbst, oder mit einem etwas unklaren Begriff: die Seele, wird vom Höchsten als sein Repräsentant in die Evolution gesandt, um den Individuationsprozess und die spirituelle Entwicklung des Einzelnen zu führen, ja letztlich seine Basis zu bilden. Denn nur mit der Realität der individuellen Sonne des Selbst im Innern des Individuums könne ein flüchtiges und halbwahres Spiegelbild dieser Sonne in Erscheinung treten. Dieses vergängliche Abbild würden wir gewöhnlich Ich oder Ego nennen, das Zentrum der äußeren Persönlichkeit.[116]

Der integrale Yoga

Sri Aurobindo verbindet in der praktischen Umsetzung seiner Philosophie die drei Traditionen von Erkenntnis und Meditation (Jnana), Liebe zu Gott (Bhakti) und selbstlosem Dienst (Karmayoga) zu einer einzigen dynamischen Disziplin, denen das vierte Glied, die Umwandlung und Vervollkommnung der Natur des Menschen hinzugefügt wird. Dies nennt er den vollständigen, den Integralen Yoga.

Sri Aurobindo unterscheidet weiter die drei Transformationen: die psychische Transformation, in der das Wesen des Menschen in den Ausdruck der innersten Seele gewandelt wird. Diese stellt schon für sich oft einen lebenslangen Prozess dar; die spirituelle Transformation, in der sich das Bewusstsein in die Höhen und Weiten des universellen und des transzendenten Geistes öffnen lernt, was die obersten Ziele des traditionellen Yoga in sich birgt; doch dann die supramentale Transformation, in der die Herabkunft des Supermind selbst die äußere Natur des Yogin in einen vollkommenen Ausdruck des Göttlichen wandelt. Diese dritte Transformation heiligt den Menschen nicht nur, wie das auf traditionellen Yogawegen der Fall war, sondern wandelt seine Natur in eine andere, göttliche ›Substanz‹ um. Sogar der Körper werde von dieser Transformation erfasst. Jede seiner Zellen müsse sich bewusst dem höheren Licht öffnen. Dieser Öffnung der Körperzellen und der völligen Bewusstwerdung des Physischen war Sri Aurobindo nach eigenen Aussagen selber über lange Zeit hingegeben.

Die Ziele

Die Ziele seines Yoga beschreibt Sri Aurobindo folgendermaßen:

> *»Das Ziel des Yoga ist es, sich in die Göttliche Gegenwart und ihr Bewusstsein zu begeben und von ihr besessen zu werden. Es bedeutet, das Göttliche alleine um des Göttlichen willen zu lieben, in unserer Natur mit der Natur des Göttlichen in Einklang gebracht zu werden und in unserem Willen und unserem Handeln und Leben das Instrument des Göttlichen zu sein.«*[117]

»Die grundlegenden Realisationen dieses Yoga sind:

1. *Die seelische, psychische Wandlung, damit eine vollständige liebende Hingabe der vorherrschende Antrieb des Herzens und der Beherrscher der Gedanken, des Lebens und der Handlungen gemacht werden kann …*
2. *Die Herabkunft von Frieden, Kraft, Licht etc. des Höheren Bewusstseins durch den Kopf und das Herz in das gesamte Wesen, die selbst von den Zellen des Körpers Besitz ergreifen.*
3. *Die Wahrnehmung des Einen und Göttlichen überall und unendlich, die Göttliche Mutter überall, und in diesem unendlichen Bewusstsein zu leben.«*[118]

Doch das wichtigste Instrument dieses Yoga ist nicht die eigene Anstrengung:

»Ohne Zweifel ist es für die menschliche Natur unmöglich, die Unwissenheit zu überwinden und sich zum Supramentalen zu erheben oder seine Herabkunft durch eigene Anstrengung herbeizuführen, da sie in ihrem Grunde mental ist. Aber es kann durch eine Hingabe (surrender) an das Göttliche getan werden … Das Ziel des Yoga ist es, das Bewusstsein dem Göttlichen gegenüber zu öffnen und immer mehr im inneren Bewusstsein zu leben, während man aus ihm heraus auf das äußere Leben einwirkt. Das Ziel ist, das innerste psychische Wesen in den Vordergrund treten zu lassen und durch seine Kraft das Wesen zu läutern und zu wandeln, damit es bereit für die Umwandlung werden und in der Einheit mit dem Göttlichen Wissen, Willen und der Göttlichen Liebe leben kann.«[119]

Die Grundlagen des Yoga

»Auch dieser Yoga ist kein Weg der Erkenntnis alleine, Erkenntnis ist eines seiner Mittel, aber seine Grundlage ist ein Sich-Selbst-Geben, eine Hingabe, Bhakti, und daher findet er

seine Basis im Herzen, und nichts kann letztlich ohne dieser Basis getan werden.«[120]

»Ein Motiv, aber ein Motiv der Seele, nicht der vitalen Wünsche; eine Vernunft, aber nicht jene des Verstandes, sondern des Selbst und des Geistes. Ein Bitten ebenfalls, aber das Bitten des Strebens, das der Seele innewohnt, kein emotionales Sehnen. Das ist es, was kommt, wenn es reines Selbstgeben gibt, wenn sich ›Ich suche dich um dieser oder jener Sache willen‹ zu einem bloßen ›Ich suche dich um deiner selbst willen‹ wandelt ... Diese Anziehung ist gewiss ein kategorischer Imperativ - das Selbst in uns gezogen zum Göttlichen, aufgrund des befehlenden Rufs des höheren Selbst, die Seele unsagbar hingezogen zum Objekt ihrer Anbetung, weil es nicht anders sein kann, weil sie sie ist und Er Er ist. Das ist alles.«[121]

Die beiden Wege

Sri Aurobindo unterscheidet häufig zwischen den Methoden der Meditation im Kopf und im Herzen:

»Das erste Erfordernis (im Integralen Yoga) ist das Üben von Konzentration deines Bewusstseins im Innern ... Die Konzentration im Herzen öffnet sich nach innen, und indem man diesem inneren Öffnen folgt und tief eindringt, wird man der Seele oder des psychischen Wesens bewusst, des göttlichen Elements im Individuum. Ist dieses Wesen enthüllt, beginnt es, hervorzukommen, die Natur zu regieren, die Natur und alle ihre Prozesse der Wahrheit und dem Göttlichen zuzuwenden und alles herabzurufen, das oberhalb ist. Es bringt das Bewusstsein der Gegenwart, die Widmung des Wesens an das Höchste und bewirkt die Herabkunft einer größeren Kraft und eines größeren Bewusstseins in unsere Natur, die über uns warten. Sich im Herzzentrum zu konzentrieren, sich dem Göttlichen hinzugeben, das Streben nach diesem inneren Öffnen und nach der Gegenwart im Herzen ist der erste Weg, der natürliche Anfang ...

denn sein erreichtes Ergebnis macht den spirituellen Weg viel leichter und sicherer, als wenn man mit dem anderen Weg beginnt.
Dieser andere Weg ist die Konzentration im Kopf, im mentalen Zentrum. Wenn diese die Stille des Oberflächengemüts mit sich bringt, öffnet sie einen inneren, weiteren, tieferen Verstand, der fähiger ist, die spirituelle Erfahrung und die spirituelle Erkenntnis zu empfangen … Nach einiger Zeit fühlt man, dass das Bewusstsein sich erhebt und am Ende über das Lid hinausgeht, das es so lange an den Körper gebunden gehalten hatte. Es findet ein Zentrum über dem Kopf, wo es in das Unendliche befreit wird …«[122]

Karmayoga

»Ich weiß nicht, warum du humanitäre Hilfe, philanthropische Seva (Dienst) etc., hier zum Thema machst. Nichts von diesen ist Teil meines Yoga oder in Harmonie mit meiner Definition von Handeln. Deshalb berühren sie mich nicht. Ich dachte niemals, Politik oder die Speisung der Armen oder das Schreiben schöner Gedichte würden direkt nach Vaikuntha (den Himmel Vishnus) oder zum Absoluten führen. Wenn es so wäre, dann wären Romesh Dutt auf der einen Seite und Baudelaire auf der anderen die ersten, die das Höchste erreichen und uns dort willkommen heißen würden. Es ist nicht die Art und Form der Arbeit selbst, oder bloße Aktivität, sondern das Bewusstsein, der Geist und der gottwärts gerichtete Wille, der hinter ihr steht, welche die Essenz des Karmayoga bilden. Das Handeln ist nur die notwendige Instrumentation, um die Einheit mit dem Meister aller Handlungen zu erreichen, es ist nur der Übergang vom Willen und der Kraft der Unwissenheit zu Wille und Kraft des Lichts.«[123]

Der Meister

Was die Notwendigkeit eines Meisters anbetrifft, ist Sri Aurobindo völlig in Einklang mit der indischen Tradition.

> *»Bis jetzt hat kein spirituell befreiter Mensch gegen die Lehre vom Meister (Guruvada) gesprochen: Es sind gewöhnlich nur die Leute, die im Verstand oder im Vitalen leben und den Stolz des Verstandes und die Arroganz des Vitalen besitzen, die es unter ihrer Würde finden, einen Guru anzuerkennen.*
> *Schließlich kann in allen Schwierigkeiten, wenn die persönliche Bemühung behindert wird, die Hilfe des Lehrers einschreiten und bewirken, was für die Verwirklichung oder für den nächsten zu machenden Schritt notwendig ist.«*[124]

Der neue Yoga

Sri Aurobindo sah sich angesichts mangelhaften Verständnisses seitens des traditionsgebundenen indischen Denkens immer wieder veranlasst, seinen Yoga gegenüber bestehenden Wegen zu definieren beziehungsweise abzugrenzen:

> *»Ich habe niemals gesagt, mein Yoga sei in allen Elementen etwas Brandneues. Ich habe ihn den integralen Yoga genannt, was bedeutet, dass er die Essenz und viele Methoden der alten Yogas übernimmt - seine Neuheit liegt in seinem Ziel, seinem Standpunkt und der Umfassendheit seiner Methode.*
> *(Er ist neu,) weil er nicht auf ein Verlassen der Welt und des Lebens in einen Himmel oder ein Nirvana abzielt, sondern auf eine Veränderung des Lebens und des Daseins, nicht als etwas Untergeordnetes oder nebenbei Erreichtes, sondern als einen klaren und zentralen Zweck. Wenn es in den anderen Yogas eine Herabkunft gibt, dann ist sie etwas, das nebenher auf dem Weg geschieht, oder vom Aufstieg (des Bewusstseins) herrührt - der Aufstieg ist das, worum es geht. Bei uns ist der Aufstieg der erste*

Schritt, aber es ist ein Mittel für die Herabkunft. Es ist die Herabkunft eines neuen Bewusstseins ... die dem Yoga ihr Siegel aufdrückt.
(Er ist neu), weil das angestrebte Ziel nicht eine individuelle Leistung göttlicher Erkenntnis ist, um des Individuums willen, sondern etwas, das für das Erdbewusstsein hier gewonnen werden soll, eine kosmische, nicht nur eine den Kosmos übersteigende Errungenschaft.«[125]

Das ist, kurz und notwendigerweise unvollständig, eine Darstellung der wichtigsten Aspekte der Lehre Sri Aurobindos. Seine Lehre verbreitete sich bald in Indien wie im Westen und machte den Verfasser philosophischer Werke, der niemals Philosoph, sondern erst Politiker und Dichter, dann Yogin gewesen war, nicht nur für seine Schüler zur spirituellen Leitfigur. Sri Aurobindos Vision lebt noch heute: in seinen Büchern, im Ashram in Pondicherry und in den Sri Aurobindo-Zentren auf der ganzen Welt.

Schon in jungen Jahren war Sri Aurobindo in ganz Indien bewundert worden. In Pondicherry wurde er zur lebenden Legende und zur spirituellen Autorität. Sein nach ihm wahres Werk der Herabkunft eines höheren Bewusstseins, als eine im Herzen der Welt wirkende Kraft, die alles beeinflusst und zum Blühen bringt, wird jedoch verborgen bleiben. Sri Aurobindo ist für viele der Bringer eines neuen Bewusstseins, das er das Supramentale nannte. Auf die Frage: »Ist Euer wirkliches Werk diese Herabrufung des Supramentalen?«, antwortete Sri Aurobindo einmal einem Schüler: »Ja, dafür bin ich gekommen.«[126]

RAMANA MAHARSHI (1879-1950)

UND DIE UNSTERBLICHE FRAGE

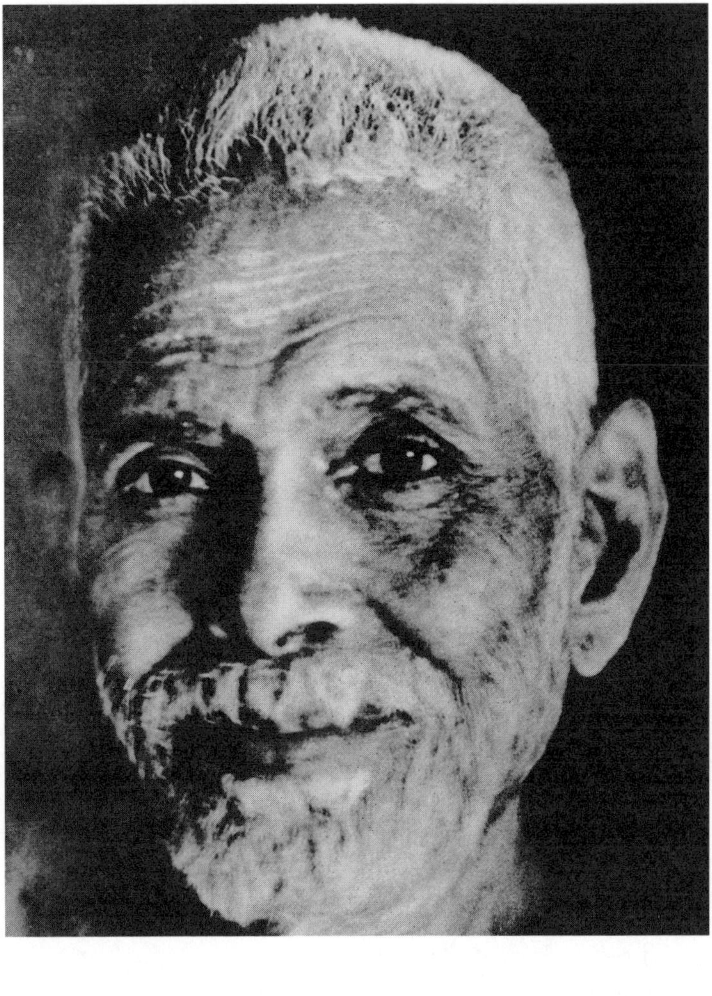

UNMITTELBAR AUS DEN SEITEN
DER UPANISHADEN STEIGEND,
TRÄGT DER MAHARSHI
EINE SPIRITUELLE STRAHLKRAFT IN SICH,
DIE SICH ALLER TRADITIONELLEN
KLASSIFIZIERUNG ENTZIEHT.

M.P. Pandit, ehem. Präsident des Sri Aurobindo Ashrams

Wer bin ich?

Ramana Maharshi, der Große Seher (=Maharshi), ist die Verkörperung einer alten Strömung der indischen Spiritualität, er ist der Erneuerer eines kompromisslosen Jnanayoga. Dennoch folgt seine Methode nicht dem traditionellen Jnanayoga. Sie ist bemerkenswert einfach und völlig unmittelbar auf das Ziel gerichtet, und sie ist um die Frage nach unserer Identität herumgeschichtet.

Seine Besucher und ihre Fragen pflegte der Meister, der im südindischen Tiruvannamalai, unweit Pondicherrys lebte, häufig folgendermaßen zu empfangen:

Besucher: Wie erkennt man das Selbst?
Maharshi: Wessen Selbst? Finden Sie das heraus.
Besucher: Mein Selbst. Aber, wer bin ich?
Maharshi: Das müssen Sie selber herausfinden.
Besucher: Ich weiß nicht wie.
Maharshi: Denken Sie nur über die Frage nach. Wer ist es, der da sagt: ›Ich weiß nicht wie?‹ Wer ist das Ich in Ihrer Aussage? Was wird nicht erkannt?
Besucher. Jemand oder etwas in mir.
Maharshi: Wer ist dieser Jemand? Und in wem?[127]

Als der Maharshi noch einsam und in beständiges Schweigen gehüllt lebte, fragte ihn einer seiner ersten Schüler, Sivaprakasam Pillai, schriftlich:

> *S.P.: Swami, wer bin ich? Und wie wird spirituelle Befreiung erreicht?*
> *Maharshi: Durch die unaufhörliche innere Nachforschung, die fragt ›Wer bin ich?‹, wirst du dich selbst erkennen und dadurch Befreiung erlangen.*
> *S.P.: Wer bin ich?*
> *Maharshi: Das wirkliche Ich oder das Selbst ist nicht der Körper, auch nicht einer der fünf Sinne, nicht die Sinnesobjekte, nicht die Fähigkeiten des Handelns, nicht Prana (die Lebenskraft), nicht das Gemüt, nicht einmal der Zustand des Tiefschlafs, wo diese alle nicht wahrgenommen werden.*
> *S.P.: Wenn ich keines von diesen bin, was dann?*
> *Maharshi: Nachdem du diese alle zurückgewiesen hast und sagst ›das bin ich nicht‹, bleibt nur das Ich übrig, das reines Bewusstsein ist.(...)*
> *S.P.: Ist es nicht möglich, das Selbst zu erkennen, während wir die äußeren Dinge wahrnehmen?*
> *Maharshi: Nein, denn der Seher und das Gesehene sind wie das Seil und die (aus einer Sinnestäuschung hervorgehende) Erscheinung einer Schlange in ihm. Bis du die Erscheinung der Schlange nicht losgeworden bist, kannst du nicht erkennen, dass das, was du siehst, nur das Seil ist.*
> *S.P.: Wann verschwinden die äußeren Dinge?*
> *Maharshi: Wenn der Verstand, der die Ursache aller Gedanken und Tätigkeiten ist, verschwindet, verschwinden auch die äußeren Dinge. (...)*
> *S.P.: Wie verschwindet der Verstand?*
> *Maharshi: Nur durch die Frage ›Wer bin ich?‹. Obwohl dieses Fragen auch ein mentaler Vorgang ist, zerstört sie alle mentalen Vorgänge, auch sich selbst. Der Stock, mit dem das Bestattungs-*

feuer geschürt wird, wird selber zu Asche verbrannt, nachdem das Holz des Scheiterhaufens und der Leichnam verbrannt worden sind. Dann nur kommt die Verwirklichung des Selbst.[128]

Ein Sucher aus dem Westen, der bekannte Journalist und Autor Paul Brunton, dem es als Europäer mehr um die Frage der Persönlichkeit zu tun war, führte mit dem Maharshi folgendes Gespräch:

Brunton: Was genau ist dieses Selbst, von dem Sie sprechen? Wenn es wahr ist, was Sie sagen, dann muss es im Menschen ein weiteres Selbst geben.
Maharshi: Kann ein Mensch zwei Identitäten haben, zwei Selbste? Um diese Lehre zu verstehen, müssen wir zunächst in uns selbst hineinblicken. Weil es lange unsere Gewohnheit war, zu denken wie andere denken, sind wir niemals in der richtigen Weise auf dieses Ich gestoßen. Wir haben kein richtiges Bild von uns selbst, wir haben uns allzu lang mit dem Körper und dem Verstand identifiziert. Deshalb sage ich Ihnen, Sie sollten sich diese Frage stellen: ›Wer bin ich?‹
Sie bitten mich, dieses wahre Selbst zu beschreiben. Was kann ich da sagen? Es ist das, aus dem die Wahrnehmung des persönlichen Ich entsteht und in welchem es verschwinden muss.
Brunton: Verschwinden? Wie kann man das Gefühl der eigenen Persönlichkeit verlieren?
Maharshi: Der erste und wichtigste aller Gedanken, der ursprüngliche Gedanke im Verstand jedes Menschen, ist der Gedanke ›Ich‹. Erst nach dem Entstehen dieses Gedankens können sich andere Gedanken erheben. Erst nachdem das erste Personalpronomen ›ich‹ im Verstand sich erhoben hat, kann das zweite Pronomen ›du‹ in Erscheinung treten. Wenn Sie mental dem ›Ich‹-Faden folgen könnten, bis er Sie zurück zu seinem Ursprung führt, würden Sie entdecken, dass es nicht nur der erste Gedanke ist, der erscheint, sondern auch der letzte, der verschwindet. Das ist etwas, das man erfahren kann.

Brunton: Sie meinen, es sei möglich, eine solche mentale Nachforschung in sich selbst anzustellen?
Maharshi: Gewiss. Es ist möglich, nach innen zu tauchen bis der letzte Gedanke, Ich, allmählich verschwindet.
Brunton: Was bleibt dann übrig? Verliert ein Mensch dann sein Bewusstsein oder wird er zum Idioten?
Maharshi: Nein, im Gegenteil. Er wird jenes Bewusstsein erreichen, das unsterblich ist, und er wird wirklich weise werden, wenn er zu seinem wahren Selbst erwacht ist, welches den wahren Menschen ausmacht.
Brunton: Aber die Wahrnehmung des Ich muss da sicherlich ebenfalls dazugehören?
Maharshi: Das Ich-Gefühl gehört zur Person, zu Körper und Verstand. Wenn ein Mensch sein wahres Selbst zum ersten Mal erkennt, erhebt sich auch etwas anderes in der Tiefe seines Wesens und ergreift von ihm Besitz. Dieses andere ist hinter dem Verstand, es ist unendlich, göttlich, ewig. Einige Leute nennen es das Königreich des Himmels, andere nennen es die Seele, wieder andere Nirvana, und die Hindus nennen es Befreiung. Man mag es nennen, wie man will. Wenn das geschieht, hat der Mensch sich selbst nicht verloren, er hat sich vielmehr selbst gefunden.[129]

Erwachen

Im jungen Venkataraman, wie Ramana Maharshi mit dem von seiner Familie gegebenen Namen hieß, erwachte die Erkenntnis des Selbst, als er sechzehn Jahre alt war. Er war an einem heiligen Tag, dem 30. Dezember 1879, in eine fromme shivaitische Brahmanen-Familie im kleinen Städtchen Tiruchuzhi im südindischen Bundesstaat Tamil Nadu geboren worden. Da einige Jahre zuvor sein Vater verschieden war, lebte der Sechzehnjährige damals bei seinem Onkel in Madurai und besuchte eine englische Schule. Eine überwältigende Erfahrung goss sich nun über Venkataraman, die Erfahrung einer unabhängigen geistigen Wesenheit in ihm. Es war die Wende seines Lebens.

»Es war sechs Wochen, bevor ich Madurai für immer verließ … Es geschah ganz plötzlich. Ich saß alleine in einem Zimmer im Erdgeschoss des Hauses meines Onkels. Ich war selten krank, und an diesem Tag fühlte ich mich gesund, doch eine heftige Todesfurcht überkam mich. Nichts in mir hätte das erklären können, ich war gesund und ich versuchte auch gar nicht, eine Erklärung oder einen Grund für diese Furcht zu finden. Ich fühlte nur, dass ich sterben würde und begann darüber nachzusinnen, was denn zu tun wäre. Es kam mir nicht in den Sinn, einen Arzt aufzusuchen, mit meiner Familie oder mit Freunden zu sprechen. Ich meinte, das Problem selber lösen zu müssen.
Der Schrecken der Todesfurcht trieb meinen Verstand nach innen und ich sagte mir, ohne die Worte wirklich in mir zu formen: ›Der Tod ist gekommen, was bedeutet das? Was ist es, das stirbt? Dieser Körper stirbt.‹ Und sogleich spielte ich das Todesereignis durch. Ich legte mich mit steif ausgestreckten Gliedern hin, als hätte die Totenstarre eingesetzt, und ahmte einen Leichnam nach, so als wollte ich den (folgenden) Fragen mehr Wahrhaftigkeit zukommen lassen. Ich hielt meinen Atem an und schloss meine Lippen fest, sodass kein Laut aus ihnen dringen konnte, sodass weder das Wort ›Ich‹ noch irgendein anderes Wort ausgesprochen werden konnte. ›Nun gut‹, sagte ich mir, ›dieser Körper ist tot. Er wird steif zum Verbrennungsplatz gebracht und dort zu Asche verbrannt werden. Aber bin ich mit dem Tod dieses Körpers tot? Bin ich der Körper? Er ist still und träge, aber ich fühle die ganze Kraft meiner Persönlichkeit und sogar die Stimme des Ich in mir, als getrennt von ihm. Ich bin also Geist (Spirit), der über den Körper hinausgeht. Der Körper stirbt, aber der Geist, der ihn übersteigt, kann vom Tod nicht be-

rührt werden. Das bedeutet, ich bin unsterblicher Geist.‹ All das war nicht dumpfes, bloßes Denken, es zuckte so lebhaft wie eine lebendige Wahrheit durch mich, die ich unmittelbar wahrnahm, fast ohne Denkvorgang. ›Ich‹ war etwas überaus Reales, das einzig Reale in meinem gegenwärtigen Zustand, und all die bewusste Aktivität, die mit meinem Körper verbunden war, war auf dieses ›Ich‹ zentriert. Von diesem Augenblick an konzentrierte das ›Ich‹ oder das Selbst seine Aufmerksamkeit auf sich selbst durch die Kraft einer überwältigenden Faszination. Die Furcht vor dem Tod war für immer verschwunden. Die Versenkung im Selbst erfuhr ab diesem Zeitpunkt keine Unterbrechung mehr … Ob der Körper nun mit Sprechen beschäftigt war, mit Lesen oder irgendetwas anderem, ich war noch immer auf das ›Ich‹ gesammelt …«[130]

»Ich war kein Pessimist, ich wusste nichts vom Leben und hatte noch nicht erfahren, dass es voll von Leid war. Ich wurde von keinem Wunsch nach der Vermeidung von Wiedergeburt getrieben oder von der Suche nach Befreiung, oder von dem Verlangen, Leidenschaftslosigkeit oder Erlösung zu erlangen.«[131]

Das geschah sechs Wochen bevor Venkataraman Madurai verließ. Denn diese Erfahrung blieb nicht ohne Folgen. Und sie war nach indischer Auffassung nicht unvorbereitet über einen einfachen Schuljungen hereingebrochen. Denn dieser musste, um solch einer existenziellen Erfahrung in einem klaren Bewusstsein teilhaftig werden zu können, sich in zuvor gelebten Leben intensiver spiritueller Übung unterworfen oder vielleicht schon hohe Vollkommenheit erreicht haben. Venkataraman verlor nun alles Interesse an Freunden und Verwandten und am Lernen, das sich nur mehr mechanisch vollzog. Oft blieb er allein zu Hause, war gleichgültig gegenüber dem, was man ihm zu essen gab, alles schmeckte ihm gleich gut. Aber er ging jetzt fast jeden Abend in den Minakshi-Tempel, stand vor den Statuen Shivas und jenen der 63 Tamilenheiligen. Wellen von starken Gefühlen brausten dabei durch ihn. Zu diesem Zeitpunkt, da er noch keine heiligen Schriften studierte hatte, konnte er die Zustände noch nicht benennen, die er durchlebte, er wusste nichts von der Identität seines Selbst mit der Gottheit vor ihm, hatte noch niemals etwas vom Brahman, dem unpersönlichen Absoluten gehört, das er aber in sich fühlte, ohne mental um es zu wissen.

Auf der Familie Venkataramans lag ein Fluch, oder eher ein Segen, den ein um Speise bittender Wandermönch ausgesprochen hatte, der von einem seiner Vorfahren abgewiesen worden war. Der Fluch des Mönchs besagte, aus jeder Generation des Hauses werde ein männliches Mitglied ein wandernder Sadhu (heiliger Mann) werden. Deshalb waren einige Onkel Venkataramans schon als Entsager in die Welt gezogen. Und Venkataraman sollte der Erwählte seiner Generation werden. Schon einige Zeit vor der Erfahrung des Todes hatte er in Geschichten vom heiligen Berg der Morgenröte, Arunachala, gehört, an dessen Fuß die Stadt Tiruvannamalai liege. Der bloße Name ›Arunachala‹ hatte ihm wie eine Offenbarung geklungen. Doch niemals hatte er gedacht, dass es diesen mythischen Berg auch in Wirklichkeit geben könne. Jetzt hörte er aber von einem Verwandten, er sei eben von Arunachala gekommen. Venkataraman war gebannt, den magischen Berg und die Stadt an seinem Fuß gab es also wirklich! Er schrieb seinem älteren Bruder eine kurze Notiz, in der er von sich, seinem Körper, als ›diesem‹ sprach, und machte sich auf den Weg nach Tiruvannamalai, entschlossen, niemals zurückzukehren und der Welt zu entsagen. Und tatsächlich verließ er Arunachala, den Ort seiner Sehnsucht, den er nach einigen Schwierigkeiten ein paar Tage später erreichte, nie mehr.

In Tiruvannamalai ließ er sich seinen brahmanischen Haarschopf abschneiden, riss einen Fetzen Stoff von seinem Dhoti und band ihn sich als Lendenschurz der Asketen um die Hüften, den Rest warf er weg. Nichts besaß er mehr, kein Geld, das er für die Zugfahrt ausgegeben hatte, auch keine Ohrringe mehr, die er, um Geld zu erhalten, versetzt hatte. Und er sollte in seinem Leben niemals wieder etwas besitzen, außer einem Stofffetzen und einer Essschale vielleicht, und er berührte niemals wieder Geld, wie das ein Asket in Indien auch nicht tun sollte. Er ließ sich nun in der Halle der tausend Säulen im großen Tempel von Tiruvannamalai nieder und verharrte dort bewegungslos, in tiefer Kontemplation des Selbst versunken. Wochenlang bewegte er sich kaum und sprach kein Wort. Ein Sadhu namens Sheshadriswami, begann sich um ihn zu kümmern. Ohne Erfolg versuchte er, die Muslimjungen abzuwehren, die Steine nach dem Regungslosen warfen. Deshalb ging Venkataraman, dessen Namen man nicht kannte und den man deshalb ›Brahmana Swami‹ nannte, in einen dunklen Keller des Tempels, wo es von Ungeziefer wimmelte, das ihn biss und stach. Eiterbeulen zogen Narben in seine Haut, die noch im Alter sichtbar waren, aber er nahm die Außenwelt kaum wahr. Eine fromme Frau brachte ihm Essen, dass man in seinen Mund schieben musste. Später dann saß der Brahmana Swami auf dem Tempelgelände unter einem Baum, erste Verehrer kamen, dann ging er in den Tempel Gurumurtam, bis man ihm einen Garten zur Verfügung stellte, vor dessen Toren man die inzwischen herbeiströmenden Verehrer abwies. Und er saß die ganze Zeit über regungslos da, jetzt unter einem Mangobaum und sprach jahrelang kein Wort. Erste Schüler kamen, in der Hoffnung, Unterweisung von dem jugendlichen Heiligen zu erhalten, aber der beachtete sie zunächst kaum. Schließlich aber, um die Fragen seines lebenslangen, treuen Schülers Palaniswami, der ihm seit einiger Zeit schon diente, beantworten zu können, begann der Brahmana Swami die heiligen Schriften zu studieren. Und er begann, gelegentlich zu sprechen. Beim Studium der Schriften entdeckte er nun, dass in ihnen dargelegt und beim Namen genannt wurde, was er im Innern erfahren hatte. Er hatte erlebt, gesehen, was die Schriften lehrten. Diese Unvermitteltheit durch Worte, Schriften oder Rituale ist bezeichnend für die Spiritualität des Maharshi. So wie es die Direktheit der Frage »Wer bin ich?«

ist. Fortan bediente der Maharshi sich der durch die Lektüre erhaltenen, traditionellen Begriffe.

In dieser Zeit war es auch, da die Familie durch Zufall von einem Heiligen in Tiruvannamalai hörte, der aus Tiruchuzhi stamme, denn das hatte der Brahmana Swami seinen Verehrern einmal auf einem Zettel mitgeteilt. Als man festgestellt hatte, dass es sich um Venkataraman handelte, suchten die Mutter und sein ältester Bruder ihn auf und versuchten ihn zum ›Umzug‹ in einen der Familie nahen Tempel zu bewegen. Aber der Swami sprach nicht. Nur der Mutter schrieb er nach ein paar Tagen eine kurze Notiz:

> *»Gemäß ihren vergangenen Taten (Karma) lässt der Eine, der der Welt gebietet, die Menschen handeln. Was nicht geschehen soll, wird niemals geschehen, wie sehr man sich immer darum bemüht. Und was geschehen soll, wird bestimmt geschehen, wie sehr man sich auch anstrengt, es zu verhindern. Das ist gewiss. Weise zu sein bedeutet daher, still zu bleiben.«* [132]

Das war eine Botschaft, welche die gläubige Mutter verstehen und akzeptieren konnte. Schweren Herzens ging sie zurück nach Madurai. Jahre später dann sollte sie jedoch zurückkehren zum Berg Arunachala, von ihrem Sohn ein hartes spirituelles Training erhalten und für ihn und seine Schüler sorgen. An ihrem Sterbetag im Jahr 1922 sollte der Meister den ganzen Tag an ihrem Bett sitzen, ihr eine Hand auf die Brust und die andere auf den Kopf legen, um ihr im Dahinscheiden spirituelle Befreiung zu gewähren, für welche sie sich andernfalls noch manches Leben lang hätte mühen müssen. Nach ihrem Tod errichtete man der Mutter des Meisters ein Grabmal, neben dem in der Folge der Ashram Ramana Maharshis, Ramanashram, entstehen sollte. Venkataramans jüngerer Bruder wurde später sein ergebener Schüler und der Verwalter jener Dinge, die sich im Laufe der Zeit wie von selbst um den Maharshi errichteten: eine Meditationshalle, Unterkünfte für Schüler und Gäste, eine große Küche, ein Büro, ein Kuhstall, ein Speisesaal etc. Der Meister selber jedoch blieb stets besitzlos.

Bevor aber Ramana Maharshi, wie man ihn bald zu nennen begann, sich auf dem heiligen Berg niederließ und ein Ashram sich um ihn formieren konnte, ging er jetzt, nachdem er seiner Mutter diese kurze Nachricht übergeben hatte, selber durch die Stadt, um sich sein Essen zu erbetteln, wie das in Indien für Mönche üblich ist. Sie werden nicht als Bettler behandelt oder auch nur betrachtet, sondern als die Gnade Gottes selber, die in der Form des Mönches an die Schwelle des Hauses tritt und der Familie die Gelegenheit zu einer gottgefälligen Tat gibt. Der Brahmana Swami pflegte bei seinem Gang an einer Tür zu halten, klatschte dann in seine Hände und hielt, wenn man ihm zu essen geben wollte, seine Hände wie eine Schale hin, um die Speise zu empfangen, die er dann stehend auf der Straße verzehrte. Selbst wenn er dazu eingeladen wurde, betrat er niemals ein Haus; jeden Tag ging er durch eine andere Straße und bat niemals an einem Haus ein weiteres Mal um Speise.

Arunachala - der Heilige Berg

Einer alten Schrift (dem Skandapuranam) zufolge ist der Berg der Morgenröte, Arunachala, das Zentrum der Erde. In ihm soll das Herz des Planeten pulsen, er sei sogar das Herz Shivas. Tatsächlich gehört der flache Hügel Arunachala, etwa 800 Meter hoch und zwölf Kilometer im Umfang, zu den geologisch ältesten Formationen der Erde. Geheiligte Wesen (Siddhas) sollen auf Arunachala wohnen, und mancher Heilige hat sich im Laufe der Zeit in seinen Höhlen und Spalten niedergelassen. Gleich dem

Olymp, dem Berg Sinai oder dem Kailasa im Himalaja ist Arunachala ein Symbol für die Manifestation der Göttlichen Kraft auf der Erde. Arunachala ist trocken; Felsen und Dornengestrüpp, Kakteen und wenige schattige Bäume prägen das Bild seiner rissigen Hänge. An seinem Fuß liegen künstliche Teiche, grüne Reisfelder; einige einfache Steintempel markieren bedeutende Punkte. Pilger aus allen Teilen des Landes kommen nach Tiruvannamalai, um im Uhrzeigersinn langsam um den Berg zu wandeln. Für viele Pilger und ebenso für den Maharshi war Arunachala geradezu die physische Manifestation Shivas. Der Maharshi konnte Tränen der Hingabe weinen, wenn er Hymnen über Arunachala hörte.

Auf diesen Berg nun stieg der Maharshi im Jahr 1898, um ihn niemals wieder zu verlassen. Dort fand ihn später seine Mutter wieder, auch viele bedeutende Schüler suchten ihn in den Höhlen und Steintempeln auf, die er ›bewohnte‹. Zuweilen musste man einen Zaun um ihn herum errichten, um ihn vor dem Ansturm der Pilger zu bewahren. Stets hielt sich der Maharshi, der öfter über die unwegsamen Berghänge ging, um den Hügel wanderte und seinen Gipfel erstieg, auf der Südseite des Berges auf, wo er nacheinander den Tempel Pavahakkunru, die Höhle Virupaksha, eine Höhle nahe beim Mulaipal Tirtha-Teich am Fuß des Berges und Skandashrama weiter oben auf dem Berg mit seiner schweigenden Gegenwart ehrte. »Während der ersten Jahre auf dem Hügel«, schreibt sein Biograf über diese Zeit, »schwieg Sri Bhagavan (Ramana Maharshi) noch. Seine Strahlkraft hatte schon eine Gruppe von Verehrern um ihn versammelt, und ein Ashram entstand. Es waren nicht nur Sucher nach der Wahrheit, die sich zu ihm hingezogen fühlten, sondern auch einfache Menschen, Kinder, sogar Tiere. Kleine Kinder aus der Stadt kletterten oft den Hügel zur Virupaksha-Höhle hinauf, saßen neben ihm, tollten um ihn herum und gingen fröhlich nach Hause. Eichhörnchen und Affen kamen und aßen aus seiner Hand.«[133]

Und der erste europäische Besucher beschrieb seine Begegnung mit dem Heiligen auf Arunachala folgendermaßen: »Als wir die Höhle erreicht hatten, saßen wir zu seinen Füßen und sprachen nicht. So saßen wir lange Zeit und ich fühlte mich aus mir selber herausgehoben. Eine halbe Stunde lang starrte ich in des Maharshis Augen, die ihren Ausdruck tiefer Versenkung niemals veränderten. Ich begann zu erkennen, dass der Körper der Tempel des Heiligen Geistes ist; ich konnte nur fühlen, dass sein Körper nicht er selber war: er war das Instrument Gottes, das bloß dasaß, ein bewegungsloser Leichnam, aus dem Gott leuchtend hervorstrahlte ...«[134]

Ashram, Schüler und Werke

Langsam kehrte der Maharshi zu einem normalen äußeren Leben zurück, das heißt, zu einem normalen Umgang mit den Menschen. Er wurde zusehends zu jenem liebevollen, stillen und dann auch durchaus gesprächigen Heiligen, als den die Besucher ihn später kennen lernten. Oft ignorierte er manchen Neuankömmling oder Schüler, wie das alle Meister um einer Lehre willen tun, aber ebenso oft führte er ausgiebige Gespräche, kommentierte heilige Verse, die ihm vorgelegt wurden und verfasste schließlich eigene Werke. Er zeigte einen sehr feinen, menschlichen Sinn für Humor. Als ihn jemand beispielsweise fragte: »Es stimmt doch, dass wir auf diesem Pfad allen Besitz aufgeben müssen, oder etwa nicht?«, antwortete er lächelnd: »Ja, und auch den Besitzer.«[135]

Als die Gebäude des Ramanashram, ebenfalls auf der Südseite des Berges gelegen, nach dem Tod der Mutter des Maharshi mit Spendengeldern schließlich errichtet wurden, folgte das Leben und auch der Maharshi einem ganz bestimmten Rhythmus. Alles war bestens und sparsam organisiert. In der großen Halle des Ashram, an deren Ende der Maharshi gewöhnlich den ganzen Tag auf einem Sofa neben einem Fenster saß oder lag, noch immer nur mit einem Lendenschurz bekleidet, versammelten sich die Schüler, Besucher kamen, Brahmanen lasen laut aus heiligen Schriften, der Maharshi las selbst, sprach, hörte zu, meditierte, oder er fütterte Eichhörnchen, die durch das Fenster hereinsprangen, mit Erdnüssen. Und er stellte oft seine sorgende Lieblingsfrage, ob dieser oder jener Besucher schon gegessen hätte (und dann, ob die Kuh Lakshmi, die Hunde und die Pfauen schon gefressen hätten). Wenn der Maharshi auf dem Hügel wanderte, einer Gewohnheit, von der er im Alter lassen musste, folgte ihm eine riesige Traube von Menschen.

Manche übten auch Kritik an seiner zurückgezogenen Lebensweise. Die Politiker und Kämpfer für Indiens Freiheit klagten damals gerne die Heiligen Indiens für ihre Untätigkeit an, dass sie sich zurückzögen und nichts für ihr Land und seine Menschen, ihre Freiheit, ihren Wohlstand, unternehmen würden. Eines Tages fragte J. Bajaj den Maharshi in sarkastischem Ton: »Heilige leben in Ashramas, aber was wird aus unserem Land? Sollten sie nicht den Millionen helfen, die leiden?« Worauf des Maharshis kryptische Antwort folgte: »Woher weißt du, dass sie nicht helfen?«[136] Damit verwies er den Fragesteller auf die Kraft des Geistes, auf die stille Stärke von Gedanken und gutem Willen, und auf die innere Macht des spirituellen Meisters.

Zahlreiche Schüler und Besucher kamen in den Ramanashram: Angestellte in der britisch-indischen Verwaltung, einfache Menschen, indische Prinzen (welche der Maharshi einmal, als sie vor ihm auf mitgebrachten, protzigen Sesseln saßen, auch wegen dieser Zurschaustellung nicht eines einzigen Blickes würdigte, bis sie ihn verärgert wieder verließen); es kamen Sucher aus ganz Indien, wie der bekannte Gelehrte und Reformer Vasishtha Ganapati Muni oder dessen Schüler Kapali Sastry. Doch dann kamen ebenso zahlreiche suchende Menschen aus dem Westen: unter ihnen der schon erwähnte Paul Brunton, F. H. Humphreys und Maharshis späterer Biograf Arthur Osborne. Durch den 1936 erschienenen Bericht Paul Bruntons wurde der Maharshi im Westen weithin bekannt. Für das Buch (und den folgenden Film) »Auf Messers Schneide« von W. Somerset Maugham gab der Maharshi das Vorbild für den darin geschilderten spirituellen Meister ab. Und der weltbekannte deutsche Indologe Heinrich Zimmer widmete ihm sein persönlichstes Buch: »Der Weg zum Selbst.«

Ramana Maharshis Lehre wird vielleicht am besten durch die Gespräche vermittelt, die Schüler und Besucher immer wieder aufgezeichnet haben. Eingangs haben wir aus ihnen zitiert. Aber der Meister, der nur um der besseren, mentalen Darlegung dessen, was er im Innern erkannt hatte, Sanskrit- und Tamil-Literatur studierte, was nicht allzu viel Zeit erforderte, da er ein fotografisches Gedächtnis besaß, hat auch selber einige kleine Werke verfasst: die »Vierzig Verse über die Wirklichkeit« (auf Sanskrit), einige Hymnen an ›Sri Arunachala‹, den Prosatext »Self-Inquiry« (in Heinrich Zimmers Übersetzung »Knappe Anweisung zum Forschen nach dem Selbst« genannt) und den Text »Wer bin ich?« Abgesehen von einigen weiteren, kleinen Gedichten ist alle übrige Lehre des Maharshi nur durch Gespräche überliefert.

Die letzten Jahre

Das Leben im Ashram floss leise dahin. Immer mehr Besucher kamen und manche blieben über längere Zeit. Der Ashram wuchs, Gebäude wurden hinzugefügt. Der Maharshi war noch immer stets in der Meditationshalle anzutreffen, Angebote für Reisen durch Indien lehnte er ab. Bald war der Meister weit über sechzig Jahre alt geworden.

Arthur Osborne schildert das Leben mit dem Maharshi, wie es in den letzten Jahren in seinem täglichen Ablauf vonstatten ging: »Man schreibt schon das Jahr 1947. Fünfzig Jahre sind in Tiruvannamalai vergangen. Mit dem Beginn des Alters und wegen der schwachen Gesundheit wurden gewisse Einschränkungen notwendig, was bedeutet, dass der Meister nicht mehr zu allen Stunden zugänglich ist. Er schläft nachts auf dem Sofa, wo er tagsüber Darshan gibt, den Segen seiner Gegenwart, aber die Türen sind nun geschlossen. Um fünf Uhr öffnen sich die Türen und frühe Verehrer kommen still herein, verbeugen sich und setzen sich auf den schwarzen Steinboden ...«[137] Brahmanen intonieren dann Verse des Veda. Frühstück ist um sieben, dann macht der Maharshi einen kurzen Spaziergang (jetzt nur mehr auf dem Ashramgelände) und kommt zurück in die Halle, die inzwischen gereinigt worden ist. Ab acht Uhr kommen die Schüler und Besucher, um neun ist die Halle, die etwa vierzehn mal fünf Meter misst, halb voll. Das Sofa des Meisters steht an ihrem nordöstlichen Ende, ein kleines Buchregal neben ihm, auf dem auch eine Uhr steht. Vor dem Meister sitzen die Männer auf der linken und die Frauen auf der rechten Seite, nur einige wenige haben neben dem Sofa entlang der Wand Platz genommen. Manche meditieren, andere sehen dem Meister zu, wie er jemandes Fragen beantwortet, beim Fenster hinaussieht, meditiert, lächelt. Jemand mag ein Geschenk bringen, das der Maharshi aber nicht für sich annimmt. Sind es Früchte oder Süßigkeiten, gibt er sie den Kindern in der Halle oder den Tieren, denen seine besondere Sorge gilt. »Eine unsagbare Sanftheit ist in (des Meisters) Blick. Es ist nicht nur Mitgefühl für die Schwierigkeiten, welche die Schüler gerade haben mögen, sondern für die ganze, riesige Last des Samsara, des menschlichen Lebens. Und doch, trotz der Sanftmut, können die Züge seines Gesichts die Strenge dessen zeigen, der gesiegt hat und niemals Kompromisse eingegangen ist. Dieser Aspekt der Härte wird gewöhnlich von einem weichen Wuchs weißen Haares bedeckt, denn als

Weltentsager wird der Kopf des Maharshi jeden Vollmond geschoren ... Sein Gesicht ist wie Wasser, es ändert sich andauernd und bleibt doch dasselbe. Es ist erstaunlich, wie schnell es von Milde zu felsengleicher Größe, vom Lachen zu Mitgefühl wandert.«[138] So vergeht der Tag mit Gesprächen, Meditation, Singen von Sanskrit-Hymnen morgens und abends, privaten Gesprächen und dem Essen im Speisesaal.

Im Jahr 1949 wird eine neue, große Halle bezogen, da die andere inzwischen viel zu klein geworden ist. Doch der Maharshi geht nicht gerne dorthin, er liebt Einfachheit. Als er sie schließlich doch betritt, hat die letzte Krankheit schon seinen Körper erfasst.

Wie zahlreiche andere große Meister, hatte auch Ramana Maharshi an der Last der Welt zu leiden, die in Form alles Negativen, das er in seinen Schülern mittrug, vielleicht dafür verantwortlich gewesen war, dass sich an seinem linken Arm Tumore entwickelten. Doch der Maharshi war gegen eine Amputation, die als die einzige Rettung erschien. Es gebe keinen Grund zur Aufregung, sagte er, der Körper selbst sei eine Krankheit, er solle sein natürliches Ende haben. Die Krankheit entwickelte sich, und schließlich, als man keinen Rat mehr wusste, fragte man den Meister selbst, wie man ihn behandeln solle. Er sagte nur: »Habe ich jemals um Behandlung meiner Krankheit gebeten? Ihr wollt dies und jenes für mich, darum müsst ihr selbst entscheiden.«[139]

Schließlich ging es dem Ende zu. Der Meister musste sicherlich schon lange große Schmerzen gelitten haben und er war sehr schwach geworden. Als jeder erkannt hat, dass die letzten Tage angebrochen waren, beginnen in den frühen Morgenstunden des 14. April 1950 einige Schüler die Hymne ›Arunachala-Shiva‹ auf der Veranda vor der Halle zu singen. Als er dies hört, rollen Tränen von Glückseligkeit über die Wangen des Maharshi. Er öffnet die Augen und lächelt milde. »Noch ein tiefer Atemzug«, schreibt Arthur Osborne, »und dann nichts mehr. Es gab keinen Todeskampf, kein anderes Zeichen des Todes: nur der nächste Atemzug kam nicht.«[140] Einige Zeit zuvor hatte der Maharshi den Schülern gegenüber bemerkt: »Sie sagen, dass ich sterbe, aber ich gehe nicht weg. Wohin könnte ich auch gehen? Ich bin hier.«[141] An diesem Morgen wird am Himmel ein besonders heller Stern gesichtet, der gleich einem Kometen dahinzieht. Im nicht weit entfernten Ashram Sri Aurobindos in Pondicherry, wo man diesen Stern ebenfalls erstaunt bemerkt, erfährt man einige Stunden später, dass der Maharshi gegangen ist. Und doch nicht gegangen ist.

Advaita

Ramana Maharshi hat eine Advaita-Philosophie gelehrt. Das heißt, er erkennt nur ein Prinzip des Seins an, und das ist das göttliche Sein. Alles andere besteht aus diesem absoluten Sein, ist aus seiner Substanz gewoben. Was von ihm verschieden erscheint, wie etwa die Welt oder die einzelne Seele, ist eben bloß Erscheinung. Der Advaita vieler Upanishaden, solange sie in der Tradition des Philosophen Shankara interpretiert werden, spricht aus der Lehre des Maharshi, und wie der große Philosoph spielt auch der große Meister mit den Nuancen von Realität und Illusion. Ist die Welt eine Illusion oder nicht? Sie ist Illusion, in der Weise, wie wir sie sehen, und sie ist real, wenn man sie als das absolute Brahman erkennt. Das Brahman ist unendlich und die (scheinbare) Welt endlich. Nach traditioneller Logik ist das nicht vereinbar, weshalb Shankara und seine Schüler die Welt als letztlich unwirklich und als unbestimmbar und unbeschreibbar bezeichnet haben. Der Maharshi beantwortet zwar Fragen bezüglich dieses philosophischen Problems, aber ihm geht es letztlich um die spirituelle Praxis, nicht um die Philosophie, die der ersteren jedoch zugrundeliegt. Tatsache ist, dass dem Maharshi die Welt nicht viel bedeutete und dass er den Körper nicht seiner Aufmerksamkeit für würdig befand. Er war allein auf das universelle Selbst, Atman, konzentriert, das eins ist mit dem Absoluten, Brahman. Der Maharshi sagt:

»Shankara wurde dafür kritisiert, dass er Maya (Illusion) lehrte, ohne dass man deren Bedeutung verstand. Er hat drei Behauptungen aufgestellt: Brahman ist real, das Universum ist irreal, und Brahman ist das Universum. Er hat nicht mit der zweiten Behauptung geendet. Die dritte Aussage erklärt die ersten beiden. Sie bedeutet, wenn das Universum als getrennt von Brahman wahrgenommen wird, ist die Wahrnehmung falsch und illusionär. Das Ergebnis all dessen ist, dass die Erscheinungen der Welt real sind, wenn sie als das Selbst erfahren werden und illusionär, wenn sie als getrennt vom Selbst wahrgenommen werden.«[142]

»Du siehst verschiedene Szenen auf einer Kinoleinwand vorüberziehen; Feuer scheint Gebäude einzuäschern; Wasser scheint Schiffe zu kentern; aber die Leinwand, auf welche die Bilder projiziert werden, bleibt heil und trocken. Warum? Weil die Bilder irreal sind und die Leinwand real …
Genauso verhält es sich mit der Welt. Sie ist eine Erscheinung auf dem Substrat der einzigen Wirklichkeit, welche von ihr in keiner Weise berührt wird. Die Wirklichkeit ist nur Eine.«[143]

»Alle Religionen postulieren die drei fundamentalen Seinsweisen Welt, Seele und Gott. Aber es ist Eine Wirklichkeit, die sich als diese drei manifestiert. Nur solange das Ego existiert kann man sagen: ›Diese drei sind wirklich drei.‹ …
›Die Welt ist real‹, ›Nein, sie ist eine bloße illusionäre Erscheinung‹, ›Die Welt ist bewusst‹, ›Nein‹, ›Die Welt ist Freude‹, ›Nein‹, - Was hat es für einen Sinn, so zu diskutieren? In jenem Zustand kommen alle überein, in dem sie die objektive Betrachtungsweise aufgegeben haben und ihr eigenes Selbst erken-

nen. Man verliert dann alle Begriffe von Einheit und Vielheit, von sich selbst und von Ego.
Wenn man selbst Gestalt besitzt, werden die Welt und Gott ebenso in gestalthafter Form erscheinen. Aber wenn man gestaltlos ist, wer dann soll diese Formen sehen, und wie? Kann man ohne Auge einen Gegenstand sehen? Das sehende Selbst ist das Auge, und dieses Auge ist das Auge der Unendlichkeit.
Brahman kann nicht gesehen oder erkannt werden. Es ist jenseits der dreifachen Beziehung von Seher, Sehen und Gesehenem, oder von Erkenner, Erkennen und Erkanntem. Die Wirklichkeit bleibt stets wie sie ist. Die Existenz der Unwissenheit oder der Welt besteht aufgrund unserer Verblendung. Weder Erkenntnis noch Unwissenheit ist real; was jenseits von beiden liegt, genauso wie jenseits aller Gegensatzpaare, das ist die Wirklichkeit. Es ist weder Licht noch Dunkelheit, sondern jenseits von beiden, obwohl wir manchmal davon als Licht sprechen, und von der Unwissenheit als seinem Schatten.«[144]

Gemäß dem Maharshi zählt also nur die Hinwendung zur Praxis der Erkenntnis des Selbst, alle mentalen Kategorien werden niemals erklären können, wie die Welt und das wahre Sein sich zueinander verhalten oder wie sie in ihrem wahren Wesen sind.

»Warum darüber spekulieren, was irgendwann in der Zukunft geschehen wird? Alle sind sich darin einig, dass das Ich existiert. Zu welcher Denkschule er auch immer gehören mag, lass den ernsthaften Sucher zuerst herausfinden, was das Ich ist. Dann wird Zeit genug sein, zu erkennen, was der allerletzte Zustand ist, ob das Ich im Höchsten aufgeht oder ob es von ihm getrennt bleibt (wie in den theistischen Schulen der indischen Bhakti-Bewegungen, dem Christentum etc.). Lass uns das Ende nicht vorwegnehmen, sondern uns offen für alles halten …
Wie kann der Intellekt, der niemals das Selbst erreichen kann, dazu fähig sein, die Beschaffenheit des höchsten Zustandes der

Erkenntnis und Verwirklichung zu bestimmen oder gar über ihn zu entscheiden? Es ist, als ob man das Sonnenlicht an seinem Ursprung nach der Lichtmenge einer Kerze messen wollte. Das Wachs wird schmelzen, bevor die Kerze auch nur in die Nähe der Sonne kommen kann. Anstatt dich bloßen Spekulationen hinzugeben, verschreibe dich hier und jetzt der Suche nach der Wahrheit, die immer in dir ist.«[145]

Der Weg zum Selbst

ZUERST SIEHT MAN DAS SELBST ALS DIE DINGE,
DANN SIEHT MAN DAS SELBST ALS LEERE,
DANN WIEDERUM SIEHT MAN DAS SELBST ALS DAS SELBST;
NUR IM LETZTEN FALL GIBT ES KEIN SEHEN,
DENN SEHEN IST WERDEN.

Ramana Maharshi

Ramana Maharshi hat einen ebenso einfachen (aber nicht leichten) wie wirkungsvollen Weg spiritueller Praxis gelehrt, der sich in nur einem Satz zusammenfassen lässt: Man stelle sich in der Meditation (und dann nicht nur in dieser) die Frage nach der eigenen Identität - Wer bin ich? – und löse so das falsche äußere Ego und die mit ihm einhergehende Identifikation mit dem Körper auf. Das geschieht kraft der eigenen Disziplin, kraft der Hingabe an das Ziel und mithilfe des Guru oder Meisters, der im Grunde nichts anderes als eben jenes Selbst ist. Auf Englisch wird Ramana Maharshis spiritueller Weg der Weg der ›Self-Inquiry‹ genannt, der Weg der Forschung und Suche nach dem eigenen Selbst.

»Das Selbst existiert immer. Man kann von ihm nichts wissen. Es ist kein neues Wissen, das man sich aneignen könnte. Was neu und nicht hier ist, kann nicht beständig sein. Das Selbst ist immer, aber die Erkenntnis des Selbst ist behindert, und diese Behinderung wird Unwissenheit genannt. Nimm die Unwissenheit hinweg und die Erkenntnis erstrahlt. Eigentlich besitzt das Selbst nicht diese Unwissenheit, es besitzt nicht einmal Erkenntnis. Beide sind bloß Hinzufügungen, die abgestreift werden müssen. Deswegen sagt man, das Selbst sei jenseits von Erkenntnis und Unwissenheit. Es bleibt wie es von seiner Natur her ist - das ist alles.«[146]

»Das Selbst ist reines Bewusstsein. Doch ein Mensch identifiziert sich mit dem Körper, der unbewusst ist und von selbst nicht sagt: ›Ich bin der Körper.‹ Jemand anderes sagt das. Das unbegrenzte Selbst sagt dies (auch) nicht. Wer dann? Ein falsches Ich entsteht zwischen dem Reinen Bewusstsein und dem unbewussten Körper und bildet sich ein, der begrenzte Körper zu sein. Suche es und gleich einem Phantom wird es verschwinden. Das Phantom ist das Ego oder der Verstand oder die Individualität. Alle heiligen Lehrbücher gründen auf der Entstehung dieses Phantoms, dessen Ausmerzung ihr Ziel ist. Der gegenwärtige Zustand ist bloße Illusion. Seine Auflösung ist das Ziel und nichts sonst.«[147]

»Durch beständige Erforschung der Natur des Verstandes wird der Verstand in Das verwandelt, worauf das Ich sich bezieht. Und das ist in der Tat das Selbst.«[148]

»Wer alles eliminiert, das Nicht-Ich ist, kann das Ich nicht auslöschen. Damit man ›Ich bin das nicht‹ sagen kann, oder ›Ich bin das‹, muss es ein Ich geben, das dies sagt. Dieses Ich ist nur das Ego, oder der Ich-Gedanke. Nachdem dieser Ich-Gedanke sich erhoben hat, entstehen alle anderen Gedanken. Der Ich-Gedanke ist deshalb die Wurzel. Wenn die Wurzel ausgerissen wird, wird damit auch der ganze Rest entwurzelt. Suche deshalb die Wurzel: Ich. Frage dich: ›Wer bin ich?‹ Finde den

Ursprung des Ichs. Dann werden alle Schwierigkeiten verschwinden und das reine Selbst alleine wird bleiben.«[149]

Das spirituelle Herz

Für den Maharshi ist »das wirkliche Selbst dort im Herzen hinter dem Ego-Selbst«. Es sei jenes, das in den alten Schriften die Höhle des Herzens *(Hridayaguha)* genannt wird. Man solle versuchen, es zu sein und es nicht bloß imaginieren oder denken.

»Das Herz ist da, immer offen für dich, wenn dir daran liegt, in es hineinzugehen; es stützt stets all deine Tätigkeiten, wenn du es auch nicht wahrnehmen magst. Vielleicht ist es genauer zu sagen, das Selbst sei das Herz. Eigentlich ist das Selbst das Zentrum und ist überall seiner selbst gewahr als das Herz des Selbstgewahrseins …
Wenn der Yogi den höchsten Zustand spirituellen Gewahrseins erreicht (Samadhi), ist es das Selbst im Herzen, das ihn in diesem Zustand trägt, ob er dessen gewahr ist oder nicht. Aber wenn sein Bewusstsein im Herzen zentriert ist, erkennt er, unabhängig von den Zuständen oder Zentren (Chakras), in denen er sich gerade befinden mag, dass er immer dieselbe Wahrheit ist, dasselbe Herz, das eine Selbst, der Geist, der überall ist, ewig und unveränderlich. Die Tantras nennen das Herz Suryamandala, die Sonnenscheibe, und das Sahasrara-Chakra (Zentrum am Scheitel) nennen sie Chandramandala, die Mondscheibe. Das zeigt, wie wichtig die beiden sind.«[150]

Der Meister

Auf dem Weg zur Verwirklichung unseres wahren Selbst ist die Gnade Gottes von unentbehrlicher Hilfe. Sie sei eigentlich die Gnade des Selbst, und ebenso sei sie die Gnade des Meisters oder Gurus. Das Selbst manifestiere sich als der Guru, wenn Notwendigkeit dafür bestehe.[151] Und: Ein Guru sei unbedingt notwendig, aber im Falle großer Seelen müsse er nicht immer äußerlich manifest werden.[152]

»Der Guru ist das Selbst. Eines Tages ist ein Mensch mit seinem Leben und mit allem was er hat unzufrieden und sucht die Befriedigung seiner Wünsche durch das Gebet zu Gott. Allmählich wird sein Gemüt geläutert, bis er Gott erkennen möchte, bis er eher Seine Gnade als die Befriedigung seiner weltlichen Wünsche erlangen möchte. Dann beginnt sich die Gnade Gottes zu manifestieren. Gott nimmt die Gestalt eines Guru an und erscheint dem Verehrer, lehrt ihn die Wahrheit und läutert darüberhinaus seinen Geist durch die Verbindung mit ihm. Der Geist des Schülers gewinnt dadurch an Stärke und wird fähig, sich nach innen zu wenden. Durch Meditation erlangt sein Geist noch tiefere Läuterung, bis er still bleibt, ohne die geringste Regung. Diese stille Weite ist das Selbst.
Der Guru hat eine innere und äußere Form. Von außen her gibt er dem Geist einen Stoß, damit er sich nach innen wende, während er von innen den Geist zum Selbst hin zieht und hilft, ihn ruhig werden zu lassen. Das ist die Gnade des Guru. Es gibt keinen Unterschied zwischen Gott, Guru und Selbst.«[153]
»Ein Guru ist jemand, der zu allen Zeiten in den Tiefen des Selbst weilt. Er sieht niemals einen Unterschied zwischen sich und anderen und ist frei von der Vorstellung, er sei der Erleuchtete und Befreite, während die anderen um ihn herum in Bindung und in der Dunkelheit der Unwissenheit lebten.«[154]
»Ein Schüler sagte nach seiner Verwirklichung zu seinem Guru: ›Ich erkenne nun, dass du in meinem innersten Herzen als die eine Wirklichkeit gewohnt hast in allen meinen zahllosen Geburten, und dass du nun in menschlicher Gestalt vor mich hingetreten bist und den Schleier der Unwissenheit weggezogen hast. Was kann ich für dich tun, der du mir solche Gnade gewährt hast?‹ Und der Guru antwortete: ›Nichts musst du tun. Es genügt, wenn du bleibst wo du bist, in deinem wahren Zustand.‹ Das ist die Wahrheit über den Guru«.[155]

Häufig also, insbesondere, wenn er vom Meister spricht, welcher für den Schüler in gewissem Sinne den persönlichen Aspekt Gottes darstellen kann, klingen des Maharshis Worte nicht wie die eines strengen Jnanayogin, der alle Emotionen ablehnt, nur das unpersönliche Absolute kontempliert und es sogar ablehnen mag, von Gott zu sprechen. Aber auch Shankara, dem Inbegriff aller Jnanayogins und Vedantins, werden zahlreiche devotionale Werke zugeschrieben. Das zeigt die grundsätzliche Einheit der Wege der Hingabe und der Erkenntnis. Nur jene, welche aus irgendeinem Grund die jeweils andere Form der Spiritualität ablehnen, denen Erkenntnis vielleicht zu trocken und zu kopflastig erscheint, oder denen Hingabe zu weich und gefühlsbeladen dünkt, ziehen voller Eifer strikte Trennlinien. Oft hat man den Maharshi sagen hören: »Gott zu erkennen, bedeutet, Gott zu lieben, deshalb enden die Pfade Jnana, Erkenntnis, und Bhakti, Gottesliebe, am selben Ziel.«[156]

Ramana Maharshi hat den Yoga der Erkenntnis, den Yoga der Konzentration auf das absolute, unpersönliche Sein mit neuem Leben erfüllt. Wahrscheinlich hat niemand seit Shankara, der im neunten Jahrhundert lebte, dies mit solch weitreichender Kraft getan. Der Maharshi hat keine neuen, dynamischen Wege der Spiritualität ausgehauen. Das war offensichtlich nicht seine Aufgabe. Der Maharshi hat ein tragendes Fundament indischer Spiritualität befestigt, das tief in die Jahrtausende hinabreicht und in den Upanishaden seine Wurzeln hat. Jenen, die der Advaita-Philosophie anhängen (vielen gebildeten Indern), hat er dabei die Notwendigkeit spiritueller Praxis vor Augen geführt. Und er hat zur weiteren Verbreitung indischer Spiritualität im Westen bedeutend beigetragen. Sein Leben war ein großer Rückgriff in die Tradition, welche die Erlangung höchster Erkenntnis lehrt; es war ein mächtiger Sonnenstrahl ewiger Wahrheit.

SRI CHINMOY (*1931)
UND DIE NEUE SPIRITUALITÄT

ICH HABE SRI CHINMOY STETS
VON GANZEM HERZEN WERTGESCHÄTZT ...
DENN EIN AUTHENTISCHER VERTRETER DER
SPIRITUALITÄT IST HEUTZUTAGE
ETWAS ÄUßERST SELTENES UND AUßERGEWÖHNLICHES.

Pir Vilayat Inayat Khan, Oberhaupt des Sufi-Ordens im Westen

Lautlos betritt Sri Chinmoy den Aspiration-Ground, eine in einen Winkel von Queens gelehnte Oase der Stille. Japanische Kirschbäume begleiten seinen Weg, im Hintergrund hohes Ahorn. In einem blauen, offenen Häuschen aus Holz, das in der grün wuchernden Ecke eines Tennisplatzes steht, lässt er sich in einen breiten Sessel nieder. Schüler und Besucher sitzen vor ihm; er schweigt, alles ist still, ein Duft von Ewigkeit haucht durch seine Blicke, als er sich umsieht. Seine Gestalt ist athletisch, das Gesicht ebenmäßig, die Haare spärlich. Er erstarrt; meditierend hält er die Augen halb geschlossen. Bald erscheint der Meister als ein Magier, dessen Meditation und Kraft eine leuchtende Stille in die Umgebung hineinbreitet, in der alle Fragen versinken. Einige Minuten später bewegt sich sein Gesicht und zerfließt in milde Züge. Als seien dieses Lächeln und das Mitgefühl, das aus ihm strömt, die alleinige Aufgabe des Meisters. Er beginnt nun, mit einem Schüler zu sprechen und greift wenig später zu schweren Hanteln, das Gewicht fortlaufend steigernd, ohne jene weite, ruhige Atmosphäre um sich zu verlieren, in welche er die Anwesenden kurz zuvor getaucht hat.

Sri Chinmoy lebt das beinahe Unmögliche, zwei weit voneinander entfernte Ufer des Seins, das äußere und das innerste Leben, in einem einzigen Griff des Geistes zu verbinden. Im täglichen Leben Sri Chinmoys, in der Meditation, bei der Unterweisung der Schüler, beim Verfassen von Gedichten, beim Training mit schweren Gewichten, ist jener innerste und doch ganz gegenwärtige Bewusstseinszustand zu spüren. Sri Chinmoy geht und spricht, wie nur der gehen und sprechen kann, wie nur jener schreibt, unter dem Gewicht der Hanteln ächzt und doch nicht ächzt, so losgelöst, der ganz in Gottes Willen geworfen ist.

Sein ganzes Leben lang wirkt Sri Chinmoy auf eine tiefere Beziehung zum Göttlichen in den Menschen hin. Ein Zusammentreffen mit ihm öffnet die Herzen der Menschen, auch die mancher Politiker, welche die lebendige Manifestation der Macht der Stille im Meister fühlen können. Spiritualität, das zeigt er unermüdlich, ist die Tiefe des Lebens selbst, sie berührt uns in allem; sie ist keine ferne Heiligkeit. Sri Chinmoy steht für eine neue, mutige, andere Spiritualität, die über die Grenzbalken der Tradition hinweg in unbekannte Räume vorstößt. Er ist ihr Inbegriff, ist Pionier des Neuen und Träger der alten Wahrheiten zugleich. Für Sri Chinmoy ist die Welt nicht unangenehmer Umstand, Illusion oder zu überwindendes Schrecknis, wie in der traditionellen Spiritualität, sie ist für ihn eine millionenfache Gelegenheit, Gott zu dienen. Sie ist für ihn wahr, weil er in ihr das Göttliche erblickt.

Eine visionäre Erfahrung, die ihm als Vierzehnjährigem zuteil geworden ist, schien Sri Chinmoy schon seine Lebensrichtung vorzugeben:

> *»Wann immer sich mir Gelegenheit bot, ging ich an das Ufer des immerblauen Meeres und saß dort einsam. Der Vogel meines Bewusstseins erhob sich langsam tanzend in den Himmel und verlor sich in ihm.*
> *Einmal, in einer Vollmondnacht, als ich meinen Blick nicht vom blauweißen Horizont ließ, sah ich nichts als ein Meer von heiterem Licht. Alles war wie in einem unendlichen Ozean von Licht versunken, der sanft auf den kleinen Wellen spielte.*
> *Mein endliches Bewusstsein war auf der Suche nach dem Unendlichen und Unsterblichen. Beherzt trank ich die Ambrosia und trieb in dem leuchtenden Meer. Es schien, dass ich nicht länger auf dieser Erde existierte.*

Plötzlich, ich weiß nicht warum oder wie, setzte etwas meinem schönen Traum ein Ende. Nicht länger mehr gab die Luft ihre honiggleiche, unsterbliche Glückseligkeit aus sich, denn bedrückende Gedanken hatten sich in mein Bewusstsein gedrängt: ›Vergebens, alles ist vergebens. Es gibt keine Hoffnung darauf, eine göttliche Welt hier auf der Erde zu schaffen. Das ist bloß ein kindischer Traum.‹ Ich glaubte, nicht einmal mein eigenes Leben fortsetzen zu können. Es schien nichts als eine dornige Wüste zu sein, übersät mit endlosen Schwierigkeiten.
›Warum sollte ich den unerträglichen Schmerz und diese Trübsal hier leiden? Ich bin der Sohn des Unendlichen. Ich muss Freiheit haben, muss die Seligkeit des Paradieses besitzen. Diese Seligkeit wohnt immer in mir. Warum dann sollte ich diese sterbliche Welt nicht verlassen und mich in meine Ewige Wohnstatt im Himmel begeben?‹
Ein jäher Blitz zuckte über meinem Kopf. Als ich in ehrfürchtiger Verwirrung aufblickte, fand ich meinen Geliebten, den König des Universums, der mich ansah. Sein strahlendes Antlitz war von Kummer getrübt.
›Vater‹, fragte ich Ihn, ›was macht dein Gesicht so traurig?‹
›Wie kann ich glücklich sein, Mein Sohn, wenn du nicht Mein Gefährte sein und Mir bei meiner Aufgabe helfen willst? Ich habe unzählige wundervolle Pläne in der Welt verborgen, die ich in die Wirklichkeit heben werde. Wenn meine Kinder Mir in Meinem Spiel nicht helfen, wie kann Meine Göttliche Manifestation hier auf der Erde stattfinden?‹ Tief bewegt verneigte ich mich und versprach: ›Vater, ich werde dein treuer Gefährte, werde voll Liebe und aufrichtig sein, durch alle Ewigkeit. Forme mich und mache mich meiner Rolle in deinem kosmischen Spiel und deiner Göttlichen Aufgabe würdig.«[157]

Mit beeindruckender Entschlossenheit und unbeirrbarer Kraft sollte Sri Chinmoy diesem Versprechen treu bleiben, das sein Leben seit mehr als fünf Jahrzehnten prägt.

In Indien

Bevor Madal, der Liebling der Familie, dem bald der Name Chinmoy Kumar gegeben werden sollte, am 27. August 1931 im äußersten Osten Bengalens, im heutigen Bangladesh geboren wurde, träumte sein sechzehnjähriger Bruder Chittaranjan, eine große Seele, gleich einem Buddha oder Ramakrishna, würde als jüngster Bruder in die Familie Ghose kommen. Zu Anfang jedoch fiel der Jüngste vor allem durch seine lärmende Lebhaftigkeit auf, welche ihm den Kosenamen Madal, das heißt ›Trommel‹, eintrug.

Madal wurde in eine einigermaßen wohlhabende und sehr religiöse Familie geboren. Der Vater war Eisenbahninspektor und eröffnete später in Chittagong, heute eine Großstadt im Osten Bangladeshs, ein kleines Bankhaus. So lernte der kleine Madal aus dem Dorf Shakpura zum ersten Mal die Welt der Städte kennen. Der Vater Shashi Kumar und die Mutter Yogamaya förderten den Hang ihrer sechs älteren Kinder, Madal hatte drei Brüder und drei Schwestern, zur Spiritualität. Bald trat der älteste Bruder Hridayranjan in den Sri Aurobindo Ashram in Pondicherry ein. Die anderen Geschwister folgten ihm einige Jahre später.

Als er elf Jahre alt war, starb Madals Vater, und im Jahr darauf starb auch die Mutter, kaum fünfzig Jahre alt geworden. In der Nacht nach dem Tod seiner Mutter sah Madal ihre Seele als eine Masse von Licht vor sich, das seinen Kummer besänftigte. Er habe damals nichts von diesen Dingen gewusst, doch sei es seine erste Erfahrung von göttlichem Licht gewesen, erklärt Sri Chinmoy später. Von nun an übernahm sein Bruder Chitta die Elternrolle im Leben des zwölfjährigen Chinmoy, der nun seinen sechs Geschwistern in den Sri Aurobindo Ashram folgte.

Bald hatte er erste hohe spirituelle Erfahrungen, die oft ungesucht in sein Leben hereinbrachen, wie jene, deren Beschreibung Sri Chinmoys wir eingangs zitiert haben. Ein andermal arbeitete Chinmoy mit seinen Freunden auf einem Feld des Ashram, als er völlig unerwartet Krishna in einem nahen Mangobaum schaute - der Baum, seine Früchte und Blätter, alles hatte sich in die vielfache, greifbare Vision Krishnas, des kosmischen Geliebten, verwandelt, alles vibrierte in Glückseligkeit.

Schon bald nach seinem Eintritt in den Ashram wurde dem Zwölfjährigen in einer nächtlichen Meditation, zu welcher er sich von innen her aufgefordert fühlte, die Erfahrung von Nirvikalpa Samadhi zuteil, dem Zustand des Bewusstseins, in welchem kein Gedanke, keine Form, kein Ich verbleibt, in welchem der Geist vollständig im Unendlichen versinkt. Nirvikalpa Samadhi wird von vielen Yogins als das Ziel ihrer Bemühungen angestrebt. Nach dieser ersten inneren Erfahrung eines höchsten Bewusstseinszustands meditierte Chinmoy jeden Tag jetzt viele Stunden lang, meist ab zwei Uhr morgens, und erlangte allmählich jene umfassende innere Erkenntnis und Verwirklichung wieder, die, so würde man in Indien denken, aus einem früheren Leben in das gegenwärtige herübergetragen worden ist.

Chinmoy widmete sich aber auch dem äußeren Leben. Er begann Gedichte zu schreiben und Lieder zu komponieren; außerdem las der Autodidakt begierig, vor allem englische Literatur und europäische Philosophie. Bald schrieb er Artikel und einige Essays. Im sportbegeisterten Ashram Sri Aurobindos war er auch für seine Leistungen in der Leichtathletik bekannt. Sechzehn Jahre lang gewann er beim jährlich stattfindenden Wettkampf den Sprint über hundert Meter. Seine beachtliche Rekordzeit war 11,7 Sekunden (ohne Schuhe und Startmaschine auf einer Aschenbahn). Er gewann auch den Zehnkampf mehrere Male. Mehr als zwanzig Jahre lang, von 1943 bis 1964, blieb Sri Chinmoy in Pondicherry. Er arbeitete tagsüber in verschiedenen Funktionen, zuletzt als Sekretär von Nolini Kanta Gupta, einer führenden Persönlichkeit im Ashram, und meditierte nachts.

Als er zweiunddreißig Jahre alt geworden war und vielleicht die letzten inneren Höhen gewonnen waren, verspürte Chinmoy, dessen Name etwa ›voll mit göttlichem Bewusstsein‹ bedeutet, den inneren Befehl, seine spirituellen Errungenschaften und Erkenntnisse den Suchern im Westen anzubieten. So kam es, dass Sri Chinmoy - mit der finanziellen Hilfe einiger Freunde - am 13. April 1964 auf dem John F.-Kennedy Flughafen in New York landete und sein Leben im Herzen der westlichen Kultur begann.

Im Herzen des Westens

Die lebendigste Großstadt der Welt hat einen mächtigen Eindruck auf den jungen Yogin Sri Chinmoy gemacht, der nur die ruhige Abgeschiedenheit Pondicherrys und das alte, kleine Chittagong gekannt hatte. Zudem besaß er kaum Geld. Er nahm daher eine Stelle als Angestellter am indischen Konsulat an. Nach drei Jahren gab Sri Chinmoy, da ihn dann schon seine eigentliche, spirituelle Arbeit ausfüllte, seine Anstellung im Konsulat auf, wo er viele Freunde gewonnen hatte. Er litt in diesen Jahren große Armut und konnte daher nur kleine und billige Wohnungen beziehen, die er häufig wechselte. Er lebte in Manhattan, dann in Brooklyn und bezog 1968 schließlich das schlichte Haus in Jamaica, einem Bezirk des Stadtteils Queens, in welchem er heute noch lebt.

Die Wohnungen Sri Chinmoys dienten vielfach auch als Meditationsräumlichkeiten für die spirituellen Sucher, die sich bald um den jungen Meister scharten, der damals noch nicht an eine breite Öffentlichkeit trat. Sie trafen sich dort regelmäßig zu gemeinsamen Meditationen. Das erste Meditationszentrum Sri Chinmoys wurde allerdings im Jahr 1966 in Puerto Rico gegründet. Aber auch das Zentrum in New York nahm langsam

Form an. Im Jahr 1965 begann Sri Chinmoy eine kleine monatliche Zeitschrift herauszugeben, die nach dem heiligsten Mantra Indiens benannt war, das AUM Magazine, welches bald weitere Sucher aus der spirituellen Wüste New Yorks anzog.

Auch der erste Fernsehauftritt und das erste Radiointerview Sri Chinmoys fallen in dieses Jahr. Ebenso komponierte er ein Lied, die so genannte Invocation, das er als das große Mantra seines spirituellen Weges betrachtet. In der dritten Ausgabe des AUM Magazine sprach Sri Chinmoy über die Beziehung zwischen Osten und Westen. Die Besonderheit des Verhältnisses zwischen Asien/Indien und der westlichen Kultur bildet ja gleichzeitig die Grundlage für sein eigenes Wirken, welches sicherlich den bisherigen Höhepunkt jener Entwicklung darstellt, die Swami Vivekananda vor hundert Jahren in Amerika in Gang gesetzt hatte:

> *»Nun haben der Osten und der Westen die Notwendigkeit einer Verbindung von Verstand und Göttlichem Geist erkannt.*
> *Osten und Westen mögen als die beiden Augen desselben menschlichen Körpers betrachtet werden. Die anderen Verschiedenheiten der Menschen, nach Rasse, Kultur und Sprache, werden gewiss eines Tages aus dem menschlichen Geist verschwinden, wenn dieser mit dem göttlichen Licht und der göttlichen Kraft erfüllt wird. Das ist die unumgängliche Folge der Stunde Gottes, die überall auf der Erde anbricht …*
> *Das erwachte Bewusstsein des Menschen wendet sich sichtbar dem Göttlichen zu. Das ist ein überaus hoffnungsvolles, lichtvolles Zeichen inmitten der uns umgebenden Dunkelheiten von heute. Das ist ein Augenblick, der verlangt, nicht nur einander die Hände zu reichen, sondern die Gedanken, Herzen und Seelen zu verbinden. Über alle physischen und mentalen Barrieren hinweg, zwischen Ost und West, hoch über nationalen und sogar individuellen Lebensgewohnheiten wird das erhabene Banner der Göttlichen Einheit wehen.«*[158]

Vorträge in aller Welt

Bald begann der Meister nicht mehr nur vor jenen jeweils zwanzig oder dreißig spirituellen Suchern zu sprechen, welche die regelmäßigen Meditationen in den inzwischen fünf Zentren besuchten, sondern öffentliche Vorträge über Spiritualität und das indische spirituelle Erbe zu halten. So unternahm er im März 1970 eine berühmte Vortragsreihe über die Bhagavadgita[159], die einer der wenigen wichtigen modernen Kommentare zu dieser Schrift ist. Sri Chinmoy sprach in diesem Jahr an zahlreichen Universitäten, in Connecticut, in Harvard, in Pennsylvania, in Washington und New York, in North Dakota und Kalifornien. Im selben Jahr reiste er zum ersten Mal nach Europa, sprach ebenfalls an Universitäten und gründete Meditationszentren, so in London, Cambridge, Dublin und Zürich.

Schon vor seiner Reise durch Europa hatte Sri Chinmoy eine Vortragsreise nach Japan und in den Fernen Osten abgeschlossen und mit dieser den noch bescheidenen Beginn seines weltweiten Wirkens markiert. Zurück in New York, hielt Sri Chinmoy bald öffentliche Meditationen, die er heute noch leitet. Zu seiner ersten Meditation fanden sich über tausend Sucher ein. Nur durch die Kraft der Stille gab Sri Chinmoy Hunderten von ihnen ihre erste Lehrstunde in der Meditation.

Bei den Vereinten Nationen

Neben all diesen vielfältigen Aktivitäten legte Sri Chinmoy sein Hauptaugenmerk auf die spirituelle Führung seiner Schüler, was stets der wichtigste Teil seines Wirkens blieb. Aber eine Errungenschaft ragt in diesen ersten Jahren sicherlich als die damals bedeutendste im Leben des Meisters heraus: Immer mehr war Sri Chinmoy an dem Versuch gelegen, möglichst vielen Menschen und auch den von ihnen geschaffenen Institutionen spirituelle Ideale nahe zu bringen, nicht nur den spirituellen Suchern. Darin schien er einen wesentlichen Teil seiner

Mission zu sehen. Sri Chinmoy wurde nun von UNO-Generalsekretär U Thant eingeladen, beginnend mit dem 14. April 1970 wöchentliche Meditationen am Hauptsitz der Vereinten Nationen in New York zu halten, die viele Mitarbeiter der Weltorganisation anzogen. Es war die erste Aktivität dieser Art an der UNO und stellte damals wie heute eine große Gelegenheit zur Verbreitung der Botschaft aller Spiritualität dar: dass wir alle eins sind und der unendlichen Wahrheit angehören. Die UNO mag für diesen Gedanken das geeignetste Forum sein.

Bei den Treffen in den Räumen des Hauptquartiers der Vereinten Nationen, die heute noch regelmäßig stattfinden, spricht Sri Chinmoy gewöhnlich nicht, sondern wirkt alleine durch die Macht des Schweigens und inneren Friedens. In diesen Zeiten des kalten Krieges, in den Siebzigerjahren, war eine spirituelle Hilfestellung für die Lösung der unzähligen Probleme in der Welt sicherlich besonders bedeutend. Und sie ist heute, wenn sich die Probleme auch geändert und manche - wer weiß, vielleicht auch dadurch - in Nichts aufgelöst haben, noch immer von größter Wichtigkeit. Die »Sri Chinmoy: The Peace Meditation at the United Nations«, wie der Name der wöchentlichen Veranstaltung lautet, wurde nicht nur von U Thant, sondern auch von anderen Generalsekretären gefördert.

Schnell schritt die Arbeit Sri Chinmoys in der äußeren Welt voran; die vielen Einladungen zu Vorträgen, Interviews und bald auch zahlreiche Publikationen waren aber nur Ausdruck eines reichen inneren Lebens des Meisters. Die vita contemplativa ist stets, und muss es sein, Wurzel und Basis einer wahren, nicht dem eigenen Ich dienenden vita activa.

Der Meister offenbarte nun auch in Gegenwart seiner Schüler Bewusstseinszustände, in deren Höhen er zuvor nur in Einsamkeit geflogen war. Ende Januar 1971, nachdem ganz oben in seinem Haus ein kleiner Meditationsraum fertig gestellt worden war, ersteigt Sri Chinmoy zum ersten Mal im Beisein einiger

Schüler die Höhen der völligen Verschmelzung mit dem Allerhöchsten. In dieser außergewöhnlichen Stunde lehrt Sri Chinmoy die Anwesenden die verschiedenen Stufen eines transzendenten Bewusstseinszustandes, von dem es, so sagt er, für viele schwierig sei, in den Körper zurückzukehren. Im Zustand völliger Identifikation mit dem Innersten zeigt er die verschiedenen Stadien der Beziehung zwischen dem Menschen und dem Göttlichen: zuerst Sehnsucht, dann das Erkennen des göttlichen Geliebten, die Vereinigung mit Ihm, und schließlich die Manifestation des Absoluten in der Welt. Alles sei eins in diesem unaussprechlichen Zustand, auch die anderen sähe er als Gott selber vor sich, sagt Sri Chinmoy. »Denkt ihr«, fragt er dann, »Gottverwirklichung sei schwierig? - Die Manifestation Gottes auf Erden ist das Schwierige.«

Doch gerade der Versuch dieser Manifestation des Göttlichen im äußeren Bewusstsein, selbst in der Materie, war es, was Sri Chinmoy seine Mission unternehmen ließ. Der Versuch der Etablierung des inneren Lichts im Äußeren bestimmt sein Leben, ihm widmet er jede Minute, jede Meditation, jedes Gedicht, jede sportliche Leistung, jedes Interview und jeden Kontakt zu anderen. Denn Manifestation bedeutet für Sri Chinmoy nicht nur das Zeigen und Anbieten des höheren Lichts, das ein spiritueller Meister und Yogin besitzt. Manifestation bedeutet nach ihm viel mehr: Die Annahme dieses Lichts durch die Welt und das unwiederbringliche Verankern eines spirituellen Bewusstseins im Bewusstsein der Erde. Er schreibt:

»In deiner Tasche, das heißt: in dir, ist eine köstliche Mangofrucht. Du fährst mit deiner Hand in die Tasche, holst die Mango heraus und zeigst sie mir. Das ist Enthüllung oder Offenbarung. Vorher war die Mango verborgen und nun hast du sie sichtbar gemacht. Dann musst du sie manifestieren. Wie machst du das? Du wirst sie in Stücke schneiden und sie mit mir und anderen teilen.

Wenn du Gott, die Wahrheit oder das Licht der Welt enthüllst oder offenbarst, bedeutet es, dass du diese aus dem Inneren hervorgeholt hast und sie nun da sind, um von der ganzen Welt betrachtet zu werden. Aber wenn niemand dem, was du enthüllt hast, Aufmerksamkeit schenkt, oder wenn niemand es akzeptiert oder versteht, dann ist es eine Enthüllung ohne Manifestation. Manifestation heißt, nicht nur zu zeigen, was du hast und was du bist, sondern die Welt dahin zu bringen, dass sie es sieht, fühlt, versteht und akzeptiert. Das ist der Unterschied.«[160]

Das Unsagbare ausdrücken

DIE HÖCHSTE KUNST IST,
IM INNEREN WIE ÄUßEREN BEWUSSTSEIN
MIT DEM HÖCHSTEN KÜNSTLER VERTRAUT ZU SEIN.

Sri Chinmoy

Diese Manifestation spirituellen Bewusstseins bestimmt also alle Aktivitäten des Meisters, sie lässt ihn Abschied nehmen von der Zurückgezogenheit und Weltferne der traditionellen Spiritualität. Sri Chinmoys Leben ist weniger durch Ereignisse als durch eigene, kreative Versuche dieser Manifestation geprägt. Seit den frühen Siebzigerjahren begann Sri Chinmoy daher nun, weitere, neue Lebenswege zu beschreiten. Abenteuer des Schaffens. Die im engeren Sinne kreativen Tätigkeiten Sri Chinmoys, die sein Leben bis heute in hohem Maße prägen, sind Literatur, Malerei und Musik. Im Folgenden wollen wir die chronologische Darstellungsform verlassen und zunächst diese drei Felder des Schaffens Sri Chinmoys beleuchten. Später werden wir uns wieder anderen Formen der Manifestation des Inneren im äußeren Leben zuwenden, denen sich Sri Chinmoy widmet.

Dichtung und Spiritualität

Jahrelang sprach Sri Chinmoy an zahlreichen amerikanischen Universitäten, unter ihnen die renommiertesten an der Ost- und Westküste, er sprach in Europa und ebenso in Ostasien. Jahrelang strömten die Sucher zu diesen Vorträgen und lauschten den prägnanten, meditativen Sätzen des noch jungen Meisters, wenn er von der Seele, vom spirituellen Erbe Indiens, von der Beziehung des Suchers zu Gott und den Stufen des spirituellen Lebens sprach:

> *»Gott ist des Menschen Ewiger Freund. Wenn sich der Mensch Gott nähert, nicht als ein Bettler, sondern als ein Freund, erreicht er Gott früher. Er bekommt Gott in seiner lieblichsten Form. Wir sind nicht Gottes Sklaven. Wir sind Seine Kinder, Seine auserwählten Kinder.*
> *Gottes Traumboot ist die himmlische Individualität des Lebensboots des Menschen. Des Menschen Lebensboot ist die irdische Persönlichkeit von Gottes Traumboot. Des Menschen Lebensboot fährt zum Verheißenen Land, wo Unendlichkeit spielt, Ewigkeit singt und Unsterblichkeit tanzt. Aber wo ist dieses Verheißene Land? Es ist im Herzen des Hier und in der Seele des Jetzt ... «*[161]

Bald (1971) publizierte Sri Chinmoy seine Vorträge auch als Bücher. Diesen folgten erste Bände mit Gedichten und Aphorismen. Namhafte Verlagshäuser[162] verlegten seine Werke. Das erste in größerer Auflage erschienene Buch Sri Chinmoys war »Yoga und das spirituelle Leben - Die Reise der Seele Indiens«, das sich in den ersten sechs Monaten sogleich mit 32.000 Exemplaren verkaufte. Ebenso erschien »Meditations - Food for the Soul«, mit Meditationen für jeden Tag des Jahres. Für den 13. Mai, den Tag, an dem diese Zeilen geschrieben werden, steht:

»Mein Verstand anerkennt die Wahrheit, wenn er sie sieht. Mein Herz bewundert die Wahrheit, wenn es sie fühlt. Mein Körper betet die Wahrheit an, wenn er sie begreift. Meine Seele liebt die Wahrheit ganz einfach deswegen, weil die Wahrheit existiert.«

Das berühmte Werk »Lieder der Seele« (Songs of the Soul) erschien im selben Jahr gemeinsam mit weiteren Büchern. Frühe Gedichte, viele von ihnen in gebundener Form verfasst, im Unterschied zum Aphorismus und dem kurzen Gedankengedicht des späteren Werks Sri Chinmoys, fanden auch in literarischen Kreisen Beachtung. Wie in der bengalischen Lyriktradition bis herauf zu Rabindranath Tagore ist Sri Chinmoys Lyrik manchmal auch voll Emotionen und der Sehnsucht des Menschen nach dem Göttlichen. In dem vielleicht kürzesten Gedicht dieser letzteren Art sagt Sri Chinmoy in vollkommener Weise:

Allein geh' ich dahin
Und suche dich.
Ich schlafe bei meinem Hoffnungsfreund
Und weine mit meinem Wachen.[163]

Sri Chinmoy gelingt es ebenso, eine der Verzweiflung nahe Verfassung des Menschen angemessen zu beschreiben, ohne in düstere Bilder zu verfallen:

Ich bin der verirrte Reisende;
Ich bin der Seemann,
Der sein Ziel nicht kennt.
Ich bin der Arbeiter,
Der seine Stelle verloren.
Ich bin der Liebende,
Leer der Hoffnungsflammen.[164]

Den überwiegenden Teil von Sri Chinmoys literarischem Schaffen umgreifen jedoch jene meist kurzen Gedichte, die häufig spirituelle Lehre, Mantra und Leseerlebnis zugleich sind. Sie wurden in kleineren Sammlungen wie »The Dance of Life« oder »The Golden Boat« zusammengefasst. Wie es Sri Chinmoys Ideal entspricht, versucht er dabei immer wieder, möglichst viel in einem intensiv gelebten, zeitlich begrenzten Rahmen zu schreiben. So zum Beispiel den dicken Band »Transcendence-Perfection« mit 843 Gedichten, den der Autor in 24 Stunden verfasst hat.

Seine Hauptwerke bilden jedoch zweifellos die drei großen Gedichtsammlungen »Ten Thousand Flower-Flames«, 10.000 Gedichte, die, neben zahlreichen anderen Büchern, von 1979 bis 1983 erschienen sind. Darauf unternahm der Meister sein Werk der »Twenty-Seven Thousand Aspiration-Plants«, die er im Januar 1998 vollendete, um sogleich darauf eine nächste, noch umfangreichere Serie in Angriff zu nehmen, die »Seventy-Seven Thousand Service-Trees«, von denen bis heute bereits mehr als 29.000 erschienen sind.

Sri Chinmoy legt, wie wir daraus schließen können, auch Wert auf Quantität. Für ihn ist eine größere Zahl von Gedichten (oder Bildern oder Liedern, wie wir noch sehen werden), gleich einer größeren Menge von Spiritualität, die der Welt angeboten wird und die er in ihr zu manifestieren versucht. Der spirituelle Meister, sagt Sri Chinmoy, dessen Geist die Herrschaft über sich selbst errungen habe, kenne unbegrenzte Inspiration, welcher nur durch Zeit und physische Umstände Schranken gesetzt seien. Und Sri Chinmoy hat auch diese äußeren Grenzen sehr weit hinausgeschoben.

Wir wollen an dieser Stelle je ein Gedicht aus den drei großen Sammlungen vorstellen:

Jedes Atom wird friedvolle Ruhe
Und ein fruchtbares Leben finden.
Denn Gott hat bereits beschlossen,
Sich durch die Schönheit
Jedes Atoms zu enthüllen.
(Flower-Flame Nr. 2.764)

Lerne mit so wenig Dingen
Zu leben wie möglich.
Das ist der einzige Weg
Zu innerem Frieden.
(Aspiration-Plant Nr. 26.125)

Jeder Mensch ohne inneres Streben
Liebt es,
Mit seinen selbsterzeugten Grenzen zu leben.
(Service-Tree Nr. 4493)

In seiner Literatur wie Philosophie geht es Sri Chinmoy vor allem um intuitive, direkte Erkenntnis, nicht um intellektuelle Argumentation. Er verzichtet auch in seinen Vorträgen und Essays auf philosophische Diskussion im engeren Sinne und versucht, unmittelbar das Innere der Menschen anzusprechen. Seine Schriften sind daher meditative Texte. Er erreicht das auch durch seine besondere Handhabung der Sprache, die einfach und ausgewogen ist, Sätze und Verse sind klar und voller Kraft. Und Sri Chinmoy ringt dem Englischen (und damit indirekt der europäischen Sprachenfamilie) die den indischen Sprachen eigene Fähigkeit ab, wichtige, aber fein nuancierte spirituelle Gedanken und Emotionen auszudrücken. Zu diesem Zweck schafft er sehr häufig neue Begriffe. Bis heute hat Sri Chinmoy mehr als 1300 Bücher geschrieben und publiziert, die ein Werk von weit mehr als 100.000 Seiten ergeben.

Jharna-Kala: Kunst aus der inneren Quelle

Nachdem er das erste Bild einer Rose gezeichnet hatte, heute ein Klassiker unter seinen Bildern, nahm Sri Chinmoy im November 1974 seine Malinstrumente zur Hand (meist Pinsel und Schwämme) und ließ sie ein Jahr lang fast nicht zur Ruhe kommen. Im Jahr 1975 malte er mehr als 100.000 Bilder, meist in leuchtenden Acrylfarben, von der Größe einer mehrere Meter langen Leinwand bis zum Postkartenformat reichend.

Als ein spiritueller Meister schafft Sri Chinmoy aber niemals entlang mentaler Konzeptlinien oder nach langer Betrachtung. Er will seine Erfahrung höherer Bewusstseinsebenen durch kreatives Schaffen direkt und spontan offenbar machen. Deshalb nannte Sri Chinmoy seine Kunst mit dem bengalischen Wort Jharna-Kala, was soviel wie ›Quellenkunst‹ bedeutet - Kunst, die aus der inneren Quelle hervorströmt. Den Großteil seiner bisher mehr als 135.000 Bilder malte Sri Chinmoy in weniger als einem Jahr. Seine Bilder sind nicht zuletzt deshalb rasch fertig gestellte Ergebnisse intensiver spiritueller Prozesse, manchmal vergleichbar mit den schnellen, vollkommenen Pinselstrichen des Zen-Malers, der diese lange vorbereitet hat. Ein von Sri Chinmoy gemaltes Bild mag daher ebenso eine Angelegenheit von Minuten sein, die Vorbereitung, die zu ihm hinführte, hat jedoch viele Jahre in Anspruch genommen. Jahre spiritueller Disziplin und Meditation.

Seit einigen Jahren legt Sri Chinmoy Pinsel und Schwämme auch oft beiseite, wenn er Kunst schaffen will, greift zu Stiften aller Art - und zeichnet Vögel. Vögel sind für Sri Chinmoy zu einer neuen spirituellen Ausdrucksmöglichkeit geworden, sie sind ihm Symbol und Inkarnation des Seelenvogels in den Gestalten auf dem Papier. Im Prozess des Zeichnens, wann er auch immer stattfindet, und Sri Chinmoy zeichnet oft überall, im Flugzeug, vor einer Meditation, bei einem Gespräch, ist der Seelenvogel für ihn zu einem letzten Bild des Inneren geworden. »Die Seele«, sagt er, »fliegt wie ein Vogel im Himmel des Unendlichen.«[165] Bis heute hat der Meister mehr als zwölf Millionen (!) solcher Vögel gezeichnet, und viele gemalt. Er nennt sie Dream-Freedom-Peace-Birds.

Sri Chinmoys Jharna-Kala-Bilder, wie ebenso die Vögel, wurden in zahlreichen Ausstellungen gezeigt.[166] »In der Schnelligkeit der Linienführung«, charakterisierte der Generaldirektor der UNESCO, Federico Mayor, anlässlich einer Ausstellung Sri Chinmoys Kunst, »wie im Lied der Farben ist es die Seele, die durch Sri Chinmoys Arbeit zu uns spricht.«[167]

Musik der Seele

Weil sie von Sprache und Denken unabhängig ist, kommt die Musik für Sri Chinmoy der Meditation am nächsten. Schon als Kind lernte er zu singen, in Indien komponierte er seine ersten Lieder. Doch erst zu Beginn der Siebzigerjahre begann Sri Chinmoy immer mehr Lieder zu komponieren, zum großen Teil mit einem ebenfalls von ihm verfassten bengalischen Gedicht als Textgrundlage, viele aber auch mit englischem Text. Bis heute hat der Meister mehr als 16.000 Lieder komponiert. Manche von ihnen sind leicht und eingängig, andere schwierig und ungewöhnlich, doch immer schwingt die besondere Liebe und Hingabe, wie sie die Spiritualität Sri Chinmoys prägt, in den Noten und Texten mit. Leonard Bernstein sagte über Sri Chinmoys Schaffenskraft: »Sri Chinmoy ist ein beinahe unglaubliches Beispiel der Fülle im kreativen Leben, und ich kann nur hoffen, dass ich eines Tages an jener kosmischen Quelle der Stille und tiefen Energie teilhaben werden, in der er lebt.«

Wenn Sri Chinmoy in kleinen und großen Konzerten, oft mit mehr als 10.000 Besuchern, seine Musik vorträgt, dann wandelt sich der Konzertsaal zum Meditationsraum. Viel mehr als Musikkonsum sind seine Konzerte und seine Musik selber in Noten eingefangene innere Erfahrung. Sri Chinmoy reist für seine Peace Concerts, zu Deutsch Friedenskonzerte, oft in zahlreiche Länder. Er spielt gewöhnlich auf etwa zehn verschiedenen Instrumenten. Die wichtigsten von ihnen sind die bengalische Esraj, verschiedene Flöten, Gesang mit Harmoniumbegleitung, das Cello und das Klavier.

Inmitten allen beeindruckenden Schaffens trifft man Sri Chinmoy, nach der Eröffnung einer Ausstellung etwa, oft ruhig zurückgelehnt an, einige wenige Menschen noch um ihn, die Reden und Lesungen sind beendet, und der Meister lächelt, als sei er den Bewegungen um ihn weit enthoben, als gehöre dies alles nicht zu ihm. Er sitzt da, vollkommene Stille, die milde, selige Aura des Heiligen verströmend - aus diesem Zustand der Ruhe wirbelt die Kraft.

Der Griff nach dem Unmöglichen

ICH HABE MICH NUN ENTSCHIEDEN.
ICH WERDE DER INNEREN STIMME FOLGEN.
ICH GLAUBE,
SIE IST ALLLIEBEND, ALLERFÜLLEND.
UND GENAUSO VERHÄLT ES SICH.
MEIN GLAUBE IST MEINE KRAFT.
MEIN WISSEN IST MEINE KRAFT.
ICH TUE DAS UNMÖGLICHE,
WEIL MEIN LEBEN DER BESTÄNDIGEN HINGABE
AN DEN WILLEN DES ALLERHÖCHSTEN
ES MICH GELEHRT HAT.

Sri Chinmoy

In der Nacht zum 30. Januar 1987 tobte ein Schneesturm über New York. Eine weiße, wilde Hand bedeckte die Stadt, fuhr pfeifend durch die Bäume und begrub Straßen. In den späten Nachtstunden bereitete sich Sri Chinmoy in seinem Haus auf die Krönung von dreißig Monaten entschlossenen Trainings vor. Zweieinhalb Jahre hatte er, beginnend mit 40 englischen Pfund (ca. 18 kg), Gewichte gehoben, geübt, sich langsam verbessert, dann in schneller Abfolge immer schwerere Metallscheiben auf einer Ständerkonstruktion gehoben. Die großen Bodybuilder Amerikas, allen voran sein Freund, der berühmteste Bodybuilder der Welt, Bill Pearl, waren erstaunt über den nach ihrem Standard schmächtigen Bengalen, der Gewichte hob, an welche sie sich nicht gewagt hatten.

Doch jetzt, mitten in dieser stürmenden Januarnacht, wollte Sri Chinmoy versuchen, was, wie er wusste, trotz Fotografien viele nicht würden glauben können, so ungeheuerlich war sein Vorhaben. In den ersten Stunden des 30. Januar hob Sri Chinmoy nach langer Konzentration auf jede einzelne Metallscheibe, das unvorstellbare Gewicht von 7063 3/4 englischen Pfund (etwa 3180 kg) mit einem Arm. Die achtundsechzig hundert Pfund schweren Scheiben knallten ohrenbetäubend zurück in die Halterung. Nur einige kleine Zentimeter hatte sich die Riesenhantel bewegt. Doch der Meister hatte die grenzenlose Kraft des Geistes mit seinem Körper manifestiert. Eineinhalb Jahre später sollte Sri Chinmoy dasselbe (7040 1/4 Pfund) mit dem ›schwächeren‹ linken Arm wiederholen, der noch einige Zeit mehr Training benötigt hatte.

Bevor Sri Chinmoy diese beiden großen Gewichte hob, hatte er 1007 Pfund (ca. 453 kg), 3070 Pfund (ca. 1382 kg) und viele andere Gewichte erfolgreich versucht und schon am Beginn seines Trainings auch mit beiden Armen gleichzeitig 200 Pfund (ca. 90 kg) auf jedem Arm geschafft. Fast nebenbei hob er Menschen, verschiedene Tiere (z.B. Elefanten) und kleine Flugzeuge mit einem speziellen Apparat mit seinen Unterschenkeln (›calf-raise‹). Doch Sri Chinmoy verließ sich natürlich nicht auf Willenskraft alleine, das wäre wohl wirklich unmöglich und machte auch keinen Sinn. Er trainierte jeden Tag viele Stunden lang und trainiert noch heute sehr viel. Mit Hanteln, abgestuft bis zu 120 Pfund, die er im leichten Training verwendet, um dann höhere Gewichte bis 400 Pfund auf einer Konstruktion zu versuchen, oft nur zu Übungszwecken, arbeitet er sich an seine Ziele mit unbeugsamer Entschlossenheit heran. Oft wagt er sich an ein bestimmtes Gewicht und meistert es wochenlang nicht, aber er gibt niemals auf.

Eine weitere Unternehmung dieser Art, in die der Meister in diesen späten Achtzigerjahren, wie immer vollen Herzens, hineintrat, bestand im Heben von Menschen über den Kopf, vom leichten, 40 Kilogramm wiegenden, halben Kind bis zum schwergewichtigen Bodybuilder von 150 kg. Das versteht Sri Chinmoy aber als eine Ehrung der gehobenen Person. So hob er bis heute mehr als 4000 Sportler, Politiker, Prominente, seine Schüler und viele andere Menschen auf diese Weise. Unter den

Geehrten waren auch Carl Lewis, Steffi Graf, Kardinal Hume, Bill Pearl und Nelson Mandela.

Vor wenigen Jahren hat Sri Chinmoy, der inzwischen 68 Jahre alt geworden war, nach neunjähriger Pause wieder begonnen, schwere Gewichte zu heben. Er spezialisierte sich jetzt vor allem auf den beidarmigen ›Lift‹ auf einer ähnlichen Ständerkonstruktion wie er sie für den einarmigen benutzt hatte. Er schaffte bald 2 x 200 Pfund und trainierte unermüdlich, bis er am Beginn des Jahres 2000 zum ersten Mal 2 x 650 Pfund (insgesamt 1300 Pfund) hob. Bei diesem Gewicht blieb Sri Chinmoy lange und versuchte, es immer höher zu heben, denn zu Beginn hatte es sich kaum einen Zentimeter weit bewegt.[168] Auch in seiner Version des Bankdrückens (an einer Ständerkonstruktion) schaffte Sri Chinmoy bisher 1300 Pfund.

> *»Manchmal«, sagt Sri Chinmoy, »ist es schwierig für die innere Welt, sich nur durch Gebet und Meditation zu manifestieren. Aber die physischen, vitalen, mentalen und spirituellen Ebenen sind alles verschiedene Reiche. Wenn die äußere Welt ein wenig Glauben an meine körperlichen Fähigkeiten haben kann, dann wird dieselbe Welt versuchen, Glauben an meine vitale Kraft zu haben, die nicht zerstörerisch ist, sondern dynamisch und enthusiastisch. Gleichermaßen wird diese äußere Welt versuchen, Glauben an meine mentalen Fähigkeiten und meine Kreativität zu haben. Sie wird sehen, dass ich viele Bücher geschrieben und unzählige Bilder gemalt, viele Lieder komponiert habe und so weiter. Wenn dann dieselbe äußere Welt Glauben an mein Herz haben will, wird sie nachsehen, wie viel Frieden oder Mitgefühl ich habe. Und wenn diese Welt Glauben an meine Seele haben will, wird sie prüfen, wie viel Erleuchtung ich besitze.*
> *Die meisten spirituellen Meister versuchen, etwas nur von der Seele oder vom Herzen zu geben. Sobald sie beim Verstand anlangen, beginnt die Verwirrung … «*[169]

Bill Pearl kommentierte die Aktivitäten seines Freundes folgendermaßen: »Sri Chinmoy ... besitzt einzigartige Kraft, und er ist ein spiritueller Mensch, der zeigt, dass der Geist über die Materie herrscht. Er hebt nicht bloß eine Hantel - er versucht die Haltung der Welt den Dingen gegenüber auf ein höheres Niveau zu heben.«

Der Meister und seine Schüler

Mittlerweile waren in zahlreichen Ländern Sri Chinmoy Centres entstanden. Ein ganz wesentlicher Teil von Sri Chinmoys Mission blieb die Führung jener Sucher, die zu ihm um spirituelle Anleitung kamen und noch immer kommen. Einen spirituellen Weg vergleicht der Meister mit einem Boot, das seine Insassen sicher nach dem fernen Ufer der Erfüllung aller spirituellen Sehnsucht fährt, der Meister sein Kapitän, der wahre Schüler die willkommene Fracht.[170] Der Meister ist also der Führende, der den Schüler ans goldene Ufer des Selbst bringt. Dazu muss der Meister in die Welt gekommen sein, muss die Nöte und Hoffnungen des Menschseins in sich und in anderen erfahren haben. Er muss ins Meer der Unwissenheit steigen, muss sein Boot zimmern und nach Passagieren Ausschau halten. Die Sri Chinmoy Centres in den USA, in Kanada, im deutschsprachigen Raum, in England, Japan, Australien, Neuseeland, Afrika, Asien und vielen anderen Ländern Europas zählen heute etwa fünftausend Personen, die nach den eher strikten spirituellen Regeln von Sri Chinmoys Pfad leben.

Die Schüler des Meisters meditieren nicht nur oder veranstalten Kurse über Spiritualität und Meditation. Sie organisieren darüberhinaus Läufe, Schwimm- und Triathlonwettbewerbe, da sie gleich dem Meister an den hohen Stellenwert körperlicher

Fitness und Gesundheit glauben. Das von Sri Chinmoy gegründete Sri Chinmoy Marathon Team gehört zu den führenden Veranstaltern im Bereich der Ultraläufe (über die Marathondistanz hinaus) und des Triathlons in der Welt; es veranstaltet Läufe über 12 Stunden, 24 Stunden, 48 Stunden, 6 Tage und noch längere Rennen. Der längste Lauf der Welt auf verifiziertem Kurs, der über 3100 Meilen (ca. 4987 km) geht, wird von diesem Team jeden Sommer in New York abgehalten. Aber ebenso sind viele kleinere Laufveranstaltungen, von zwei Meilen bis zum Marathon, im umfangreichen Repertoire des Sri Chinmoy Marathon Teams.

In New Yorker Stadtteil Queens hatte Sri Chinmoy ein kleines verwildertes Areal erstanden, das zu einem einfachen, aber in seiner Atmosphäre heute paradiesischen Tennisplatz mit angrenzender Rasenfläche umgestaltet wurde. Dieses Grundstück, das wir zu Beginn schon kennen gelernt haben, dient für Schüler wie Besucher als Meditationsraum unter freiem Himmel. Der Meister ist fast jeden Tag dort anzutreffen, meist viele Stunden lang. Immer versucht er für seine Schüler zugänglich zu sein. Ganz unerwartet stößt man aus der Aufgewühltheit der umliegenden Stadt auf diesen besonderen Ort, er nimmt den unvorbereiteten Besucher hinein in seine plötzliche Stille inmitten soviel rastloser Welt. Der Aspiration-Ground, wie Sri Chinmoy ihn nennt, gehört sicherlich zu jenen Orten der Welt, wo Geist und Welt, Unendlichkeit und Begrenztheit Schulter an Schulter stehen und ineinander übergehen, er ist wie ein Tempel ohne Dach.

Spiritualität als innerer Friede für die Welt

ES WIRD EINE ZEIT KOMMEN,
DA DIESE UNSERE WELT
VON FRIEDEN DURCHDRUNGEN SEIN WIRD.
WER WIRD DIESEN GRUNDLEGENDEN WANDEL BEWIRKEN?
DU WIRST ES SEIN.
DU UND DEINE BRÜDER UND SCHWESTERN.
DU UND DEIN EINSSEINSHERZ WERDEN
FRIEDEN ÜBER DIE GANZE WELT VERBREITEN.

Sri Chinmoy

Doch wenden wir uns jetzt einem Wirkensgebiet Sri Chinmoys zu, das fast von Beginn an seine Aufmerksamkeit erhielt, neben all den anderen Tätigkeiten, die er niemals ruhen ließ. Unter dem treffenden und doch von vielen Menschen zu leicht genommenen Titel ›Frieden‹ versucht Sri Chinmoy, Spiritualität und einen ihrer zentralen Werte, inneren Frieden, einem weiten Kreis von Menschen zugänglich zu machen, auch jenen Menschen, die praktischer Spiritualität nichts abgewinnen können und vielleicht in keiner Weise religiös sind.

Im Rahmen der Meditationen am Hauptsitz der Vereinten Nationen traf Sri Chinmoy immer öfter mit Personen des öffentlichen Lebens zusammen - Politikern, Sportlern, Musikern, Künstlern, Priestern. Er versuchte sie für die Ideale von (innerem) Frieden und der universellen Verbundenheit der Menschen zu begeistern. Mit seiner ihm eigenen Achtung und Demut gegenüber anderen traf Sri Chinmoy mit Persönlichkeiten zusammen, die, wie Mikhail Gorbatschow oder Carl Lewis, wie der verschiedene Präsident Sri Lankas, Premadasa, Mutter Teresa und Nelson Mandela nicht nur von Sri Chinmoy geschätzte Partner waren, sondern auch seine Freunde wurden. Mit zahlreichen anderen Staatsoberhäuptern, Spitzensportlern und Künstlern pflegt Sri Chinmoy nur gelegentliche Kontakte. »Ich war an vielen Orten der Welt«, sagte Sri Chinmoy der New York Times, »und bin mit maßgebenden Persönlichkeiten zusammengetroffen. Immer haben wir über dasselbe gesprochen: Wie wir Weltfrieden schaffen können. Aufrichtig versuchen wir es; immer noch ist es ein weiter Weg zum Frieden auf der Welt, aber wir haben einen Versuch unternommen. Es ist nichts Falsches daran, es zu versuchen. Wenn wir versagen, versagen wir eben. Ich nehme Fehlschläge als die Säulen des Erfolges. Gestern haben wir versagt; heute versagen wir. Aber das heißt nicht, dass es uns auch morgen nicht gelingen wird.«[171]

Sri Chinmoy hat bis heute zahlreiche Auszeichnungen erhalten, darunter viele Ehrendoktorate und Preise von Universitäten, das Nehru-Medaillon der UNESCO, den Gandhi Peace Award, den italienischen Pilgrim of Peace Award, zahlreiche nationale Auszeichnungen und vor kurzem den Mother Teresa Award der Regierung Mazedoniens, (Mutter Teresa stammte aus Mazedonien). Angespornt durch seine einfache Lehre vom inneren Frieden als Grundlage des äußeren, widmeten Regierungschefs, Leiter von Nationalparks, Präsidenten und viele andere Menschen ihre Länder, ihre Naturschätze und Institutionen solch einem Frieden im Namen Sri Chinmoys. Sie wurden Teil der so genannten Sri Chinmoy Peace-Blossoms, die durch ihre bloße Anwesenheit feste, symbolische Pfeiler der universellen Verbundenheit aller Menschen bilden und diese fördern sollen. Sie mögen Vorboten einer nicht nur von Sri Chinmoy herbeigesehnten Welt sein, die durch wirkliches Einssein, durch Leistung ohne egoistischen Wettbewerb und Gottbezogenheit ohne religiöse Bigotterie gekennzeichnet sein soll.

Zu der langen Liste der fast 1000 Sri Chinmoy Peace-Blossoms gehören mehr als 130 Staaten, die Sri Chinmoy Peace-Blossom Nations. Daneben sind die Niagara- und die Viktoria-Fälle, Hauptstädte wie Canberra, Oslo, Bern, New Delhi und Ottawa, mehr als 200 andere Städte, die Themse, das vietnamesische Mekong-Delta, der Fudschijama, einige Alpengipfel, das Opernhaus von Sidney und vieles mehr Teil der Peace-Blossoms-Familie. »Mit jeder Blüte (blossom), die Sri Chinmoy schafft«, sagte US-Senator John Kerry vor einigen Jahren, »wird der Traum vom Frieden in der Welt eine zunehmend greifbarere Wirklichkeit.«

Eng verbunden mit den Peace-Blossoms ist der 1987 zum ersten Mal veranstaltete Sri Chinmoy Oneness-Home Peace Run, kurz meist Peace Run und zu Deutsch Weltfriedenslauf genannt, der von Sri Chinmoy ins Leben gerufen wurde. Im zeitlichen Abstand von zwei Jahren fand der Peace Run bisher statt und führte durch eine wachsende Anzahl von Ländern (zuletzt mehr als 100) auf allen Kontinenten. Im Jahr 2000 beispielsweise führte der europäische Teil des Peace Runs durch alle europäischen Länder und wurde vom Start am 1. Januar in Lissabon bis London geführt, wo er am 31. Dezember ankam, nach 365 Tagen und fast 20.000 Kilometern des Laufens. Der Peace Run führte auch quer durch den australischen Kontinent und durch alle Bundesstaaten der USA. Entlang der Strecke wird der Peace Run stets von vielen Bürgermeistern und anderen Politkern, von Schulen und auf Sportveranstaltungen empfangen. Die Medien berichten gewöhnlich über den Lauf. Hunderttausende Menschen nahmen jeweils an ihm teil und sollen durch das Mittel des gemeinsamen Laufens und die durch viele Länder getragene Fackel an dem Traum von wirklicher Harmonie zwischen den Menschen teilhaben. Der Peace Run gibt jedem Teilnehmer die Hoffnung mit, dass dieser Traum eines Tages Realität werden kann. Ein Motto des Peace Runs lautet: Friede beginnt bei dir. Der Peace Run ist die wahrscheinlich breiteste Manifestation der Botschaft Sri Chinmoys von der Einheit aller Menschen miteinander.

Hinter allen Aktivitäten Sri Chinmoys, seien es seine Bücher, seine Bilder und Lieder, hinter den schweren Gewichten, den Peace-Blossoms und dem Peace Run steht sein unerschöpflicher

Enthusiasmus. »Wenn er nur einen kleinen Teil«, so Nelson Mandela in einem Brief über Sri Chinmoy, »der Leidenschaft anderen übermitteln kann, die er für seine verschiedenen Unternehmungen besitzt, wäre die Welt ein besserer Ort.« - Und genau das will Sri Chinmoy. Er begründet seine Unermüdlichkeit im äußeren Handeln folgendermaßen:

> *»Unser Weg ist es nicht, dem Leben zu entsagen, sondern es anzunehmen und zu wandeln. Gott gibt uns die Gelegenheit, in Seiner Unendlichkeit zu wachsen, aber viele Sucher wollen nur in einer Höhle meditieren und Gott als den Einen entdecken. Aber wenn Gott wollte, dass wir Ihn nur als den Einen erkennen, warum dann ist er überhaupt zu den Vielen geworden? Manche Meister sagen: ›Wir wollen das höchste Licht herabbringen, aber die Menschheit will es nicht.‹ Die Mutter will dem Kind die köstlichste Speise geben, aber das Kind wirft sie einfach von sich. Aber die Mutter gibt nicht auf. Solange Gott also möchte, dass ich der Menschheit wirkliche Nahrung anbiete, bin ich bereit weiterzumachen, immer weiterzumachen.«*[172]

Nichts spricht dafür, dass Spiritualität ewig unveränderlich bleiben müsste. Sie erobert neue Territorien, entwickelt sich, oder besser: wir Menschen entwickeln uns und werden dadurch bereit, immer größere Kreise spiritueller Wahrheit zu umschließen. Sri Chinmoy ist einer jener Meister, welche die Entwicklung der Spiritualität bewusst vorantreiben und die Kreise sehr weit zu ziehen versuchen. Als Meister und vom Heiligen durchdrungener Mensch bleibt er selber ganz einfach, leise sind seine Schritte, die Augen strahlen, aus seiner Stille heraus entfaltet er seine Aktivitäten. Sri Chinmoys Leben ist zum Beweis für die Unbegrenztheit der Fähigkeiten und Wirkensmöglichkeiten des Menschen geworden, wenn er sich ganz dem Göttlichen hingibt. Neben seinem inneren und äußeren Wirken als spiritueller Meister mag er zu einem der großen Künder von wahrer Harmonie auf der Welt werden, die nicht, so Sri Chinmoy, die bloße Abwesenheit von Krieg bedeute. Und vor allem ist Sri Chinmoy ein leuchtendes Beispiel der Fülle der Spiritualität in einem beginnenden, neuen Jahrtausend.

Lehre und spiritueller Weg Sri Chinmoys

UNSERE PHILOSOPHIE IST ES,
DAS LEBEN UM SEINER UMWANDLUNG WILLEN
ANZUNEHMEN,
UND EBENSO, UM GOTTES LICHT HIER AUF DER ERDE
ZU GOTTES STUNDE UND AUF GOTTES EIGENE WEISE ZU
MANIFESTIEREN.

Sri Chinmoy

»Was ist Spiritualität? Sie ist die gemeinsame Sprache von Mensch und Gott. Hier auf der Erde haben wir Hunderte und Tausende von Sprachen, die es ermöglichen, dass der eine den anderen versteht. Aber zwischen Gott und dem Menschen gibt es nur eine Sprache, und diese Sprache ist die Spiritualität. Wenn man dem Weg der Spiritualität folgt, kann man mühelos mit Gott von Angesicht zu Angesicht sprechen.«[173]

In Sri Chinmoys Lehre haben wir den bislang entschiedensten Abschied von einer Spiritualität vor uns, die eng an bestimmte religiöse Traditionen gebunden ist. Sie will für Menschen aller Kultur- und Religionszugehörigkeiten gleichermaßen annehmbar, verstehbar und vor allem praktizierbar sein. Natürlich finden sich in Sri Chinmoys Werk unübersehbar Lehren der indischen Spiritualität. Doch ist das nicht nur deswegen der Fall, weil sich der Meister Indien verpflichtet fühlen mag. Der Grund dafür ist auch darin zu finden, dass viele Formen der Theorie und Praxis der Spiritualität in Indien ihre größte Verfeinerung und umfassendste Erprobung gefunden haben. Spiritualität wirkt auf die grundlegenden Teile und Tendenzen des menschlichen Gemüts ein und nicht so sehr auf das von der jeweiligen Kultur geformte Denken und Fühlen. Daher ist sie im Grunde universell. Sri Chinmoy lehrt eine solche, auf das Wesentliche, Innere konzentrierte, universelle Spiritualität.

Das spirituelle Herz

Für Sri Chinmoy sind mentale Fragestellungen für die eigentliche Spiritualität von geringem Wert, deshalb stellt er in seiner Lehre die praktische Methode der Selbst- und Gottentdeckung in den Vordergrund. Er will dem suchenden Menschen seine eigene, zentrale Wahrheit entdecken helfen. Dafür ist ihm das intuitive Fühlen dessen, was er das spirituelle Herz nennt, das geeignete Instrument. Verstand und Intellekt sind für ihn mehr Hindernisse als Mitarbeiter.

> *»Ein intellektueller Mensch, der vom Licht noch nicht berührt worden ist, wird häufig Opfer seiner eigenen Kritik. Sehr oft wird er an seiner intellektuellen Kraft zweifeln. Den einen Augenblick hat er die ganze Wahrheit erfasst; im nächsten ist er ein Bettler, der überall nach einem bloßen Körnchen Wahrheit sucht. Dann wieder wird er beiden Entdeckungen misstrauen - der Entdeckung, er habe die ganze Welt mit seiner Verstandesstärke durchdrungen, und der Entdeckung, er kenne nicht einmal ein bisschen Wahrheit. Seine dritte Entdeckung wird gewaltiger*

Selbstzweifel sein. Er wird sich sagen: ›War meine erste Entdeckung richtig oder falsch? Meine zweite Entdeckung, war sie richtig oder falsch?‹ Auf diese Weise wird er seinen eigenen Erkenntnissen widersprechen.
Wenn wir den Weg des Herzens gehen, leben wir in einem beständigen Fluss von Liebe und Einssein ... Das spirituelle Herz umfasst die ganze Welt als sein eigen, aber der lichtlose Intellekt muss alles in Stücke schneiden, um zu sehen, ob es eine Wahrheit darin gebe. Und wenn wir die Wahrheit in unendlich kleine Teile brechen, werden wir natürlich nicht die Wirklichkeit erhalten. Aber wenn derselbe Verstand vom Licht der Seele durchdrungen wird, wird er weit und unendlich. Er sieht die Wahrheit auf jene Weise, in der die Wahrheit gesehen werden soll.«[174]

Der Verstand neigt zur Abstraktion. Die von ihm gefundenen Wahrheiten sind normalerweise nur stets größere Abstraktionen, an denen er sich stolz ergötzt. Spirituelle, innere Erfahrung ist aber niemals abstrakt, sie ist konkret, fassbar, substanzhaft. Dieser inneren Erkenntnis können unsere mentalen Fähigkeiten nicht folgen, solange sie nicht ›die Wahrheit auf jene Weise sehen, in der die Wahrheit gesehen werden soll‹. Sri Chinmoys Lehre ist kein Gedankengebäude, sondern ein Weg zur Wahrheit unseres Seins. Sein spiritueller Weg ist eine direkte Konzentration auf jene innere Realität im Menschen, die er das spirituelle Herz nennt und, verborgener noch, auf das wahre Selbst.

»Das menschliche Herz ist in der Brust, es ist ein kleiner Muskel, den uns die Ärzte zeigen können. Das spirituelle Herz ist etwas, das der Sucher sieht, fühlt und zu dem er wird. Das spirituelle Herz ist sehr weit. Gegenwärtig ist Unendlichkeit für uns ein imaginärer Begriff. Aber wenn wir das innere Herz, unser spirituelles Herz, entdecken, bleibt Unendlichkeit nicht länger eine bloße Vorstellung, sie ist Wirklichkeit.

Das Universum, das Universelle Bewusstsein, das Ewige Bewusstsein, das Unendliche Bewusstsein, Unsterblichkeit, Göttlichkeit und so weiter - wo sind sie? Sie sind alle im spirituellen Herzen. Einerseits beherbergt das spirituelle Herz Göttlichkeit, Unsterblichkeit, Ewigkeit, Unendlichkeit; doch andererseits überragt es alles.«[175]

Gott und Mensch

Die spirituelle Philosophie Sri Chinmoys

»Bewusstsein ist der Funke des Lebens, der jeden von uns mit dem Universellen Leben verknüpft. Es ist der Faden, der uns in Gleichklang mit dem Universum bringt. Wenn wir in das Höchste fliegen wollen, brauchen wir den Faden des Bewusstseins. Bewusstsein ist ein Funke, der uns befähigt, in das Licht einzudringen. Unser Bewusstsein ist es, das uns mit Gott verbindet. Es ist das Bindeglied zwischen Gott und dem Menschen, zwischen Himmel und Erde ... « (Sri Chinmoy, Beyond Within, S. 3).

Sri Chinmoy hat natürlich auch immer wieder zu philosophischen Fragen Stellung genommen. Dies jedoch häufig, wie im obigen Text, in meditativ-poetischer Prosa oder in Gedichten und Aphorismen. Für seinen Weg erlangen philosophische Gedanken zwar Bedeutung, stehen aber stets hinter der praktischen Spiritualität zurück. Nur einige wenige Konzepte sind für die Praxis auf Sri Chinmoys spirituellem Weg weitgehend unentbehrlich, wie etwa die Lehre von der Existenz einer unsterblichen Seele und das, was Sri Chinmoy einmal das ›höchste Geheimnis‹ genannt hat - Gott und die Möglichkeit, mit Ihm eins zu werden:

»Das höchste Geheimnis ist der Höchste Selber. Er kann gesehen werden. Er kann gefühlt werden. Er kann verwirklicht werden. Wenn Er geschaut wird, ist Er das Sein. Wenn Er gefühlt

wird, ist Er Bewusstsein. Wenn Er verwirklicht wird, ist Er Glückseligkeit. In Seiner Verkörperung von Sein ist Er ewig. In Seiner Enthüllung von Bewusstsein ist Er unendlich. In Seiner Manifestation von Glückseligkeit ist Er unsterblich. Seine erhabene Vision und Seine höchste Wirklichkeit sind des Menschen zukünftige Errungenschaften. Des Menschen sich weitende Liebe, sehnsüchtige Hingabe und leuchtende Überantwortung sind Gottes zukünftige Besitztümer.«[176]

Für das Absolute wie für Gott verwendet Sri Chinmoy das englische Wort »Supreme«. Der Supreme übersteige das Universum, doch wirke Er auch in der Welt. Er wohnt den Wesen inne und ist zur Welt selbst geworden. (Er ist zugleich transzendent, universell/immanent und auch individuell.) Der Unendliche, Ewige, Unsterbliche - diese drei Attribute schreibt Sri Chinmoy dem Supreme immer zu - ist ebenso scheinbar endlich, sterblich und begrenzt.

Die Seele des Menschen ist also eine individuelle Ausformung des Absoluten Höchsten. Jeder Mensch ist folglich essenziell Gott selber, der reine Liebe ist.

»Gott ist Einer. Zugleich ist Er viele. Er ist Einer in Seinem höchsten transzendenten Bewusstsein. Hier auf der Erde im Feld Seiner Manifestation ist Er viele. Im Höchsten ist Er Einheit. Hier auf der Erde ist Er Vielheit. Gott ist der Lotos, und Er besitzt viele, viele Blütenblätter, welches ein jedes einen individuellen Aspekt von Ihm Selbst darstellt. Er manifestiert Sich auf unendlich viele Weisen und in unendlich vielen Formen.«[177]

»Gott ist jenseits aller Beschreibungsmöglichkeit. Aber gemäß der Anschauung oder Empfänglichkeit des Einzelnen, wird er Gott auf seine eigene Weise bestimmen. Manche werden sagen, Gott sei ganz Liebe. Andere werden sagen, Gott sei alleine Macht. Jeder wird Gott entsprechend seiner Notwendigkeit, sei-

ner Empfänglichkeit und letztlich entsprechend jener Art und Weise sehen, in welcher Gott ihn die höchste Wahrheit sehen lassen möchte.«[178]

»Meine persönliche Definition von Gott ist Liebe. Gott ist ganz Liebe. Er ist mir so nahe, weil ich in Ihm unendliche Liebe sehe. Ich sehe, dass Er der ewige Liebende und der ewige Geliebte ist. Im Herzen des Suchers, bevor dieser das Höchste verwirklicht, ist Gott der Liebende. Aber für denselben Sucher, der nach dem Höchsten strebt, ist Gott der Geliebte selbst. Schließlich werden der Liebende und der Geliebte völlig eins. Mensch und Gott sind ewig eins. Der Mensch ist der noch bewusst und vollständig zu verwirklichende Gott; Gott ist der noch auf der Erde ganz zu offenbarende Mensch.«[179]

»Es gibt nur einen absoluten Gott. Aber in meiner Philosophie ist jeder Mensch ein Teil Gottes. Der Erhabene Gott ist wie ein Ozean. Jeder Tropfen besitzt ein wenig vom Bewusstsein des Ozeans. Deshalb können wir sagen, jeder Tropfen sei ein winziger Gott, ein Teil Gottes. Wenn man ein Teil des Unendlichen ist, kann man sagen, man würde die Essenz des Unendlichen in sich tragen.«[180]

Sri Chinmoy betont, Gott sei in sich vollkommen, wie Er als Welt, die Er ja ebenfalls ist, nicht vollkommen sei. Doch nähere sich das Universum Seiner höheren Vollkommenheit an. Das bedeutet nichts anderes als eine fortschreitende Selbstoffenbarung von Gottes höherem Sein in der Welt und im Menschen.

»Wir verwenden den Begriff Transzendentes Bewusstsein. Aber wir sprechen auch vom stets über sich selbst hinausgehenden Transzendenten Bewusstsein. Das Transzendente Bewusstsein, Turiya, ist das höchste, aber dieses Transzendente Bewusstsein ist nicht statisch. Es wird ebenso stets von sich selber überragt. Gott ist unendlich, ewig und unsterblich. Aber alle spirituellen Meister wissen, dass Gott auch unaufhörlich voran-

schreitet. Gott Selbst befindet sich im Prozess der Evolution. Er schreitet beständig voran, in und durch uns alle, um vollkommene Vollkommenheit auf der Erde zu begründen.«[181]

In der Tiefe des spirituellen Herzens, so Sri Chinmoy, wohnt die Seele, die Trägerin des göttlichen Bewusstseins. Die Seele sei, ohne dass der Meister eine praktische Unterscheidung zum Selbst träfe, der höchste Wesensteil des Menschen.

»Es gibt zwei Ich. Das eine ist das Ego, welches ›ich‹ und ›mein‹ sagt: ›Meine Familie, mein Bruder, meine Schwester, mein Haus.‹ Das ist das kleine Ich. Das andere Ich ist das Transzendente Selbst, das Universelle Bewusstsein, das alle in sich birgt. Das Ego trägt niemanden in sich. Es beansprucht nur und besitzt: ›Das ist mein Vater, das ist meine Schwester.‹ Aber das Universelle Bewusstsein oder das Transzendente Selbst beansprucht nichts auf diese Weise. Es trägt alle als ganz sein eigen in sich …
Vom höchsten spirituellen Standpunkt aus gesehen dehnt sich das große Ich beständig aus. Selbst wenn wir die Wahrheit verwirklichen, spüren wir, dass es kein Ende unserer Wahrheit gibt. Es gibt ein Ziel. Gestern dachten wir, das Ziel sei weit entfernt. Aber heute berühren wir das Ziel und fühlen dann, dass das Ziel, welches wir berührt haben, nicht das letzte Ziel ist. Es wird zum Ausgangspunkt von morgen.«[182]

Die Seele oder das individuelle Selbst existiert als der Repräsentant Gottes in der Welt:

»Jede Seele repräsentiert Gott unmittelbar. Gott ist Einer, aber Er will Sich auf göttlich erhabene Weise in unendlichen Gestalten erfahren. Jeder Mensch hat eine Seele, und jede Seele besitzt ihre eigene Natur. Die Seele, der innere Vogel, der direkte Vertreter Gottes, kommt auf die Erde, um das Versprechen zu erfül-

len, das sie in der höchsten Bewusstseinsebene, im Himmel, gegenüber dem Absoluten gegeben hat. Es ist das Versprechen der Seele, ihre innere Göttlichkeit hier auf der Erde in einer bestimmten Weise zu manifestieren. Durch die Enthüllung ihres inneren Lichts offenbart die Seele ihre innere Göttlichkeit.«[183]

Das Ziel des Lebens

Das Ziel des Lebens ist es, sich der Höchsten Wirklichkeit bewusst zu werden. Das Ziel des Lebens ist es, ein bewusster Ausdruck des Ewigen Wesens zu sein.«[184]

Auf der Stufenleiter des Seins und Bewusstseins stehen nach Sri Chinmoy unter der Seele oder dem Selbst die anderen Teile des menschlichen Individuums: das Herz, der Verstand (mind), Gefühle und Lebenskraft (das ›Vitale‹) und der Körper. Der Mensch muss durch spirituelle Bemühung zuerst das geläuterte Herz und dann die Seele zu dem sein Leben bestimmenden Prinzip machen. Auf solche Weise schreitet er zur Verwirklichung Gottes voran. Dieser Entwicklungsprozess findet in einem Universum statt, das von der Unwissenheit um das wahre Sein des Menschen und aller anderen Wesen geprägt ist. Die Unwissenheit hält den Menschen im falschen Bewusstsein der Getrenntheit von allem anderen gefangen. Der Grund dafür ist unsere Ichnatur: Die Schöpfung sei vom Schöpfer durch das Ego getrennt, sagt Sri Chinmoy.[185]

Durch wiederholte Verkörperungen erlangt der Mensch nun eine Stufe der Bewusstwerdung, die ihn befähigt, sich ganz dem Göttlichen zuzuwenden, den Schleier der Unwissenheit zu zerreißen, die Wahrheit zu schauen und eins mit Gott zu werden.

»Leben ist Entwicklung. Entwicklung ist Entfaltung von innen her. Jedes Leben ist eine Welt für sich. Jedes Leben ist tatsächlich ein Mikrokosmos. Was immer im weiten Universum atmet, atmet auch in jedem einzelnen Leben …
Leben ist Sein. Das gewöhnliche Sein kommt von einem tieferen Sein. Sein kann nicht von Nichtsein kommen. Leben kommt von Gott. Leben ist Gott. Zweierlei sollten wir tun: Wir sollten das Leben sehr ergeben erforschen und es sehr göttlich leben.
Das Ziel des Lebens ist es, Gott zu verwirklichen. Verwirklichung kann niemals zu jemandem kommen, der nicht aktiv ist. Wir müssen nach Verwirklichung streben. Wir müssen den Preis für sie bezahlen. Es gibt keine andere Möglichkeit … Für Gottverwirklichung sind Tempel, Kirchen und Synagogen nicht unumgänglich. Ebenso wenig ist das Gewebe der Schriften und Predigten erforderlich. Was nottut ist Meditation. Diese Meditation wird uns Gott den Unendlichen im Innern unserer Seele, unseres Herzens und Verstandes und unseres Körpers verwirklichen lassen.«[186]
»Verwirklichung bedeutet die Enthüllung Gottes in einem menschlichen Körper. Verwirklichung bedeutet, der Mensch ist selber Gott.«[187]

Die Erkenntnis Gottes und die Verwirklichung der Einheit mit Ihm verlangen also die geistige Bemühung des Menschen, nicht die äußere Befolgung von religiösen Observanzen oder den Glauben an bestimmte Lehren.

»Um Gott zu erkennen und zu verwirklichen, benötigen wir inneres Streben, den aufsteigenden inneren Ruf. Diese Welt wird von zwei Mächten beherrscht: von Begehren und innerem Streben. Die Wunschkraft bindet uns. Die Strebenskraft weitet uns. Die Wunschkraft lässt uns fühlen, dass wir vom Endlichen kommen. Die Strebenskraft lässt uns fühlen, dass wir vom Unendlichen kommen. Unser inneres Streben muss voller Kraft

sein. Wenn wir bedingungslos und liebevoll streben, verringern wir unsere irdischen Bedürfnisse und mehren unsere Fähigkeit, den unendlichen Frieden und die unendliche Glückseligkeit zu empfangen.«[188]

All diese Bemühung, alles Streben bleibt jedoch fruchtlos und ohne Kraft und Seele, wenn nicht die wesentlichste Kraft im spirituellen Leben hinzutritt - die Göttliche Gnade:

»Ein wahrer Sucher fühlt jeden Tag die Notwendigkeit zu innerem Streben. Er weiß, dass sich eines Tages die Verwirklichung in seinem spirituellen Streben erheben wird. Aber sein Streben hängt von Gottes Gnade ab, Gottes bedingungloser Gnade … Vor der Verwirklichung dachte der Sucher, seine persönliche Bemühung wäre zu neunundneunzig Prozent für seine Leistung verantwortlich und Gottes Mitleid zu einem Prozent. Nach seiner Verwirklichung erkennt er, dass es umgekehrt richtig ist: seine persönliche Bemühung war nur zu einem Prozent und Gottes Mitleid zu neunundneunzig Prozent verantwortlich. Dann blickt er um sich und sieht die ihm nahe stehenden Menschen, seine Verwandten und Bekannten noch immer in den Vergnügen der Unwissenheit schwelgen. Wie kommt es, fragt er sich, dass er auserwählt wurde? Wer veranlasste ihn, nach dem inneren Licht zu streben? Wer wollte, dass er erwache und auf dem sonnenhellen Pfad zur Verwirklichung seines ewigen Geliebten, des Allerhöchsten laufe? Es war der Allerhöchste selber … Er erkennt, dass sogar das eine Prozent persönliche Bemühung nichts als Gottes Gnade gewesen war. Er erkennt, dass es Gottes grenzenloses Mitgefühl war, das ganz für seine Gottverwirklichung verantwortlich war.«[189]

Doch auf welchen Grundpfeilern, abgesehen von der Meditation, so werden wir uns nun fragen, ruht die spirituelle Methode Sri Chinmoys? Die folgenden Abschnitte sollen darüber Aufschluss geben.

Ein sonnenheller Pfad

Der spirituelle Weg Sri Chinmoys

»Der Name des sonnenhellen Pfades im spirituellen Leben ist Hingabe. Dieser Weg ist gewiss die Abkürzung zur Verwirklichung Gottes. Es ist wahr, dass Gott und Seine Mysterien jenseits des Fassungsvermögens von Sprache und Denken liegen. Aber ebenso ist es wahr, dass Gott durch Hingabe leicht zugänglich ist.«[190]

Wie zu erwarten war, ist das Prinzip des Weges Sri Chinmoys nicht etwa die mentale Konzentration auf bestimmte spirituelle Wahrheiten: Es ist die Stufenfolge von Liebe, Hingabe und Überantwortung. Diese sind nicht Meditationsinhalte, sondern Lebenshaltungen, die den ganzen Menschen fordern.

Auf Sri Chinmoys Weg, spätestens auf der Stufe der Selbstüberantwortung, soll jede Handlung, jedes Gefühl und jeder Gedanke dem göttlichen Willen entsprechen. Alles soll dem Göttlichen die Gelegenheit geben, den Menschen zu formen, umzugestalten, ihn zu läutern und damit zu erheben. Dies geschieht viel umfassender und schneller als wenn man, wie in der traditionellen Spiritualität häufig üblich, seinen Weg nach festgelegten Prinzipien und Methoden verfolgt. Denn der göttliche Wille besitzt einen umfassenden Blick und reagiert auf die individuellen Besonderheiten des Aspiranten entsprechend. Eine festgeschriebene Methode kann dies nicht leisten. Hingabe und Selbstüberantwortung sind daher eine ›plastische‹ Methode, eigentlich sind sie eine Nicht-Methode.

»Unser Weg ist der Weg von Liebe, Hingabe und Überantwortung (engl. surrender). Wenn wir Gott wahrhaft und innig lieben können, so glauben wir, werden wir fähig sein, schneller zu Gott zu laufen. Wenn wir Gott wahrhaft und innig lieben, so denken wir weiter, wollen wir unser Leben Ihm hingeben, um

Ihm zu gefallen und Ihn zu erfüllen. Schließlich glauben wir, wir müssten unseren menschlichen Willen bewusst und bedingungslos Gott überantworten. Wenn wir unseren Willen Gott unterwerfen, werden wir fähig werden, Ihn auf Seine eigene Weise zu verwirklichen. Wenn wir Gott auf unsere eigene Weise verwirklichen wollen, müssen wir uns mit einem kleinen Teil der göttlichen Wirklichkeit zufrieden geben. Aber wenn wir Gott auf Gottes Weise und zu Seiner Stunde verwirklichen wollen, dann wird Er uns mit Seiner Unendlichkeit, Ewigkeit und Unsterblichkeit völlig durchdringen.

Liebe, Hingabe, Überantwortung - das ist unser Weg. Göttliche Liebe, göttliche Hingabe und göttliche Überantwortung. Menschliche Liebe, das wissen wir, endet in Enttäuschung, und in der Enttäuschung verbirgt sich drohend der Untergang. Menschliche Hingabe ist Bindung. Wie mit menschlicher Liebe, versuchen wir mit menschlicher Hingabe zu besitzen, und wir werden besessen. In diesem Lied vom Besitzen fühlen wir keine Erfüllung. Doch wenn wir uns dem Höchsten, dem Inneren Lenker, hingeben, spüren wir grenzenlose Erfüllung. Wenn jemand sein Leben einem gewöhnlichen Menschen hingibt, gibt sich ein unvollkommenes Wesen einem anderen unvollkommenen Wesen hin. Und zwei unvollkommene Wesen können in ihrem Zusammengehen kein vollkommenes schaffen. Darum versuchen wir stattdessen, unsere Hingabe dem Vollkommenen, der Gott ist, darzubringen. Von Ihm erwarten wir durch unseren hingebungsvollen, ergebenen Dienst Vollkommenheit.

Auch die göttliche Überantwortung ist von menschlicher Unterwerfung ganz verschieden. Ein Sklave unterwirft sich seinem Herrn unter Ausübung von Zwang, weil er eben der Gnade seines Herrn ausgeliefert ist. Wenn wir uns im spirituellen Leben Gott jedoch unterwerfen, ist es nicht dieselbe Art von Unterwerfung oder Überantwortung. Wir fühlen, wir seien ein winziger Tropfen, der in den weiten Ozean eingeht. Wenn der winzige Tropfen, das individuelle Bewusstsein, im weiten Ozean des

unendlichen Bewusstseins aufgeht, verliert er nicht seine Individualität oder seine Persönlichkeit. Er wird vielmehr zur unendlichen Individualität und Persönlichkeit.
Denn wer ist Gott? Gott ist nicht jemand Dritter. Gott ist unser höchster und lichtvollster Teil. Ein wirklicher Sucher kann fühlen, dass es keinen Unterschied zwischen seinem Sein und Gottes Sein gibt. Gottes Sein ist nur sein am meisten von Licht durchdrungenes Sein, während sein persönliches Sein zum jetzigen Zeitpunkt noch in den Vergnügen der Unwissenheit schwelgt. Wenn er sich überantwortet, überantwortet er bewusst, liebevoll und ohne Bedingungen zu stellen sein niedrigstes Selbst seinem höchsten und lichtvollsten Selbst, damit sein höchstes Selbst ihn entsprechend der göttlichen Vision formen und führen kann.«[191]

Meditation

Auf Sri Chinmoys spirituellem Weg kommt der Meditation große Bedeutung zu. Er empfiehlt, während der Meditation das Bewusstsein im Herzzentrum zu sammeln, wo am leichtesten die innere Gegenwart gefühlt werden könne, und dann zu versuchen, den Gedankenstrom zu beruhigen.

»Meditation ist wie das Hinabtauchen auf den Meeresgrund: Alles ist ruhig und still. Die Oberfläche ist vielleicht voller Wellen, doch das Meer darunter wird davon nicht beeinflusst. In seinen Tiefen ist das Meer reine Stille. Wenn wir zu meditieren beginnen, versuchen wir zunächst, unser eigenes inneres Dasein, unsere wahre Existenz zu finden - das heißt, auf den Grund des Meeres zu gelangen. Wenn dann die Wellen der äußeren Welt kommen, beeinflussen sie uns nicht. Furcht, Zweifel, Sorgen und aller irdische Aufruhr werden wie weggewaschen, denn in uns ist solider Friede. Gedanken können uns nicht berühren, denn unser Verstand ist reiner Friede, reine Stille, reines Einssein. Sie schwimmen und springen wie Fische im Meer und las-

sen keine Spur zurück. Wenn wir uns in unserer höchsten Meditation befinden, dann spüren wir, wir selbst seien das Meer und die Tiere im Meer könnten keinen Einfluss auf uns ausüben. Wir fühlen, wir seien der Himmel, und all die vorbeifliegenden Vögel stören uns nicht. Unser Verstand ist der Himmel und unser Herz ist der unendliche Ozean. Das ist Meditation.«[192]

Der Meister

Die größte und wirksamste Hilfe auf diesem wie auf jedem spirituellen Weg kann von einem Menschen kommen, der das Ziel von Erkenntnis und innerer Verwirklung, von Erleuchtung, schon erreicht hat (oder ihm nahe gekommen ist): vom spirituellen Meister. Er ist für den Schüler der Repräsentant des Höchsten. Im authentischen Meister ist für den Schüler der Beweis der Existenz und Erreichbarkeit des höchsten Ziels erbracht.

»Ein verwirklichter Meister ist wie jemand, der sehr gut einen Baum hinauf- und wieder herunterklettern kann. Wenn der Meister herunterklettert, verliert er nichts, weil er weiß, dass er im nächsten Augenblick wieder hinaufklettern kann. Angenommen ein Kind am Fuß des Baumes sagt: ›Bitte gib mir eine köstliche Mangofrucht.‹ Sofort wird der Meister eine Frucht herunterbringen und dann wieder hinaufklettern. Und wenn niemand um eine Mango bittet, wird er auf einem Ast sitzen und warten.

Wenn du fest schläfst und dich jemand piekst und schreit: ›Steh auf, steh auf‹, wird er dir keinen Gefallen erweisen. Du wirst verärgert sein. Der spirituelle Meister wird dich jedoch nicht stören; er wird dich nicht darum bitten, aufzustehen. Er wird an deinem Bett stehen und warten bis du aufstehst. Und in dem Augenblick, da du aufstehst, wird er dich bitten, auf die Sonne zu schauen …

Ein spiritueller Meister verliert nichts, wenn die Erde ablehnt, was er hat, denn er ist in seinem inneren Leben und inneren Be-

wusstsein fest gegründet. Der wahre Meister will seinen ergebenen Schülern alles geben, aber die Kraft ihrer Empfänglichkeit, ihres Fassungsvermögens ist begrenzt. Deshalb versucht er, ihre (Bewusstseins-)Gefäße zu vergrößern, damit sie fähig werden, den Frieden, das Licht und die Glückseligkeit zu empfangen, die er bringt. Doch kann er einen Aspiranten nicht dazu zwingen, mehr zu empfangen, als dieser aufnehmen kann. Ein Meister kann nur beharrlich unendliches Licht in seine Schüler hineinfließen lassen, aber wenn einmal die Grenze ihrer Aufnahmefähigkeit erreicht ist, wird alles, was er darüberhinaus gibt, verschwendet sein.«[193]

Spiritualität und Leben

»Der zentrale Gedanke meiner Philosophie ist, dass wir die Welt annehmen und dann versuchen müssen, sie umzuwandeln. Wir dürfen die Welt nicht meiden, sei sie auch noch so begrenzt und unvollkommen. Ich werde mich nicht von der Welt ausschließen, denn ich fühle, dass die Unvollkommenheiten der Welt meine Unvollkommenheiten sind und umgekehrt. Deshalb muss die Welt als solche und jedes Individuum auf der Erde gemeinsam auf die Umwandlung der Natur und die Vollkommenheit des Lebens hinwirken.«[194]

»Vom streng spirituellen Standpunkt aus ist die so genannte Weltentsagung für einen Aspiranten nicht notwendig. Wenn Entsagung bedeutet, seine Familie zu verlassen, wenn Entsagung bedeutet, sich nicht um die Gesellschaft oder die Menschheit zu sorgen, dann möchte ich behaupten, ganz gleich wessen wir heute entsagen, morgen wird es etwas anderes geben, das uns im Wege steht …

Wenn jemand sagt, er wolle der Welt entsagen, um Gott zu erkennen, dann möchte ich betonen, dass er damit falsch liegt. Heute wird er der Welt entsagen und morgen wird er herausfinden, dass der Gott, den er sucht, nirgendwo anders ist: Er ist in der Welt selber. Was also hält ihn davon ab, Gott in der Welt zu sehen? Es ist seine innere Haltung. Um Gott in der Menschheit zu sehen, muss er den Schleier der Unwissenheit wegnehmen, der zwischen ihm und der Welt liegt. Wenn der Schleier zerrissen ist, wenn er also verschwunden ist, dann gibt es nichts, dem entsagt werden müsste. Man sieht Gott, man fühlt Gott, man ist hier und anderswo in Gott.«[195]

Eine unmittelbare Konsequenz aus der Lehre Sri Chinmoys, die Welt sei real, entwickle sich auf das höchste Göttliche hin und müsse deshalb von ganzem Herzen angenommen werden, ist der hohe Wert, der dem Handeln des spirituellen Menschen in der Welt zugemessen wird. Dieses Handeln soll der Welt, und damit dem Göttlichen, dienen. Gleichzeitig unterstützt es den Handelnden in seiner Spiritualität, da er Selbstlosigkeit übt. Der spirituelle Aspirant strebt danach, eins mit dem göttlichen Willen zu werden. Wie kann er dann anders als dienen, wenn das Göttliche selbst die Welt ist und sich in dieser offenbaren möchte?

»Handeln bedeutet, sich in den Kamf des Lebens zu stürzen. Handeln bedeutet, die unsagbaren Nöte und unzähligen Begrenzungen des Lebens zu überwinden. Handeln bedeutet, des Lebens verzehrende Unvollkommenheit in leuchtende Vollkommenheit umzuwandeln. Handeln ist etwas viel Bedeutungsvolleres und Höheres als das bloße Überleben der körperlichen Existenz. Handeln ist das höchste Geheimnis, das es uns ermöglicht, zum Ewigen Leben vorzudringen.

Wer das spirituelle Leben nicht bewusst angenommen hat, mag Handeln als ein notwendiges Übel und eine Quelle bitterer Enttäuschung betrachten. Aber für einen spirituellen Menschen ist Handeln ein göttlicher Segen. Es ist der unvergleichliche Sieg über Bindung und Unwissenheit. Es ist zugleich Gottes seelenvolle Vision im Himmel und Gottes fruchtbare Mission auf der Erde. Gott sagt, ein Mensch, der göttliche Handlungen verrich-

tet, sei der vorbildliche Held. Dieser vorbildliche Held manifestiert Gott hier auf der Erde. Ihm ist Gottverwirklichung nicht genug. Sein ist das Herz, das nach Gottes allerfüllender Offenbarung verlangt.
Der göttlich heldenhaft Handelnde schreitet auf dem Feuer der Selbsterleuchtung; der ungöttlich Handelnde, der nicht strebt, der ohne Begeisterung, aber voll Ego, Eitelkeit und Stolz ist, schreitet auf dem Feuer der Selbstzerstörung.«[196]

Sri Chinmoy betont also die große Bedeutung äußerer Aktivität für seinen spirituellen Weg. Sie mache den Sucher auch außerhalb der Meditation, nämlich in seinem tätigen Leben, aufnahmebereiter für die höhere Wirklichkeit. Auf diesem Weg erkenne der Mensch schließlich, dass der Höchste durch ihn wirke; er verwirkliche Ihn als den allein im Universum Handelnden. »Gott handelt durch dich, Gott der Unendliche, Gott der Ewige, Gott der Glückselige und Gott die Vollkommenheit. Du bist Er.«[197]

Wie wir schon gesehen haben, führt diese Philosophie in Sri Chinmoys eigenem Leben dazu, dass er selber die Dynamik spirituellen Handelns und Dienens eindrucksvoll vorlebt. Er will dadurch ein Grundprinzip seines Yoga zeigen, dass nämlich der Mensch auch in seinen äußeren Fähigkeiten potenziell unbegrenzt ist, wenn er sich ganz dem göttlichen Willen hingibt. Er wird damit zum Instrument des unendlichen Willens, der versucht, sich im Menschen auszudrücken. Sri Chinmoy sagt über sich selber:

»Was ich auch immer getan habe, konnte alleine durch höhere Gnade geschehen. Sicherlich mache ich häufig Dinge in einem überaus großen Maße; was ich tue, wächst zu einer sehr großen Menge heran. Aber ich muss sagen, dass ich nur den Anweisungen meines Inneren Lenkers folge. Ich versuche, Ihm ergeben zu gehorchen und Seinen Willen voll Liebe, Hingabe und Dank-

barkeit in die Tat umzusetzen. Wenn ich also etwas in großem Umfang unternehme, geschieht das nicht aus einer Gier oder aus einem Begehren heraus, der Welt zu zeigen, ich hätte etwas Großes erreicht. Ich mache es vielmehr, um Gott auf Seine eigene Weise zu erfüllen - natürlich nur gemäß der Empfänglichkeit und Fähigkeit, die Er mir verliehen hat.«[198]

EPILOG

»Jeder Mensch ist eine besondere Erscheinungsform des uns alle beseelenden Lebens. Jeder Mensch ist in seiner Zeit, an seinem Ort und kraft seines Wesens und seiner Stufe eine ganz bestimmte Erscheinung im Ganzen des sich manifestierenden göttlichen Seins. In jedem von uns tritt Leben in einmaliger Gestalt und besonderem Bewusstsein hervor. In allen Abwandlungen der Menschenwelt aber erscheint doch immer, das Sein mehr oder weniger offenbarend, die eine Idee: der Mensch. Und ebenso gibt es auch durch alle seine geschichtlichen Erscheinungsformen hindurch die ›Idee des Meisters‹ als einer Höchstform menschlicher Manifestation des göttlichen Seins. ›Der Meister‹, das meint den Mensch gewordenen Ausdruck des ›Großen Lebens‹ - das sich durch alle Widerstände hindurch, die es im kleinen Leben des Menschen gewöhnlich verdunkeln und verschleiern, in einem Menschen durchgesetzt hat, schöpferisch-erlösend. Im Meister gewinnt das überweltliche Leben eine es in besonderer Weise offenbarende und fortzeugende Form in der menschlichen Welt …
Der Meister als Archetyp ist die Urantwort auf eine Urnot, in die der Mensch auf einer bestimmten Stufe seiner Entwicklung gerät. Er ist diese Antwort als Weiser des Weges zur Erfüllung der dem Menschen innewohnenden Verheißung. In unseren Tagen kommt eine schnell wachsende Zahl von Menschen in diese Not und in die Ahnung dieser Verheißung. Und darum ertönt von allen Seiten der Ruf nach dem Meister.«

(Karlfried Graf Dürckheim)[199]

ANHANG

Anmerkungen

1 Klaus K. Klostermaier, A Survey of Hinduism, p. 414.
2 Vgl. hierzu Frits Staal, Exploring Mysticism: A Methodological Essay, London 1975, p. 175; ebenso Kees W. Bolle, Secrecy in Religions, Leiden 1987, p. 17.
3 Das gilt für Sri Ramakrishna insofern, als er in der Bekräftigung verschiedenster Traditionen die relative Einseitigkeit früherer Spiritualität eindrucksvoll verlässt.
4 Diese Interpretationsversuche führen zu Absurditäten wie jener, in Ramakrishnas Verehrung des weiblichen Aspektes des Göttlichen und in der Beziehung zu seinen Schülern erotische Elemente entdecken zu wollen. Hier wird einfach demonstriert, wie wenig Autoren, die solche Gedanken vertreten, fähig sind, sich von westlichen Welterklärungsversuchen, besonders jenen der Psychologie, loszulösen und in die Welt des Dargestellten wirklich vorzudringen.
5 Sri Chinmoy, Sri Chinmoy Answers, Teil 10, New York 1999, pp. 17f.
6 Bertrand Russell, Denker des Abendlandes, München 1992, pp.17f.
7 Karlfried Graf Dürckheim, Der Ruf nach dem Meister. Die Bedeutung geistiger Führung auf dem Weg zum Selbst, Bern 1986, p. 17.
8 Diese Vielheit der Gottheiten bzw. der Aspekte des Einen ermöglicht auch eine in der Welt sonst beispiellose Individualisierung der Religion, die sich dadurch schon sehr weit dem spirituellen Kern und Ziel des Religiösen annähert, der auch in einer Individualisierung des Religiösen besteht.

9 Sri Chinmoy, Eternity's Breath, p. 52.

10 Als Ausnahmen mögen hier die beiden Denker Bhartrihari, der der grammatischen Schule des Hinduismus angehört, und Dignaga, der zur logischen Schule des Buddhismus zählt, genannt werden. Beide Denker haben um die Mitte des ersten Jahrtausends unserer Zeitrechnung gelebt und setzten eine kurzlebige, philosophisch fruchtbare, relative Selbstständigkeit theoretischer Philosophie durch.

11 Im Laufe der Jahrtausende wurde Indien aber durch seine geistige Entwicklung an den Rand des Verfalls seiner kulturellen Kraft getrieben. Der Grund dafür war wahrscheinlich nicht nur der Kolonialismus, sondern auch das Überhandnehmen von Gedanken- und Religionsschulen, die zwar ›praktisch‹, das heißt, im spirituellen Leben der Menschen anwendbar waren, aber welche die Welt nicht mehr als würdigen Bereich des Lebens ansahen und alles Lebendige als allein auf den überweltlichen Geist ausgerichtet dachten. Das mag zwar richtig sein, aber indem dann nur mehr dieser Ursprung des Lebens kontempliert wurde, verfiel das Leben selbst der Vernachlässigung und wurde schließlich in der Lehre von der Weltillusion philosophisch gar seiner Wirklichkeit beraubt.

12 Swami Vivekananda, Jnana-Yoga I, pp. 219f.

13 Sri Aurobindo, The Foundations of Indian Culture, p. 138.

14 Vgl. zu diesem interessanten Gedanken: D. S. Sarma, Renascent Hinduism, pp. 53-58.

15 Im Folgenden wollen wir Buddhismus und Jainismus aus unserer Darstellung der Schulen, Traditionen und Yogas ausklammern, da diese keine Relevanz für Leben und Lehre der in unserem Buch behandelten spirituellen Meister besitzen.

16 Der wichtigste dieser »weniger dogmatischen« Ansätze ist schon 90 Jahre alt und stammt von Sri Aurobindo, der überzeugend darlegte, dass jene Hymnen symbolisch verschlüsselte spirituelle Anweisungen und Beschreibungen innerer Erfahrungen und psychologischer Wirklichkeiten seien. An dieser Interpretation des Rigveda wird in Zukunft wohl kein gewissenhafter Weg der Vedainterpretation vorbeiführen. Ebenso werden vermehrt an zwei unhaltbaren Dogmen der Indologie Zweifel angemeldet, deren Fall unser Verständnis der alten indischen (wie indogermanischen) Geschichte gewaltig verändern kann. Das ist einerseits der

durch nichts erwiesene ›wissenschaftliche Mythos‹ der Einwanderung der Indoarier in Indien. Und andererseits die späte Entstehungszeit des vedischen Schrifttums. Nach neuesten Erkenntnissen scheint es wahrscheinlich, dass der Rigveda nicht im 2. Jahrtausend von einwandernden Ariern, sondern bereits einige Jahrtausende zuvor von in Indien ansässigen Völkern verfasst wurde. (Siehe hierzu z.B.: S. C. Kak, On the Chronology of Ancient India, in: Indian Journal of History of Science 22, No. 3, 1987; oder J. G. Shaffer, The Indo-Aryan Invasions: Cultural Myth and Archeological Reality, in: The People of South Asia, New York 1984, hrsg. von John R. Lukas; siehe ebenso K. D. Sethna, The Problem of Aryan Origins, New Delhi 1992; und vor allem auch: N. S. Rajaram und D. Frawley, Vedic Aryans and the Origins of Civilizations, New Delhi [2]1997; auch deuten neue Auswertungen von Satellitenaufnahmen und DNS-Forschungen unmissverständlich in die oben skizzierte Richtung.)

17 Das sind die Brihadaranyaka-, Chhandogya-, Taittiriya-, Aitareya-, Kaushitaki-, Isha-, Kena-, Katha-, Prashna-, Mundaka-, Mandukya-, Shvetashvatara- und die Maitri-Upanishad.

18 Der gewaltige Unterschied in der Art des Denkens von Rigveda und Upanishaden würde für einen recht langen Zeitraum sprechen.

19 Heinrich Zimmer, Philosophie und Religion Indiens, p. 19.

20 Drei andere der sechs klassischen philosophischen Schulen besitzen für unsere Zwecke hier keinerlei Bedeutung und befassen sich mit der Auslegung der vedischen Texte (Purva-Mimamsa), mit der Logik (Nyaya) und der Natur (Vaisheshika).

21 Zu Shivaismus, Kundaliniyoga, Hathayoga und Tantrismus siehe auch das Buch des Autors: Shiva-Yoga, Indiens großer Yogi Gorakshanatha, erschienen in Diederichs Gelber Reihe als Band 142.

22 Hans Torwesten, Ramakrishna, ein Leben in Ekstase, pp. 239f.

23 Zur unklaren Herkunft des Namens Ramakrishna siehe Torwesten, p. 45.

24 Mahendranath Gupta, The Gospel of Sri Ramakrishna, Einführung, p. 13.

25 Saradananda, Ramakrishna the Great Master, p. 162f.

26 Torwesten, p. 56.

27 Saradananda, p. 208.

28 Sri Ramakrishna sagte später, dass es ein ganzes Menschenleben

spiritueller Disziplin erfordere, um einen dieser Zustände zu vervollkommnen. Aber er fügte hinzu: »Neunzehn dieser Zustände waren hier (auf seinen Körper zeigend) in einem Gefäß manifest geworden.« - Saradananda, pp. 274f.

29 Saradananda, p. 225.
30 Ibid., p. 269.
31 Ibid., pp. 411f.
32 Gupta, Einführung, p. 34.
33 Gupta, Einführung, p. 35.
34 Saradananda, p. 347.
35 Ibid., p. 196.
36 Torwesten, p. 251.
37 Ibid., p. 252.
38 Gupta, p. 174.
39 Ibid., p. 367.
40 Ibid., p. 103.
41 Torwesten, p. 360.
42 M. Wahid Mirza, New Religious Ideas, in : R.C. Majumdar (Hrsg.), History and Culture of the Indian People, Bd. 10, Bombay 1981, pp. 122f.
43 Gupta, p. 191.
44 Ibid., pp. 103f.
45 Ibid., p. 157.
46 Torwesten, pp. 364f.
47 Saradananda, p. 444.
48 Ibid., p. 283.
49 Gupta, p. 168.
50 Torwesten, p. 349.
51 Gupta, p. 674.
52 Zitiert in: D.S. Sarma, Renascent Hinduism, pp. 168f.
53 Torwesten, p. 391.
54 Saradananda, p. 446.
55 Ibid., p. 625.
56 Beide Zitate in: Gupta, Einführung, p. 67.
57 Torwesten, p. 389.
58 Gupta, Einführung, p. 72.
59 Rigveda I.164.46.
60 Sri Chinmoy: Ramakrishna: Soul of the East. Zuerst auf Bengali erschienen in: Amrita Bazar Patrika, am 18.2.1962.

61 Swami Nikhilananda, Vivekananda, A Biography, p. 34.
62 Ibid., pp. 97f.
63 Ibid., p. 106.
64 Swami Vivekananda, zitiert in: Symposium on Religions for Harmony (stattgefunden am 12.9.1993), gedruckt vom Bharatiya Vidya Bhavan anlässlich des Symposiums, p. 24.
65 Nikhilananda, p. 121.
66 Ibid., p. 123.
67 R.C. Zaehner, Der Hinduismus, Seine Geschichte und seine Lehre, p. 177.
68 Man kann auch sagen, dass Shankara die reine Transzendenz des Absoluten gelehrt habe und Swami Vivekananda den Versuch unternahm, solchen Advaita um die Betonung der Lehre von der Immanenz des Göttlichen zu erweitern.
69 Maya ist die Schöpferkraft Gottes, seine Shakti. Im Advaita-Vedanta wird der Begriff Maya aber synonym für die von der Kraft Gottes geschaffene Welterscheinung benutzt, und kann umgangssprachlich daher im Sinn von Weltillusion verwendet werden.
70 Swami Vivekananda, Jnana-Yoga II, Der Pfad der Erkenntnis, p. 23. Die folgenden Angaben in Klammer beziehen sich jeweils auf Band I oder II der deutschen Ausgabe von Jnana-Yoga mit den entsprechenden Seitenzahlen.
71 Swami Vivekananda, zitiert in: Nikhilananda, p. 255.
72 Collected Works of Vivekananda (Cwv) Bd. 5, p. 292.
73 Cwv 1, p. 110.
74 Cwv 1, p. 56.
75 Swami Vivekananda, Karma-Yoga und Bhakti-Yoga, p. 105.
76 Ibid., p. 117.
77 Ibid., p. 136.
78 Ibid., pp. 230f.
79 Ibid., pp. 217.
80 Ibid., pp. 171; 177f.
81 1909 wurde diese dann zu der heute bekannten Ramakrishna Mission.
82 Nikhilananda, p. 246.
83 Ibid., p. 330.
84 Sri Chinmoy, Vivekananda. An Ancient Silence-Heart and a Modern Dynamism-Life, New York 1993, p. 103.

85 Zitiert in: A.B. Purani, The Life of Sri Aurobindo, pp. 117-119.

86 Ibid., p. 38.

87 Ibid., p. 39.

88 ›Bande Mataram‹ war der Kampfruf der indischen Revolutionäre und bedeutet: »Mutter (Indien), ich verbeuge mich vor dir.«

89 Purani, p. 106.

90 Sri Aurobindo, On Himself, pp. 22+44.

91 Ibid., pp. 83f. und p. 116.

92 Purani, p. 101.

93 Purani, p. 102.

94 Die Fortsetzung seines Werkes indischer Freiheit ließ ein wenig auf sich warten, und trotz aller Unterschiede in Vorgangsweise, Philosophie und Temperament kann Mohandas Karamchand (›Mahatma‹) Gandhi der Nachfolger der beiden Freiheitskämpfer Aurobindo Ghose und Bal Gangadhar Tilak, Aurobindos älterem Mitstreiter aus Bombay, der damals lange in Haft und Verbannung leben musste, genannt werden.

95 Ein Ashram ist eine spirituelle Gemeinschaft, in der die Schüler eines Meisters zusammen mit diesem leben. Meist bleibt die Einrichtung auch nach dem Fortgang des Meisters bestehen. Der Sri Aurobindo Ashram ist eine recht ungewöhnliche Einrichtung, nicht nur wegen seiner wirtschaftlichen Tätigkeiten (Buchdruck, Betrieb zahlreicher Handwerke usw.), sondern weil er in Pondicherry kein in sich abgeschlossenes Gebiet umfasst, sondern einfach über die östliche Hälfte der Stadt verstreut aus einzelnen Wohnhäusern, Gästehäusern, Sportanlagen, Schulen und einer Universität besteht. Er ist somit gemäß dem Ideal Sri Aurobindos eine dem Leben offene Institution.

96 In den Seiten des Arya legte Sri Aurobindo seine Lehre aus verschiedenen Blickwinkeln dar - philosophisch-theoretisch und praktisch-methodisch. Er stellte sie auf die Grundfesten des Vedanta und des Veda (Bhagvadgita, Upanishaden, Rigveda) und zeigte die Anwendung dieser Lehren auf Politik, Gesellschaft und Geschichte. (Vgl. hierzu Nirodbaran, Sri Aurobindo for all Ages, pp. 156f.)

97 Wie A.B. Purani in seiner Aurobindo-Biographie bemerkt: p. 156.

98 Purani, pp. 215f.

99 Zitiert in Purani, p. 175.

100 Die Mutter, Gebete und Meditationen, p. 87.
101 Sri Aurobindo, On Himself, p. 78.
102 Ibid., p. 109.
103 Ibid., pp. 143f.
104 Heute leben etwa 2000 ›Sadhaks‹ im Ashram.
105 Ein Darshan (›Sehen‹) ist der Anblick, das Sehen eines Heiligen. Das Wort wird immer dann verwendet, wenn man sich zu einem Yogin oder Heiligen begibt, um diesen zu treffen, d.h. seinen ›Darshan‹ zu erhalten, was allein schon einen Segen darstellen soll.
106 Sri Aurobindo, On Himself, pp. 38f.
107 Ibid., p. 39.
108 Ibid., p. 378.
109 Svami Siddhesvarananda, zitiert in: Sri Aurobindo, Der Integrale Yoga, p. 135.
110 Sri Aurobindos Philosophie steht vor allem dem Denken der monistischen Tantras und des kaschmirischen Shivaismus nahe, darf aber keinesfalls als eine neue Exposition dieser begriffen werden. Die Formulierung seiner Lehre und inneren Erfahrungen ist zu originär und selbstständig, und sie ist auch unabhängig vom Studium dieser Traditionen erfolgt.
111 Sri Aurobindo, The Life Divine, p. 32.
112 Ebensowenig gebe es ein Nichtsein, und es kann keines geben. Nichtsein ist nur ein Wort und bedeutet einen Seinszustand, der jenseits aller Bestimmung und Eingrenzung liegt. Außerdem könne aus Nichtsein nichts Seiendes entstehen.
113 Um diese drei Aspekte des Göttlichen, sein Persönlichsein wie sein Unpersönlichsein, die Einheit wie die Vielheit begreifen zu können, bedarf es nicht Negationen, die dann zum Illusionismus führen, sondern eines plastischen, weitgefassten Denkens. Das ist ein zentraler Punkt des aurobindianischen Denkens. Bestehen wir aber auf enger, endlicher Logik, angewandt auf das Unendliche, dann wird uns die Allgegenwärtige Wirklichkeit entgehen, wir werden nur einen abstrakten Schatten erhaschen, eine in Gedanken erstarrte, tote Form. Ein endliches Denken kann niemals das Unendliche erfassen und messen; Halbwissen kann nicht Allbewusstheit folgen.
Deshalb erscheine uns das Wirken des Unendlichen als Magie, als rätselhaft. Aber was uns Magie ist, ist die »Logik des Unendli-

chen«. Es gebe eine größere, weitere, subtilere Logik, die sehr komplex sei in ihrem Ablauf. Wenn wir ein Ereignis beobachten, sehen wir nicht die Komplexität der beteiligten Kräfte, die Aktualitäten oder auch Möglichkeiten erarbeiten; und hinter all diesen steht der Göttliche Imperativ, der Wille Gottes. Dennoch müssen wir uns des Verstandes bedienen, solange wir kein höheres Erkenntnisinstrument (wie im Yoga) besitzen. Aber wir müssen ihn mit mehr Plastizität und Offenheit gebrauchen. Wir dürfen manche Aspekte eines Seins nicht ausschließen und die eine Wahrheit zuungunsten der anderen überbetonen.

Aus diesem Grund ist das Eine, das die Vielen wird und ist, nach Sri Aurobindo nicht unlogisch. Ein Absolutes, das sich selbst nicht begrenzen könne zum Kosmos, das nicht zum Individuum werden könne, wäre ein Widerspruch, denn dann wäre es nicht frei und allmächtig. Das Unendliche sei frei, sich selbst zu bestimmen und zu begrenzen.

114 Das Supramentale besitzt im Unterschied zum Mentalen die Fähigkeit, die niedrigeren Prinzipien von Verstand, Leben und Materie in seine Begriffe umzuformen. Diese Erkenntnis erlangt besonders im Yoga Sri Aurobindos große Bedeutung.

115 Zu beachten ist allerdings, dass der Fortgang der Evolution langwierig und seine Erfolge unsicher, wenn nicht gar unmöglich wären, wenn zu dem inneren Drängen der Seinsprinzipien in die Manifestation nicht eine ›Herabkunft‹ des jeweiligen höheren Prinzips, ein Herabströmen der Hilfe des Göttlichen hinzukäme, ohne welche nach Sri Aurobindos eigener Erfahrung Aufstieg und Umwandlung im Supramentalen (zum Beispiel) ganz unmöglich wären.

116 Das individuelle Selbst durchlebt den Evolutionsprozess und versucht durch die in ihm präsentierte, mannigfaltige Erfahrung und die im Lauf zahlreicher Verkörperungen gewonnenen Lehren zur Selbst- und Gottentdeckung zu gelangen. Sein großer Helfer auf diesem langen Marsch durch die Lebenswelten ist das Schicksal oder Karma, das nicht mechanisches, schreckliches Gesetz, sondern ›Lehrmittel‹ ist, Instrument des Selbst, genutzt zu seinem Vorwärtsschreiten. Am Ziel angelangt kann sich die Seele mit dem großen Rückzug des menschlichen Bewusstseins ins innere Selbst, in Gott, zufrieden geben, wie dies die spirituellen Traditionen der Vergangenheit lehren. Sie kann darüber hinaus

jedoch versuchen, sich höchste Ebenen des Geistes zu erschließen und die menschliche Natur vollständig zu transformieren, wie das von Sri Aurobindo in seinem Integralen Yoga zum ersten Mal in umfassender Weise angestrebt wird.

117 Sri Aurobindo, Letters on Yoga, p. 503.
118 Ibid., p. 1191.
119 Ibid., p. 509.
120 Ibid., p. 534.
121 Ibid., p. 514.
122 Ibid., pp. 517f.
123 Ibid., p. 527.
124 Beide Absätze in: Sri Aurobindo, Letters on Yoga, pp. 620; 519.
125 Sri Aurobindo, On Himself, pp. 107f + 109.
126 Purani, p. 314.
127 Zitiert in: Arthur Osborne, The Teachings of Ramana Maharshi, pp. 121f.
128 Zitiert in: Arthur Osborne, Ramana Maharshi and the path of Self-Knowledge, pp. 81ff.
129 Zitiert in: Ibid., pp. 9f.
130 Ramana Maharshi, zitiert in: Ibid., pp. 7f.
131 Ramana Maharshi, zitiert in: Ibid., p. 13.
132 Zitiert in: T.M.P. Mahadevan, Ten Saints of India, p. 128.
133 Ibid., p. 45.
134 Zitiert in: Ibid., p. 45.
135 Zitiert in: M. P. Pandit, Traditions in Mysticism, New Delhi 1987, p. 259.
136 Zitiert in: Ibid., p. 260.
137 A. Osborne, Ramana Maharshi, p. 125.
138 Ibid., p. 128.
139 Zitiert in: Ibid., p. 188.
140 Ibid., p. 192.
141 Ramana Maharshi, zitiert in: A. Osborne, The Teachings of Ramana Maharshi, p. 110.
142 Ramana Maharshi, zitiert in: Ibid., p. 16.
143 Ramana Maharshi, zitiert in: Ibid., p. 17.
144 Ramana Maharshi, zitiert in: Ibid., pp. 44f.
145 Ramana Maharshi, zitiert in: Ibid., p. 49.
146 Ramana Maharshi, zitiert in: Ibid., pp. 125f.
147 Ramana Maharshi, zitiert in: Ibid., p. 121.

148 Ramana Maharshi, zitiert in: Ibid., p. 113.
149 Ramana Maharshi, zitiert in: Ibid., p. 117.
150 Ramana Maharshi, zitiert in: Ibid., pp. 128f.
151 Vgl. Ibid., p. 76.
152 Vgl. Ibid., pp. 95f.
153 Ramana Maharshi, zitiert in: Ibid., p. 99.
154 Ramana Maharshi, zitiert in: Ibid., p. 97.
155 Ramana Maharshi, zitiert in: Ibid., p. 98.
156 Ramana Maharshi, zitiert in: Ibid., p. 168.
157 Sri Chinmoy, Eternity's Breath, pp. 81f.
158 AUM Magazine, Vol. 1, Nr. 3; zitiert in: Madhuri, The Life of Sri Chinmoy, Teil 1, Kapitel 9.
159 Diese Vorträge wurden publiziert vom Eugen Diederichs Verlag in dem Buch Veden, Upanishaden, Bhagavadgita von Sri Chinmoy.
160 Sri Chinmoy, Samadhi and Siddhi; in der deutschen Ausgabe: pp. 186f (etwas unterschiedliche Übersetzung).
161 Sri Chinmoy, My Ivy League Leaves, New York 1972, p. 14; Vortrag gehalten an der Universität von Yale, Connecticut, am 4.12.1968.
162 Harper & Row, Herder & Herder u.a.
163 Sri Chinmoy, Im Garten des Liebeslichts, p. 54.
164 Ibid., p. 92.
165 Zitiert in der Jharna-Kala-Broschüre über Sri Chinmoy, August 1996.
166 Zum Beispiel an der UNESCO in Paris, in der Carnegie Hall in New York, der National Gallery in Ottawa, der School of Visual Arts in New York, in den Räumen des Australischen Parlaments, im Senatsgebäude der Vereinigten Staaten und in vielen Galerien und Flughäfen.
167 Zitiert in der Broschüre für die Ausstellung der 100.000 Dream-Freedom-Peace-Birds in Ottawa.
168 Der eigentliche, äußere Grund für das Gewichtheben Sri Chinmoys war eine hartnäckige und schmerzhafte Knieverletzung gewesen, die ihm seinen Lieblingssport, das Laufen, unmöglich gemacht hatten und auch seine Freude am Tennis, das er bis vor wenigen Jahren noch jeden Tag spielte, trübt.
169 Sri Chinmoy, Sri Chinmoy Answers, Teil 9, New York 1999, p. 53f.

170 Das entspricht einem alten und beliebten indischen Topos, in welchem vom ›Überqueren‹ (eines Flusses oder Meeres) als die Fahrt zum Heil, zur Befreiung der Seele gesprochen wird. Dabei wird ein Wort verwendet (die Wurzel tri), das zugleich auch ›retten‹ bedeutet.
171 Sri Chinmoy, Sri Chinmoy Answers, Teil 11, New York 1999, p. 54. Interview mit der New York Times vom 3.4.1997.
172 Zitiert in: Dr. P. Jayaraman, Sri Chinmoy: Pioneer of the Spirit, in: Bhavan's Journal, Vol. 43, No. 2, pp. 22f.
173 Sri Chinmoy, Beyond Within, p. 231.
174 Sri Chinmoy, Warriors of the Inner World, New York 1993, pp. 23-26.
175 Sri Chinmoy, Flame-Waves, Teil 3, New York 1975, p. 34.
176 Sri Chinmoy, Eastern Light for the Western Mind, p. 49.
177 Ibid., pp. 65f.
178 Sri Chinmoy, God and the Cosmic Game, New York 1977, p. 1.
179 Sri Chinmoy, The Inner Journey, pp. 47f.
180 Sri Chinmoy, God and the Cosmic Game, pp. 2f.
181 Sri Chinmoy, Flame-Waves, Teil 3, pp. 34f.
182 Sri Chinmoy, Sri Chinmoy Speaks, Teil 3, New York 1976, pp. 11f.
183 Sri Chinmoy, The Soul's Evolution, New York 1999 (Nachdruck), pp. 9f.
184 Sri Chinmoy, Yoga and the Spiritual Life, New York 1974, p. 47.
185 Sri Chinmoy, Two Devouring Brothers: Doubt and Ego, New York 1974, p. 51.
186 Sri Chinmoy, Yoga and the Spiritual Life, pp. 47-49.
187 Ibid., p. 35.
188 Sri Chinmoy, 50 Freedom-Boats to One Golden Shore, Teil 5, New York 1975, pp. 20-22.
189 Ibid., pp. 22f.
190 Sri Chinmoy, Eastern Light for the Western Mind, p. 69.
191 Sri Chinmoy, 50 Freedom-Boats to One Golden Shore, Teil 4, New York 1974, pp. 107-109.
192 Sri Chinmoy, Meditation, pp.169ff.
193 Sri Chinmoy, The Master and the Disciple, pp. 37f.
194 Sri Chinmoy, Sri Chinmoy Answers, Teil 19, New York 1999, p. 19.

195 Sri Chinmoy, Beyond Within, pp. 274f.
196 Sri Chinmoy, Eastern Light for the Western Mind, pp. 41f.
197 Sri Chinmoy, The Power of Karma Yoga, in: Third Book of Talks and Meetings with Master Sri Chinmoy in Puerto Rico 1967-1980, New York 1997, p. 67.
198 Sri Chinmoy, Sri Chinmoy Answers, Teil 19, pp. 19f.
199 Dürckheim, op. cit., pp. 9+11.

Kurze Bibliographie

Die Mutter: Gebete und Meditationen. Pondichery 1974.

Dürckheim, Karlfried Graf: Der Ruf nach dem Meister. Die Bedeutung geistiger Führung auf dem Weg zum Selbst. Bern, München, Wien 1986.

Eliade, Mircea: Yoga. Unsterblichkeit und Freiheit. Frankfurt 1985.

Gupta, Mahendranath: The Gospel of Sri Ramakrishna. 2 Bde. Madras o.J.

Halbfass, Wilhelm: Indien und Europa. Perspektiven ihrer geistigen Begegnung. Basel 1981.

Kämpchen, Martin; Sartory, Gertrude (Hrsg.): Nahe der Nabe des Rades. Die Heiligen der Weltreligionen. Freiburg 1985.

Klostermaier, Klaus K.: A Survey of Hinduism. New York 1989.

Küng, Hans; Stietencron, Heinrich von: Christentum und Weltreligionen. Hinduismus. München 1984.

Madhuri: The Life of Sri Chinmoy. 3 Teile. Teile 1 und 2 New York o.J.; Teil 3 New York 1989.

Mahadevan, T.M.P.: Ten Saints of India, Bombay ^{5}1990.

Nikhilananda, Swami: Vivekananda. A Biography. Calcutta ^{5}1987.

Nirodbaran: Sri Aurobindo for all Ages. A Biography. Pondicherry ^{2}1994.

Osborne, Arthur: Ramana Maharshi and the path of Self-Knowledge. Mumbai 1970.

Osborne, Arthur (Hrsg.): The Teachings of Ramana Maharshi. New York 1996.

Osborne, Arthur (Hrsg.): The Collected Works of Ramana Maharshi. New York 1997.

Pandit, M.P.: Traditions in Mysticism. New Delhi 1987.

Purani, A.B.: The Life of Sri Aurobindo. Pondicherry ^{4}1978.

Ramakrishna: Das Vermächtnis. München 1981.

Ramana Maharshi: Gespräche des Weisen vom Berge Arunachala. Interlaken 1984.

Saradananda, Swami: Ramakrishna the Great Master. 2 Bde. Madras o.J.

Sarma, D.S.: Renascent Hinduism. Bombay 1966.

Sarma, D.S.: Hinduism through the Ages. Bombay ^{5}1989.

Sastry, T.V. Kapali: Collected Works of. Bd. 3. Pondicherry 1981. (Beinhaltet die Sanskrit-Originalfassung der Forty Verses on Reality von Ramana Maharshi nebst Kommentar.)

Sivaraman, Krishna (Hrsg.): Hindu Spirituality. Vedas through Vedanta. New Delhi 1995.

Sri Aurobindo: The Foundations of Indian Culture. Pondicherry ^{3}1971.

Sri Aurobindo: On Himself. Pondicherry 1972.

Sri Aurobindo: Der Integrale Yoga. Reinbek 1957.

Sri Aurobindo: The Synthesis of Yoga. Pondicherry ^{4}1970.

Sri Aurobindo: The Life Divine. Pondicherry ^{5}1970.

Sri Aurobindo: Letters on Yoga. Bde. I-III. ^{3}1970 und ^{3}1971.

Sri Chinmoy: Eternity's Breath. Aphorisms and Essays. New York 1975.

Sri Chinmoy: Veden, Upanishaden, Bhagavadgita. Die drei Äste am Lebensbaum Indiens. München 1996.

Sri Chinmoy: Samadhi und Siddhi. Zürich 1982.

Sri Chinmoy: Meditation - Menschliche Vervollkommnung in Göttlicher Erfüllung. Nürnberg ^{3}1987.

Sri Chinmoy: Im Garten des Liebeslichts. Nürnberg 1998.

Sri Chinmoy: Beyond Within. o.O. 1974.

Sri Chinmoy: Eastern Light for the Western Mind. New York 1989.

Sri Chinmoy: Yoga and the Spiritual Life. New York 1974.

Sri Chinmoy: The Master and the Disciple. New York 1985.

Torwesten, Hans: Ramakrishna, ein Leben in Ekstase. Zürich 1987.

Vivekananda, Swami: Jnana-Yoga. Bde. I und II. Freiburg ^{5}1983 (Teil I) und ^{4}1973 (Teil II).

Vivekananda, Swami: Collected Works of Swami Vivekananda, Calcutta o. J.

Vivekananda, Swami: Raja-Yoga. Freiburg 1988.

Vivekananda, Swami: Karma-Yoga und Bhakti-Yoga. Freiburg [6]1983.
Vivekananda, Swami, The Life of ..., by His Eastern and Western Disciples. 2 Bde, Calcutta [6]1986.

Zaehner, R.C.: Der Hinduismus, Seine Geschichte und seine Lehre. München 1980.
Zimmer, Heinrich: Philosophie und Religion Indiens. Frankfurt 1973.
Zimmer, Heinrich: Der Weg zum Selbst. Lehre und Leben des Shri Ramana Maharshi. München 1984.

Diese Bibliographie ist zum großen Teil auf zitierte Werke beschränkt und stellt daher nur eine kleine Auswahl dar. Von allen spirituellen Meistern gibt es auf Deutsch noch andere als die hier erwähnten Werke, besonders von Sri Aurobindo und Sri Chinmoy, von denen zahlreiche Werke ins Deutsche übertragen worden sind.

Personen- und Sachregister